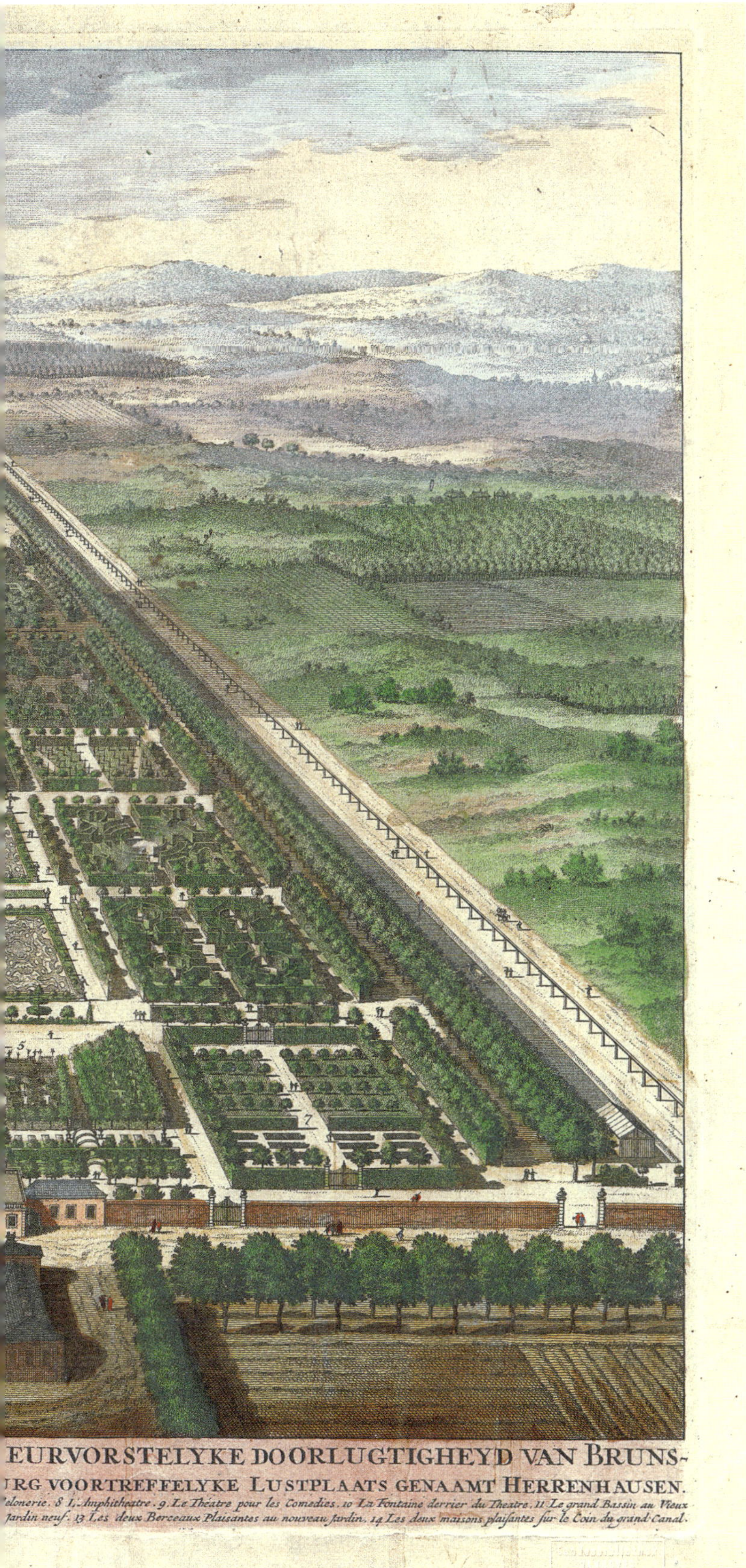

»Maison de Plaisir d'Herrenhausen de S. A. Electorale de Brunswic Luneburg«, Vogelsicht auf den Großen Garten aus nördlicher Richtung, kolorierter Kupferstich, um 1708

KKB

Wer weiß schon, dass der große Philosoph Gottfried Wilhelm Leibniz wesentliche Anregungen zur Anlage eines Gartens gab? In Hannover, im berühmten Barockgarten von Herrenhausen, zog er seine Vorstellungen von Natur und Kunst aus der Gartengestaltung. Da kein Blatt dem anderen gleicht, erkannte er in der scheinbar unendlichen Formenvielfalt des barocken Gartens die zutiefst individuelle Gestalt der Natur und die Freiheit des Individuellen schlechthin. So wird der Garten zum Laboratorium des Erkenntnisgewinns, und der Mensch, der sich darin bewegt, erfährt über die sinnliche Wahrnehmung – man denke an die Muschelformen in Pflanzen, Bauplastik und Wasserspielen – immer neue Denkanstöße.

Horst Bredekamp wagt nicht weniger, als die Geschichte der Gartenkunst vom Kopf auf die Füße zu stellen. Er sieht den Gedanken der Freiheit nicht wie üblich in den sanft geschwungenen Wegen des Landschaftsgartens verwirklicht, sondern in den komplexen Geometrien des Barockgartens: Hier findet sich die eigentliche Revolution!

Horst Bredekamp

Leibniz und die Revolution der Gartenkunst

Herrenhausen, Versailles und die Philosophie der Blätter

Verlag Klaus Wagenbach Berlin

Gedruckt mit Unterstützung aus den Mitteln des Max-Planck-Forschungspreises der Alexander von Humboldt-Stiftung und der Max-Planck-Gesellschaft des Jahres 2006.

VORWORT

Der Garten als Ort der Philosophie

Mit Epikur, dem Verfechter des naturgemäßen Lebens, wurde der Garten zu einer Instanz der Philosophie. In seiner Ferne von den Höfen und Städten schien dieser Ort die Bedingungen des freien Denkens zu garantieren: furchtlose Gelassenheit, Akzeptanz von Natur und Körper, praktisches Nutzverhalten, Ablehnung des Krieges, Verachtung der Tyrannis und Vertragstreue. Epikurs römischer Nachfolger Lukrez hat dessen Lehre durch sein Riesengedicht *De rerum natura* in den Rang der Weltliteratur erhoben.[1]

Kein Ort schien besser geeignet, das Zusammenspiel von Bewegung, Wahrnehmung, Gefühl und Verstand erfahrbar zu machen, und daher hat die Aufklärung erneut zum Garten als dem privilegierten Ort der Philosophie tendiert. In gewisser Weise entschied sich in ihm ihr Erfolg und ihr Schicksal. Große Texte der Philosophie des 18. Jahrhunderts wurden als Gartengespräche aufgeführt, und das Diktum Voltaires, dass es darauf ankomme, die eigenen Gärten zu kultivieren, galt als Epochenspruch.[2] Wohl kein Philosoph hat sich dem stärker ausgesetzt als Jean-Jacques Rousseau. Seine *Nouvelle Héloïse* enthält das Konzept des Modellgartens *Elysée*, und die Spaziergänge, als deren Medium die Gärten auftreten, werden durch ihn zur Form des Philosophierens schlechthin. Seine fünfte *promenade* enthält mit der Beschreibung der St. Petersinsel im Bielersee alle Elemente, die den Garten als Ort der Glückseligkeit und der unvergleichlichen Gedankentiefe auswiesen, und im Park von Vincennes vollzog sich für ihn der Bruch mit der Fortschrittshoffnung der Aufklärung.[3]

Gegenüber der Komplexität dieser Zuwendung schien die Gartengeschichte über lange Zeit von unanfechtbarer Klarheit. Als Medium der Aufklärung wurde der Landschaftsgarten begriffen, der in William Temples *Über die Gärten Epikurs* aus dem Jahr 1685 eine Art Urschrift erhalten hat.[4] Sich scheinbar zwanglos durch geschwungene Linien in die Natur einfügend, verstärkte er den optimistischen Grundzug, der sich mit dem Garten als einem künstlich geschaffenen, irdischen Paradies verband.[5] In ihm schien sich ein Naturverständnis zu verwirklichen, das nicht von Suprematie und Ausbeutung, sondern von wechselseitiger Empathie geprägt war. Der Landschaftsgarten wurde zum Träger einer Stimmung, die in der Natur das Gegenmodell zur Hierarchie der ständischen Formationen erkannte. Damit aber wurde er zum Objekt einer ideologischen Aufrüstung, welche die stilistische Differenz zwischen dem Landschafts- und dem Barockgarten zu einem epochalen Kulturkonflikt erhob. In der Irregularität kurviger Wegeführung schien sich eine natürliche Freiheit Bahn zu brechen, während in der geometrischen Konstruktion gerader Bahnen die Despotie des *Ancien Régime* zu Hause schien. Anthony Earl of Shaftesbury formulierte unübertreffbar: »Eine fürstliche Laune hat all das erfunden, und eine fürstliche Sklaverei und Abhängigkeit vom Hof hält es am Leben«.[6] Im Gegensatz zu Versailles wurde der Landschaftsgarten, wie er sich vollendet etwa in Gestalt des Gartens von Stourhead zeigt (Abb. 86, S. 112), als Inbegriff einer freien Naturgestaltung ausgegeben, welche die »Freiheit eines liberalen Weltentwurfs« auszeichnete.[7] Als Ende des 18. Jahrhunderts die Formel »Die Natur ist republikanisch«[8] geprägt wurde, kam eine über Generationen geschürte Wertescheidung zu einem Höhepunkt, die den englischen Landschaftsgarten mit einem unhierarchischen Verhältnis gegenüber der Natur wie auch zwischen den Menschen identifizierte.

Für diesen Grundkonflikt des 18. Jahrhunderts bildeten die beiden Gartentypen gleichsam die Schauspieler in einem alle Lebensbereiche einbeziehenden Symboltheater. In ihm hat die Kunstform des Landschaftsgartens in der Tat das politische Raumgefühl Europas kaum weniger geprägt als etwa die weithin sichtbaren Kathedralen der Gotik, die dem Mittelalter das Orientierungssystem lieferten. Diese Rhetorik war derart überwältigend, dass sie über lange Zeit nicht als Lenkungsinstrument der Deutung, sondern als voraussetzungsloser Teil der Sache selbst gewertet wurde.[9] Von der britischen Insel aus schien dieser Gartentyp die französische Revolution in ganz Europa vorweggenommen oder symbolisch gar ersetzt zu haben.

Das Problem der Gartengeschichte

Der unerhörte Erfolg der Form und der politischen Botschaft des Landschaftsgartens ließ ihn in eine Sphäre rücken, in der seine inneren Widersprüche ebenso verschwanden wie die alternativen Formen des geometrischen Barockgartens. Neuere Forschungen haben diese dominierende, wenn nicht alleinige Geltung des Landschaftsgartens jedoch durch die Erkenntnis erschüttert, dass die bipolare Frontstellung von Barock- und Landschaftsgarten durch das historische Material selbst nicht in Deckung zu bringen sei. Der Umstand, dass die holländische Republik den geometrischen Garten kultiviert habe, verbiete eine einseitige Zuordnung dieses Typus an den Absolutismus französischer Prägung.[10] Zudem sei die kulturgeographische Zuordnung keineswegs allein auf England zu beziehen. Seine britische Spielart sei nicht ohne die Orientierung seiner frühen Protagonisten an Sachsen und speziell an Gotha zu deuten, und nach wie vor ungeklärt sei vor allem seine Ableitung aus Italien.[11] Da die »Gartenrevolution« vom Barock- zum Landschaftsgarten, die sich zwischen 1720 und 1750 in England und in den folgenden Jahrzehnten in ganz Europa ereignet habe, angesichts der früh ausgebildeten Mischformen weniger scharf zu bestimmen sei als es der Begriff nahelege,[12] sei auch die stilistische Frontstellung porös geworden. Derselbe Revisionsbedarf ergab sich durch die Erkenntnis, dass der Landschaftsgarten den geometrischen Garten keinesfalls ablöste. Wie bereits die geometrischen Grundformen der »Revolutionsarchitektur« ausweisen, war er in seinem Fortwirken nicht etwa das Gegenbild der Moderne, sondern deren zweite Variante.[13]

Gottfried Wilhelm Leibniz und Herrenhausen

Denselben Status, den Rousseau für die zweite Hälfte des 18. Jahrhunderts eingenommen hat, besaß Gottfried Wilhelm Leibniz für die Zeit um 1700. Durch seine Präsenz im Großen Garten von Hannover-Herrenhausen, in dem er über einen Zeitraum von mehr als drei Jahrzehnten nicht nur gestaltend eingegriffen, sondern auch philosophisch reflektiert hat, beleuchtet er die durch die jüngere Forschung angestoßene Konfliktlage wie kaum ein Zweiter.

Der Grund dafür, dass dieser Umstand bislang kaum beachtet wurde, liegt in der Verabsolutierung von Leibniz' Diktum »Die Monaden haben keine Fenster«.[14] Mit ihr wurde eine unüberbrückbare Distanz zur äußeren Welt gesetzt, und durch die Unterschätzung der visuellen und haptischen Mittel seines Denkvermögens verfehlte dieser Ansatz dessen Philosophie schlechthin.[15] Leibniz war ein derart körper- wie raumbezogener Denker, dass er als Ahnherr jener *extended-mind*-Theorie gelten kann, der zufolge die Tätigkeiten des Gehirns nicht ohne deren Verbindung mit außerkörperlichen Medien zu begreifen sind.[16] Dies gilt insbesondere auch für sein Verhältnis zum Garten.

Ein Konvolut von Schriften, Briefen und Zeichnungen, das sich unter der Signatur XXIII, 735 in der Gottfried Wilhelm Leibniz Bibliothek von Hannover befindet, bezeugt diesen Umstand. Die dort versammelten, die Planungsphasen der Jahre 1695–96 und 1706 betreffenden Materialien stammen von Leibniz, Partnern seiner Korrespondenzen sowie professionellen Schreibern.[17] Die Überlegungen widmen sich vornehmlich dem für den Betrieb der Brunnen und Fontänen nötigen Wasserdruck. Hierin handeln sie nicht von einem Beiwerk des Gartens, sondern von der Definition seines Charakters. Das weitgehend ungeordnete, bislang nur in wenigen Ausschnitten publizierte Material enthält Erkundungen des Terrains sowie Memoranden und Korrespondenzen zu Problemen der Wassertechnik. Mehrfach sind Bemerkungen eingestreut, die Leibniz' profunde Kenntnis der Gartenkunst verdeutlichen.[18] Leibniz hat kein autonomes gartentheoretisches Traktat verfasst, aber seine verstreuten Äußerungen ergeben doch ein Gesamtbild.

Garten und Schloss von Herrenhausen widersetzen sich der Einordnung in die eingeschliffene Abfolge von Renaissance-, Barock- und Landschaftsgarten, und dies gilt entsprechend auch für Leibniz' Sicht des Gartens. Die Linearität dieser Sequenz war von Beginn an ein Produkt von Ausblendungen sowie gezielten Gewichtungen des historischen Materials. Dies legte den Versuch nahe, diese Verkürzungen zurückzunehmen und damit der Gartengeschichte insgesamt eine neue Wendung zu geben.[19]

Auch dieses Buch ist auf dem Rehmstackerdeich geschrieben, von dem aus der Übergang zwischen geometrischer und landschaftlicher Gestaltung verschwimmt.

1. August 2012, Horst Bredekamp

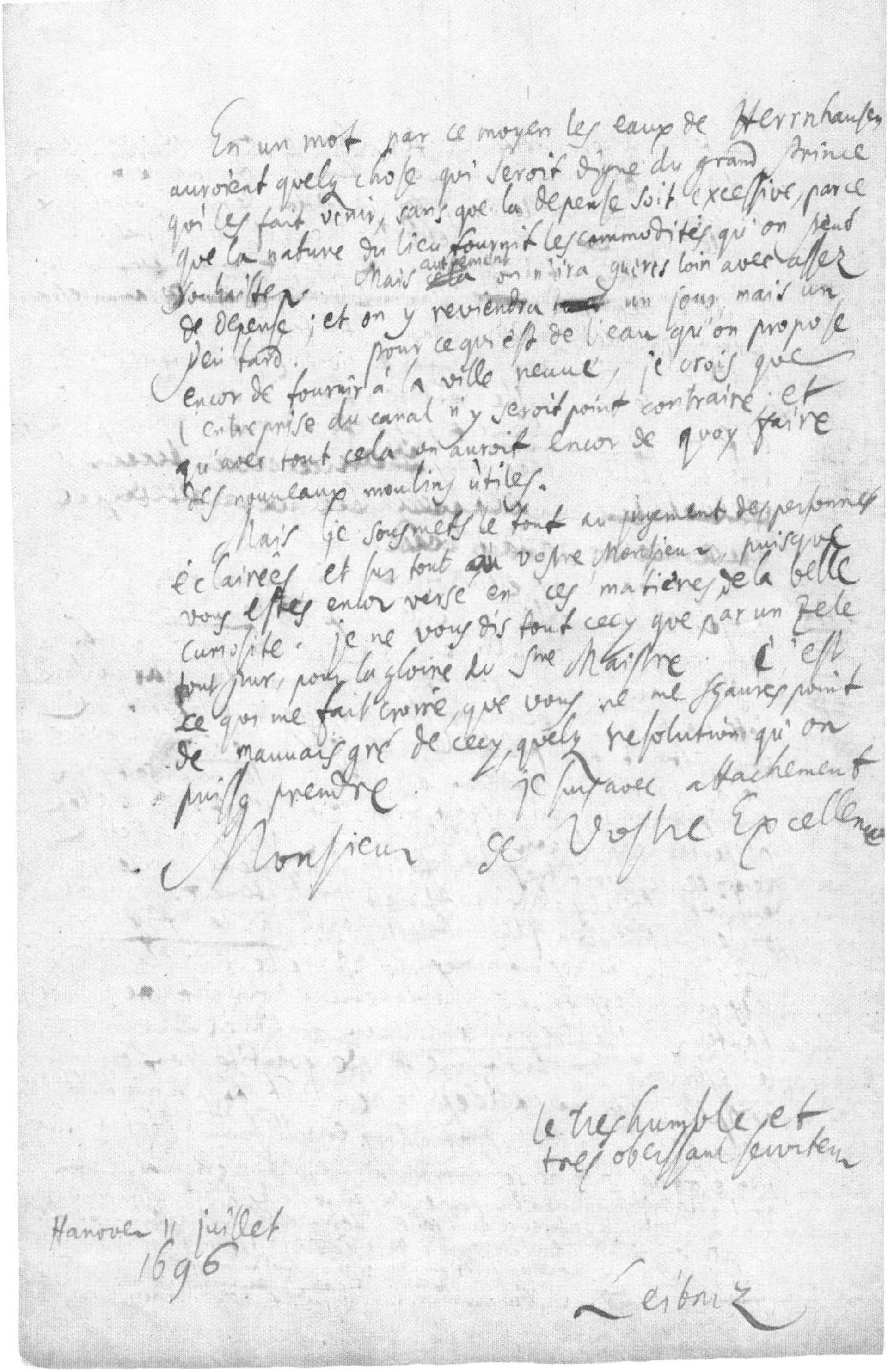

En un mot par ce moyen les eaux de Herrnhausen auroient quelq chose qui seroit digne du grand Prince qui les fait venir, sans que la depense soit excessive, parce que la nature du lieu fournit les commodités qu'on peut souhaiter. Mais autrement on n'ira guères loin avec asser de depense; et on y reviendra un jour mais un peu tard. Pour ce qui est de l'eau qu'on propose encor de fournir à la ville neuve, je crois que l'entreprise du canal n'y seroit point contraire; et qu'avec tout cela on auroit encor de quoy faire des nouveaux moulins utiles.

Mais je soumets le tout au jugement des personnes éclairées et sur tout au vostre Monsieur, puisque vous estes encor versé en ces matières de la belle curiosité. Je ne vous dis tout cecy que par un zele tout pur, pour la gloire de S. Maistre. C'est ce qui me fait croire, que vous ne me sçaurez point de mauvais gré de cecy, quelq resolution qu'on puisse prendre. Je suis avec attachement

Monsieur de Vostre Excellence

le tres humble et
tres obeissant serviteur

Hanover 11 juillet
1696

Leibniz

Brief von Leibniz an Andreas Du Mont, 11. (21.) Juli 1696, letzte Seite

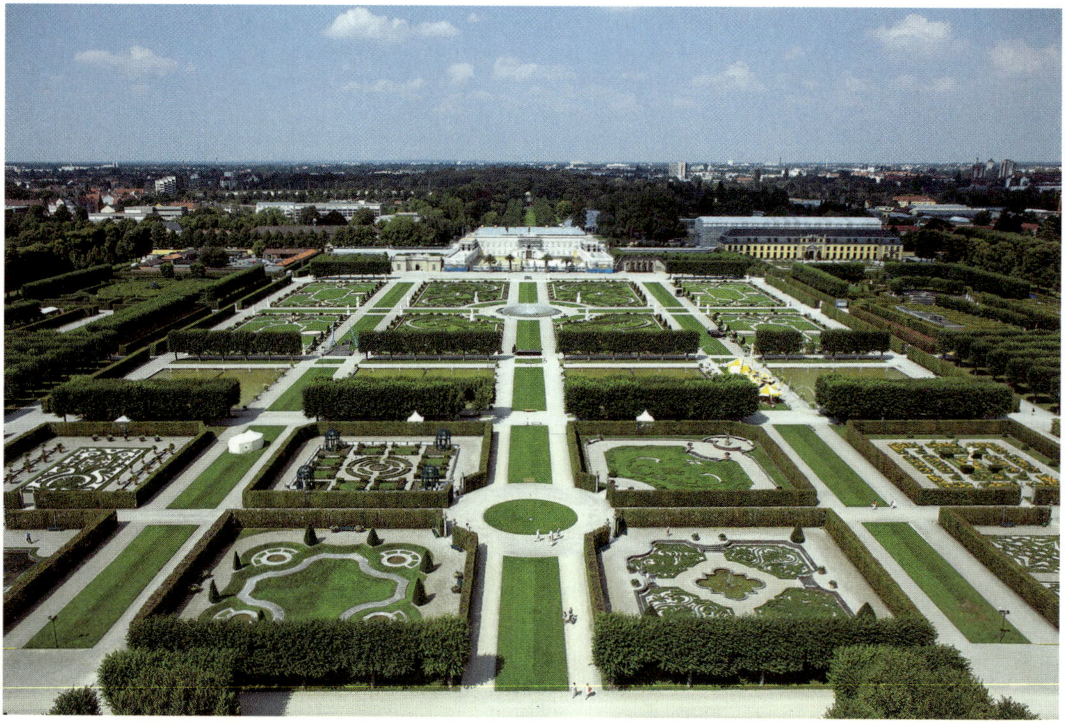

1 *Blick vom Südgarten zum Schloss Herrenhausen, Photographie, Sommer 2012*

I
DER GROSSE GARTEN VON HERRENHAUSEN

1. Die Protagonisten: Sophie, Leibniz und Sophie Charlotte

Mit seinen Pflanzenformen, Wegmustern, Wasserspielen und Skulpturen sowie seinen Ausmaßen von 800 Metern Länge × 450 Metern Breite gehört der Große Garten von Herrenhausen zu den bedeutendsten Ensembles der Gartengeschichte (Abb. 1). In seiner Gesamtgestalt um 1700 erschaffen, wurde er wesentlich durch Sophie, die Frau des Herzogs und Kurfürsten Ernst August von Hannover, geprägt. Sowohl durch ihre Herkunft wie auch durch ihr intellektuelles Vermögen stellte sie eine der herausragenden Persönlichkeiten ihrer Zeit dar. Ihre Mutter Elisabeth Stuart, die als Tochter des englischen Königs James I. die Sukzessionslinie der Könige Großbritanniens verkörperte, wie auch ihr Vater, Friedrich V. von der Pfalz, gehörten zum europäischen Königsadel. Ihre Tochter Sophie Charlotte wurde als Frau von Friedrich I. von Preußen im Jahr 1701 zur preußischen Königin gekrönt, und ihr Sohn Georg Ludwig bestieg im Jahr 1714 den englischen Thron.

2 *Andreas Scheits, Bildnis der Herzogin Sophie von Hannover, Öl auf Leinwand, 1689*

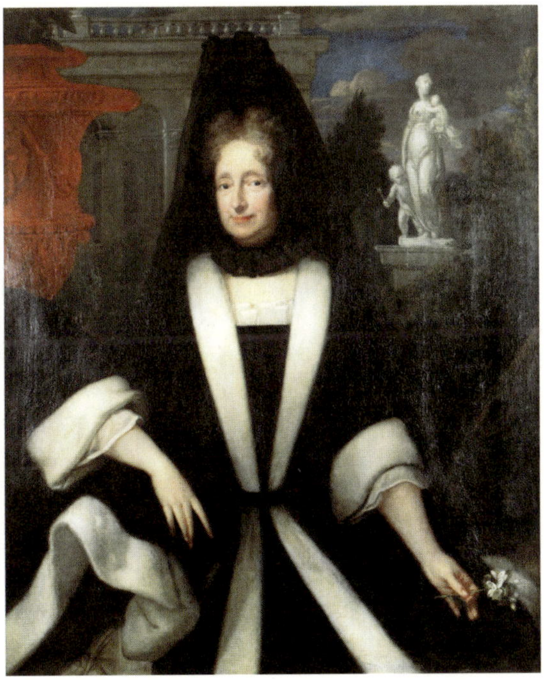

Dem Status von Sophie und ihrer Tochter Sophie Charlotte in der Adelshierarchie Europas entsprach ihr intellektueller Rang. Beide waren hochgebildet und musisch, wissenschaftlich wie auch philosophisch interessiert, und beide waren in ihrem Faible für Gärten verbunden. Im Portrait des Malers Andreas Scheits aus dem Jahr 1689 (Abb. 2) erscheint Sophie vor einer Bogenarchitektur, gerahmt von einer roten Monumentalvase und einer im Hintergrund hell aufleuchtenden Statue der Caritas.[1] Sie trägt ein schwarzes Unterkleid, ein ebenfalls schwarzes Überkleid sowie eine hohe, schwarze Fontage mit Schleier. Diese Hervorhebung der Farbe Schwarz hat ihren Grund nicht in einer

Trauerbezeugung, sondern in einem persönlich gemünzten Stilempfinden. Über die Finesse des Mantels und die Stilisierung der Finger der rechten Hand hat es der Maler verstanden, ein calvinistisches Bescheidenheitsschwarz mit manieristischer Eleganz zu verbinden.

Die Statue der Caritas entspricht Sophies Selbstverständnis als fürsorgende Landesmutter. Der dahinter sich zeigende Garten sowie die in der Linken gehaltene Orangenblüte verweisen auf ihre Leidenschaft für die Gartenkunst, der sie seit ihrer Zeit als Schlossherrin von Osnabrück nachgehen konnte. Der Große Garten des Schlosses von Herrenhausen wurde für sie so sehr zum Beweggrund all ihrer Bemühungen, dass sie ihn im Rückblick von über achtzig Jahren als »mein Leben« bezeichnete.[2]

Vermutlich stand Sophie neben ihrem Ehemann, dem sie ungeachtet seiner Affären die Treue hielt, keine Person ihrer Generation so nahe wie Leibniz, mit dem sie sich bisweilen täglich im Galeriegebäude und im Garten von Herre nhausen ausgetauscht hat. Im Jahre 1676 war Leibniz von Herzog Johann Friedrich von Braunschweig-Lüneburg als Bibliothekar nach Hannover berufen worden. Sein Bild ist durch die Allongeperücken, die er zeit seines Lebens getragen hat, dem modernen Blick entrückt, und dies gilt auch für das um 1695 von Christoph Bernhard Francke geschaffene Bildnis (Abb. 3).[3] Zwischen einer kannelierten Säule und einer aus Pilastern, Gebälk und Triglyphenfries gebildeten Exedra auftretend, scheint Leibniz durch seine mächtig sich aufstauende Kleidung den Begriff jener Einfaltung aufnehmen zu wollen, die für ihn das Gestaltungsprinzip des Universums ausmachte.[4] Die Draperie und die Gestaltung der Welt: Dies waren der Erkenntnis- und der Handlungspol, zwischen denen er sein Denken und Wirken einsetzte, und dieses Prinzip galt insbesondere für den Garten.

3 Bernhard Christoph Francke, Bildnis von Leibniz, Öl auf Leinwand, um 1695

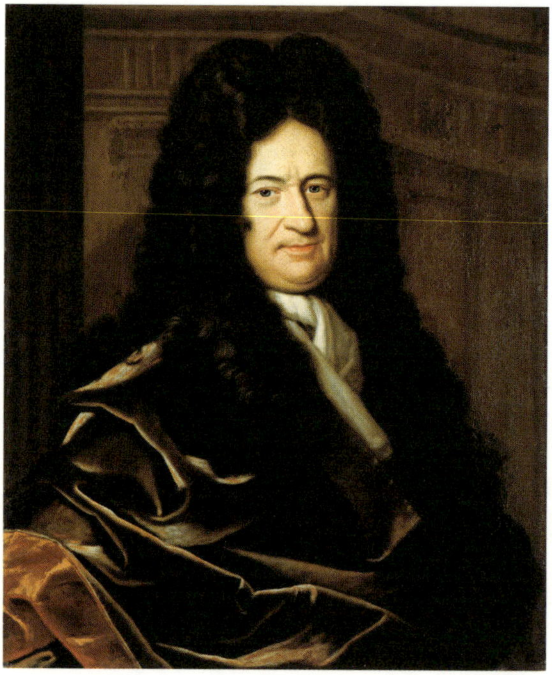

Dass Sophie am 8. Juni 1714 im Großen Garten von Herrenhausen an einem Herzinfarkt starb, wurde als eine Fügung empfunden, und auch Leibniz hat hierin einen tröstlichen Zug gesehen.[5] Die Rückseite der nach ihrem Tod geprägten Ehrenmedaille zeigt daher exemplarische Elemente des Großen Gartens (Abb. 4). Während das vom Laub halb verdeckte Gebäude wohl einen der südlichen Eckpavillons vertritt (Abb. 5 /Tafel hinten), dürften die Bäume auf den Boskettbereich und die rechteckigen, von Pflanzenornamenten durchzogenen Felder auf das Parterre verweisen.[6] Die Szene ist von den Strahlen einer hinter der Hügellandschaft des Horizontes untergehenden Sonne beschienen.

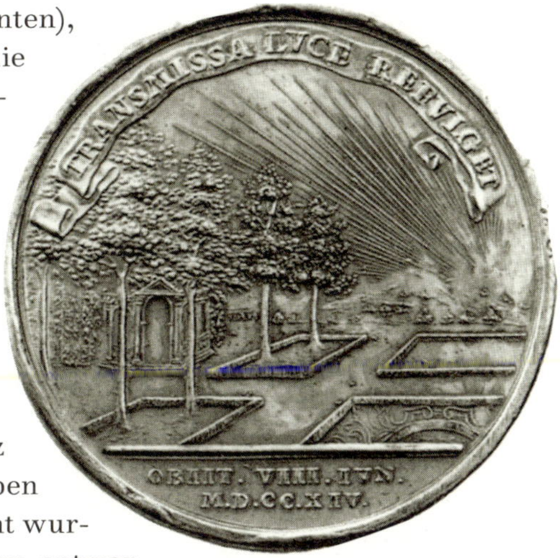

Aller Wahrscheinlichkeit nach wurde sie von Leibniz entworfen. Aus dem Jahr 1684 stammt eine auf Sophie gemünzte Medaille, die das Bildmotiv der untergehenden, aber dennoch hell strahlenden Sonne bereits aufweist. Leibniz hat ihr ein Gedicht gewidmet, und da er im selben Jahr zum Entwerfer von Prachtmedaillen ernannt wurde,[7] liegt nahe, dass auch diese Medaille von ihm entworfen wurde: »Ganz unverändert ich den hohen Lauff vollende / Mein liecht bis auff die letzt behält den hellen Schein.«[8] Dieser Zweizeiler wirkt zudem wie ein Stichwort für die postume Ehrenmedaille, deren Devise TRANSMISSA LVCE REFVLGET diesen Gedanken auf den Garten anwendet: »Vom Licht, das durch sie gedrungen ist, erstrahlt er«.[9] Das Bild und die zugehörige Devise der Gedenkmedaille, welche die Lebensleistung von Sophie in der Erleuchtung des Großen

4 *Hannibal Ehrenreich, Medaille auf den Tod von Kurfürstin Sophie von Hannover, Silber, 1714*

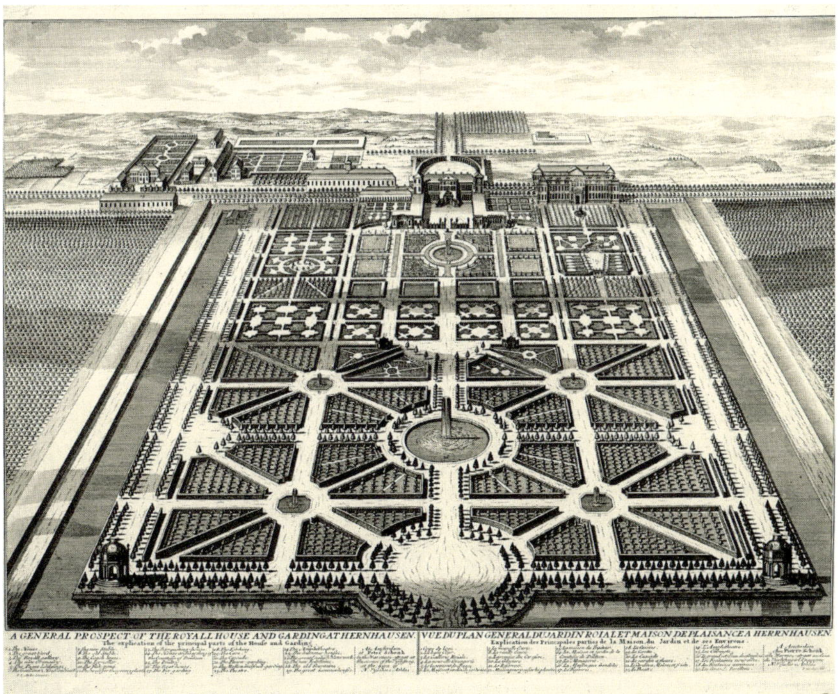

5 *Joost van Sasse nach Johann Jakob Müller, »A General Prospect of the Royal House and Garden at Herrenhausen / Vue du Plan Général du Jardin et Maison de Plaisance à Herrenhausen«, Vogelsicht auf den Großen Garten aus südlicher Richtung, Kupferstich, um 1725*

siehe auch Tafel hinten

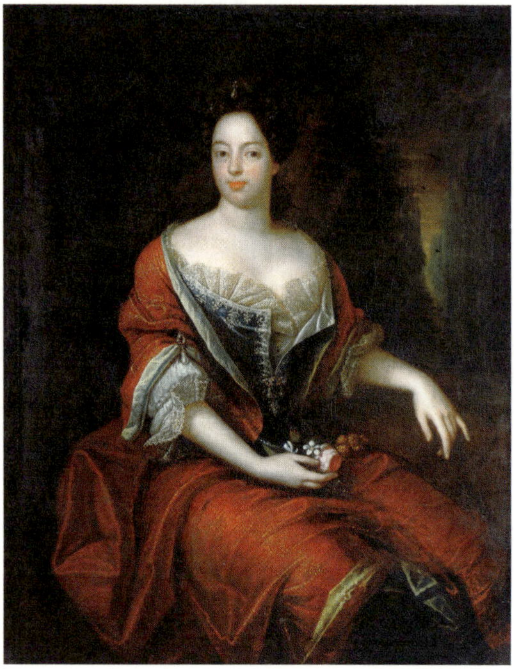

6 *Noel III Jouvenet (zugeschr.), Bildnis der Sophie Charlotte von Braunschweig-Lüneburg, Öl auf Leinwand, 1685*

Gartens von Herrenhausen münden lässt, wird Leibniz als ein Zeichen der Allianz zwischen Sophie, dem Reich des Gartens wie auch sich selbst gewertet haben.

Zu dieser Trias kommt als vierte Größe Sophie Charlotte, Tochter von Sophie. In dem Gemälde von Noel III Jouvenet aus dem Jahr 1685 blickt sie im Kontrast zum Habitus ihrer Mutter hell beleuchtet vor dem Hintergrund einer dunkel aufragenden Naturwand auf den Betrachter, angetan mit einem kostbaren roten Überkleid, einem dunklen, sich öffnenden Kleid sowie einem weißen Unterkleid aus Spitze (Abb.6). In ihrer Rechten hält sie Blumen im Schoß, so dass sie als eine Verkörperung der Naturgöttin Flora inszeniert ist, und nach rechts öffnet sich eine schmale Schneise des Lichts zwischen hoch aufragenden Bäumen, die ebenfalls auf einen Garten verweisen.[10]

Auch mit Sophie Charlotte hat sich Leibniz vorzugsweise im Garten von Herrenhausen ausgetauscht, so lange diese in Hannover wohnte. Als sie als Kurfürstin in Berlin residierte, war es das Lietzenburger Schloss, das die Herrenhäuser Gespräche ortsversetzt ermöglichte.[11] Für Mutter wie Tochter hat Leibniz jene intellektuelle und musische Seite kompensiert, die den Ehemännern der beiden Frauen weniger zugänglich war.[12] Es war auch die enge Beziehung zwischen diesen drei Personen, die dem Herrenhäuser Garten seinen besonderen Charakter verlieh.

Als der Große Garten von Herrenhausen mit der Annexion Hannovers durch Preußen im Jahr 1866 sein dynastisches Rückgrat verlor, geriet sein eigenständiger Status aus dem Blickfeld. Hinzu kam die gartengeschichtliche Zurücksetzung des geometrisch gestalteten Gartens gegenüber dem die Moderne allein repräsentierenden Landschaftsgarten. Diese hat das bis in die jüngere Vergangenheit anzutreffende Urteil geprägt, dass auch der Große Garten von Herrenhausen mit seiner geometrischen Wegeführung das Beispiel eines historisch weit distanzierten, wenn nicht überholten und abzulehnenden Verhältnisses zur Natur sei.[13] Auch dies hat dazu beigetragen, den Rang dieses Gartens zu unterminieren.

2. Die historischen Etappen des Großen Gartens

1666–1676:
Beginn der Schloss- und Gartengestaltung

Die Individualität des Herrenhäuser Gartens gründet in der Geschichte seiner Anlage. Ein möglicherweise bereits vorhandenes Gebäude wurde von 1666 an während der Sommermonate als Aufenthaltsort von Herzog Johann Friedrich genutzt.[14] Eine um 1670 entstandene Zeichnung zeigt die Nordfassade des mittleren Gebäudes sowie die Ost- und Westflügel, deren Innendächer durch ihre nach außen versetzten Dachfirste flach zur Mitte hin abfallen (Abb. 7).[15] Die Lage wird aus einem etwa fünf Jahre später gefertigten, ebenfalls von Nord nach Süd gerichteten Plan ersichtlich (Abb. 8).[16] Vor den beiden vom Hauptgebäude nach Süden abgehenden, für Personal, Vieh und Scheunen bestimmten Seitenflügeln liegen die Rechteckflächen des anzulegenden Gartens, und daran schließen zwei bereits bestehende Fischteiche an.[17]

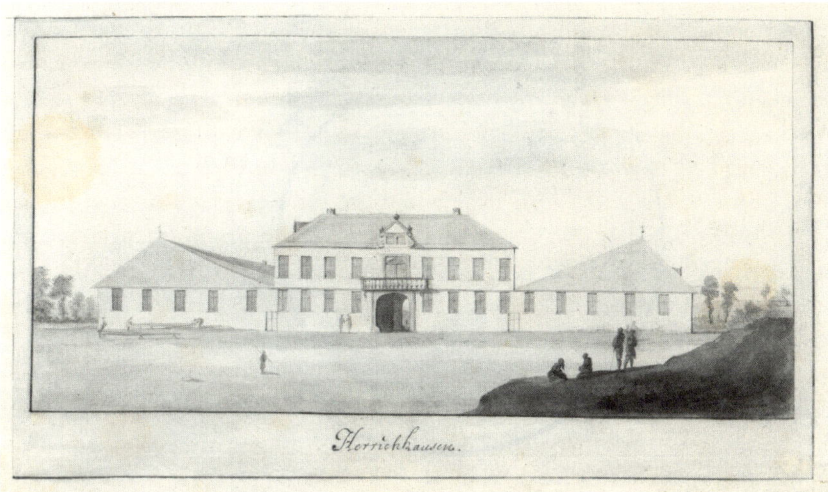

7 *Johann Jacob Zeuner, Ansicht des Lusthauses Herrenhausen von Norden, Zeichnung, Feder und braune Tusche, um 1670*

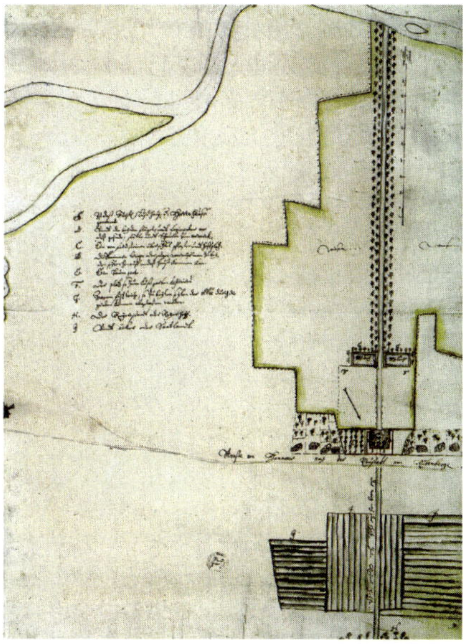

8 *Anonym, Lageplan des Lusthauses Herrenhausen, Zeichnung, Feder und grüne Tusche, um 1675*

Der wie ein riesiges Lineal wirkende, vom Mitteltrakt des Gebäudes in beide Richtungen nach Nordosten wie nach Südwesten verlaufende Weg überwindet jedoch diese Barriere. Während er nach Norden durch den zukünftigen Berggarten führt, verläuft seine südliche Ausdehnung durch die Mitte des Gartens, um dann die beiden

Fischteiche zu passieren und über das Gartenareal hinaus bis hin zur Leine zu ziehen. Flankiert wird er durch je zwei Reihen Pappeln, zwischen denen Wassergräben den Zufluss zu den Fischteichen leisten. Dieser von Bäumen gerahmte Verbindungsweg markiert mit seiner von den Fischbecken bis zum Leineufer reichenden Länge von über 900 Metern die immense Dimension, die einem planenden Auge zur Verfügung stand.[18]

1676–1679:
Ausbau von Schloss und Gartenanlage

Erst als die auf dem Plan von 1675 zu Seiten des Haupthauses zu erkennenden Gehöfte von Herrenhäuser Kleinbauern im folgenden Jahr an einen anderen Ort versetzt worden waren, konnten Pläne für den Ausbau des Schlosses und die Errichtung eines umfangreichen Gartens umgesetzt werden.[19] Die in den Jahren von 1676 bis 1679 gegebenen finanziellen Möglichkeiten erlaubten ein zügiges Vorgehen.

Für das Schloss und die im Garten ausgeführten Bauwerke waren der zuvor in Dänemark tätige Fontänenmeister Marinus Cadart sowie der italienische Architekt Hieronymo Sartorio tätig; hinzu kam der Augsburger Grottenkünstler Michael Riggus. Von ihren Maßnahmen vermittelt der Ausschnitt des kolorierten Stiches aus dem Jahr 1708 einen Eindruck (Abb. 9). Nach Norden, zum Betrachter hin, ist der unter Herzog Johann Friedrich begonnene, halbrund geschlossene Ehrenhof fertiggestellt, und das zweigeschossige Schloss zeigt den sich über fünf Fensterachsen erstreckenden, dreigeschossigen Mittelrisalit. Um die nach Süden gehenden, schmalen, ebenfalls zweistöckigen Seitenflügel sind die von Cadart in den Jahren 1676 bis 1678 errichteten einstöckigen Anbauten gelegt, die mit bleibesetzten, begehbaren Flachdächern ausgestattet wurden, um von dort aus

9 *Schlossanlage von Herrenhausen, Zustand um 1708*

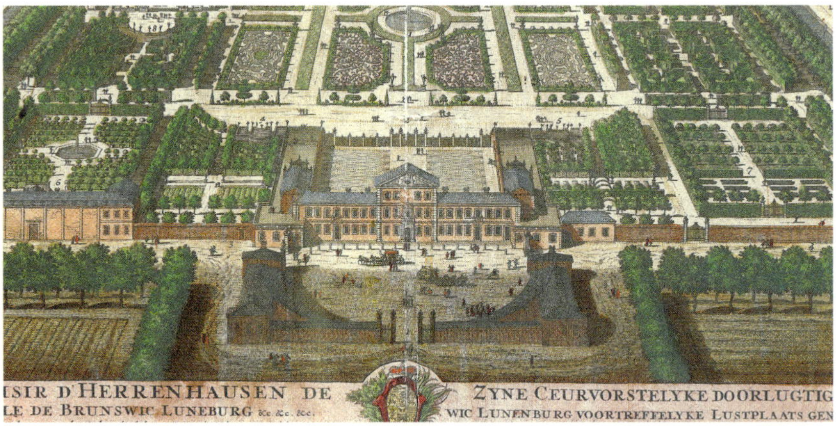

einen Blick auf die Gartenanlage zu ermöglichen. An ihren Stirnseiten entstanden mit der durch Cadart und Riggus geschaffenen Grotte im Westen sowie der Kaskade im Osten die beiden noch heute bestehenden Übergangselemente zum Garten,[20] für welche italienische Vorbilder wie etwa die Grotten der Boboli-Gärten in Florenz oder auch die Kaskaden der Villa d'Este in Tivoli Pate standen.[21]

Im selben Zug wurde das Gelände des Parterre durch einen 1443 Meter langen Zaun abgesteckt. Aus den unterschiedlichen Plänen geht hervor, dass unter der Leitung des 1675 eingestellten Hofgärtners Anton Heinrich Bauer in Verbindung mit dem französischen Gärtner Henry Perronet sowie dem italienischen Gärtner Pietro Meccage zwischen dem Hauptgebäude und den Fischteichen ein Parterre aus sechzehn komplex gestalteten Beetfeldern angelegt wurde. In ihrer Mitte war ein von vier Tritonen umstandenes Wasserbecken ausgespart, aus dem sich ein Wasserstrahl erhob. Es war von 38 mit eigenen Kaskaden ausgestatteten Wasserbecken gerahmt.[22] Das Parterre war insgesamt von einer Gehölzzone eingefasst, die aus einer Fülle unterschiedlicher Bäume bestand. Sie waren aus Hamburg, aber auch Amsterdam und Frankreich eingeführt worden.[23]

Ein weiteres Element dieser Phase des Um- und Ausbaues des Gartens war die Anlage von zwei Wasserbassins, die jenseits des Gartens in dem nach Nordwesten hin ansteigenden Gelände in den Jahren 1676 bis 1677 unter Cadart ausgehoben und befestigt wurden.[24] Auf von Süden her angelegten Veduten sind sie in ihren gewaltigen Ausmaßen deutlich zu erkennen (Tafel hinten).

Ausbau (1680–1697) und Süderweiterung (1697–1720) des Gartens

Nach dem Tod Herzog Johann Friedrichs im Dezember 1679 trat Herzog Ernst August im Oktober 1680 die Nachfolge an, und mit der Übersiedelung von ihm und seiner Frau Sophie nach Hannover gelangte der Garten in den Fokus seiner Ansprüche. Die Berufung des französischen Gärtners Martin Charbonnier im Jahr 1683 war das Zeichen, dass dem riesigen Garten von Salzdahlum, der von seinem Braunschweiger Vetter und Konkurrenten Anton Ulrich geschaffen worden war, entgegnet werden sollte.[25] Wie in Berlin die Erringung der Königswürde für Preußen durch die Errichtung des Stadtschlosses baulich begleitet wurde, so wurde der Garten von Herrenhausen für Ernst August zum Siegel der im Jahr 1692 erlangten Kurfürstenwürde.[26] Überlegungen der Jahre 1695 und 1696, den Garten aufzuwerten, führten zur Entscheidung, seine Grundfläche durch Charbonnier nach Süden hin zu verdoppeln.

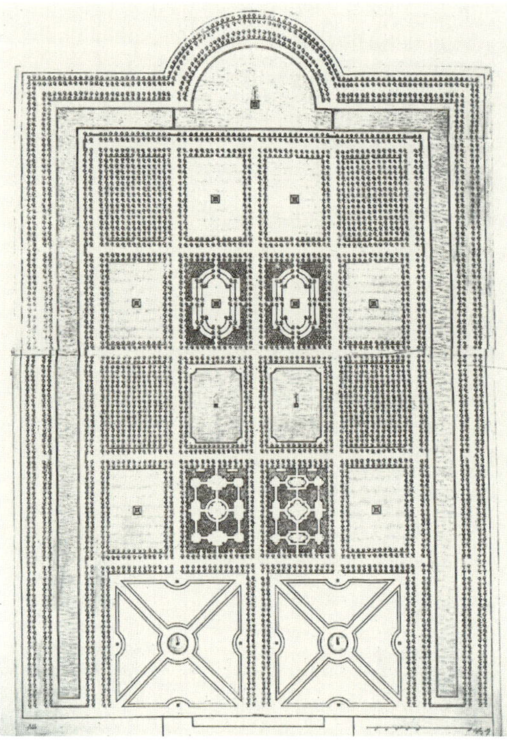

Der Grundriss dieser erweiterten Form nimmt einen Musterplan aus André Mollets Gartenbuch von 1651 auf (Abb. 10),[27] der dem allgemein als Muster angesehenen Versailles vorauslief.[28] Mit Mollets Entwurf war ein Rahmen gegeben, der dem Garten gegenüber dem Schloss einen relativ autonomen Status gab, ohne eine Einzelform dominant werden zu lassen. Er bündelte eine Fülle von Motiven der Gartengeschichte, die bis in die Renaissance zurückgingen, und dies wird Sophie bewegt haben, die Grobform dieses Modellentwurfes zu realisieren, um dessen Motive umzuformen, weitere Elemente hinzuzunehmen und ihm damit insgesamt zu einem Eigenwert zu verhelfen.

Der kolorierte Kupferstich aus den Jahren um 1708 zeigt den Großen Garten von Herrenhausen in der idealisierten Form seines vollendeten Ausbaues (Abb. 11 / Tafel vorn).[29] In dem riesigen, von einem Kanal

10 *André Mollet, Musterplan eines Gartens, Kupferstich, 1651*

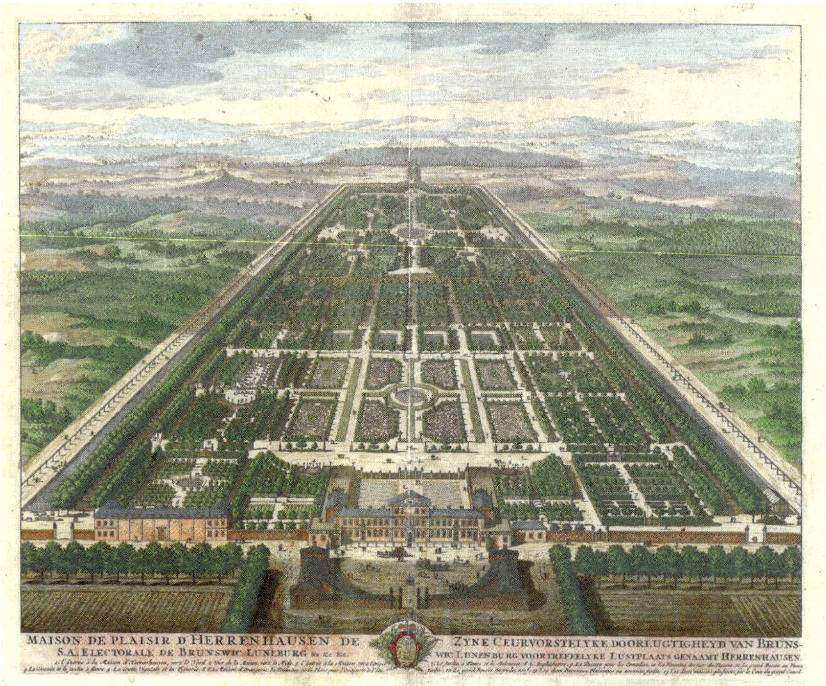

11 *»Maison de Plaisir d'Herrenhausen de S.A. Electorale de Brunswic Luneburg«, Vogelsicht auf den Großen Garten aus nördlicher Richtung, kolorierter Kupferstich, um 1708*

siehe auch Tafel vorn

und einem daneben errichteten Aquädukt gerahmten Areal sind in unterschiedlicher Ausdehnung sechs Zonen auszumachen. Die erste wird auf Schlosshöhe durch die Reihe der Teilgärten gebildet, von denen jeweils zwei neben den Seitenflügeln des Schlosses nach Ost und West hin angelegt sind. Diese Separatgärten beginnen unmittelbar neben dem Gebäude mit zwei symmetrischen Anlagen, die mit zwei Baumreihen, einem Parterre und einem Boskettbereich eine mikrokosmische Konzentration des Ganzen darstellen (Abb. 52, S. 76). Der östlich gelegene war durch Blumenbepflanzung als fürstlicher Privatgarten ausgezeichnet, während auf dem nach Osten sich anschließenden Orangenplatz im Sommer Kübelpflanzen gepflegt wurden. Er liegt vor dem Galeriegebäude, das von 1694 bis 1698 als großer, den Spiegelsaal von Versailles übertreffender Festsaal durch den italienischen Maler und Architekten Tommaso Giusti entworfen wurde.[30] Westlich des Schlosses erstreckten sich der Feigengarten sowie daran anschließend ein weiterer Nutzgarten für exotisches Obst.[31]

Vor der Zone der Separatgärten, von prallem Sonnenschein beleuchtet, liegt als zweite Zone das Parterre mit seinem Rundbrunnen und acht rechteckigen Feldern, die im Süden durch vier Fischteiche begrenzt werden. Das Parterre ist stärker auf die Architektur des Gebäudes und die von ihm ausgehenden imaginären Linien bezogen, als es die erste Gestaltung nach 1676 nahelegte. Der Mittelweg und die beiden flankierenden Nebenwege nehmen den Mittelrisaliten des Hauptflügels und die nach vorn gestreckten Seitenarme auf, und statt der zuvor sechzehn sind es nur mehr acht Beete, die mit ihren längsgerichteten Rechtecken das Parterre auf die vom Schloss ausgehenden Achsen verpflichten.[32]

Eine Abweichung von der Ausrichtung dieser Gartenelemente stellen jedoch die sich nach Süden erstreckenden Felder des Galeriegebäudes dar. Der Orangenplatz verband sich mit dem vorgelagerten, die Statuen der Welfen präsentierenden Königsbusch und dem Heckentheater zu einem eigenen Bereich von drei zusammenhängenden Festgärten. Der dynastisch angelegte Königsbusch verklammerte mit den vier Statuen von Georg von Calenberg, Ernst August von Hannover, Sophie sowie ihrem Sohn Georg Ludwig die Hannoveraner Linie der Welfen mit derjenigen der Stuarts, insofern als dieser ab 1714 als George I. in London residierte.[33] Von besonderer Finesse ist das sich nach Süden hin anschließende, von 1689 bis 1692 durch Johann Peter Wachter errichtete Heckentheater, das mit seinen 27 vergoldeten Bleifiguren bestach.[34] Während das übrige Areal jenseits des Parterre im Westen sowie auch jenseits der Fischteiche als dritte Zone den unter dem Schatten einer Wolke liegenden Boskettbereich aufweist, bleiben der Königsbusch und das Heckentheater auf das Galeriegebäude bezogen.

In dem erneut strahlend beleuchteten restlichen Areal erscheint die vierte Zone der südlichen Gartenhälfte. Durch diese von 1697 bis 1708 vollzogene Erweiterung wurde der gesamte bis dahin bestehende Garten nach Südwesten hin in seiner Fläche verdoppelt, wie es der eindrucksvolle, nun aus südlicher Richtung eingenommene Blick auf das gesamte Areal hervorhebt (Tafel hinten).[35] Aus der Zeit um 1725 stammend, nimmt er aus der Vogelsicht die riesige Fontäne in den Fokus, die im Jahr 1720 in der Mitte des neuen Vierecks eingeweiht worden war.[36] Die südliche Gartenhälfte wurde von den zentralen Achsen sowie von zwei großen Diagonalen durchschnitten, die durch ein auf der Spitze stehendes Quadrat durchkreuzt waren. Auf diese Weise entstanden 32 Dreiecksfelder, von denen fünf als Heckenbosketts gestaltet waren, die jeweils eigenwillige individuelle Wege und Raumführungen vortrugen.

Anregungen holte sich Charbonnier auf einer Studienreise in die Niederlande, denen die Herzogin Sophie durch ihre dort verbrachte Kindheit verbunden war. Allein schon der den gesamten Garten umgebende schiffbare Graben erinnerte neben italienischen Vorbildern an die niederländischen Grachten, und im Ganzen scheint die oranische Residenz Het Loo mit ihren großen, autark wirkenden rechteckigen Flächen eine Vorbildfunktion gehabt zu haben.[37] Auch der Umstand, dass im südlichen Garten große Bereiche den Nutzpflanzen gewidmet waren, unterstreicht diesen Bezug.[38]

Als fünfte Zone umfängt ein breiter Weg, der innen von einer Reihe und außen von zwei Reihen von Linden flankiert wird, die gesamte Anlage. Schließlich wird das Areal im Osten, Süden und Westen durch einen gewaltigen, 20 Meter breiten Wassergraben als sechster Bereich abgeschlossen. Auf Grund seiner Breite und Tiefe war er durch Schiffe bis zur beträchtlichen Größe von Prachtgondeln befahrbar.

Die Aufnahme von Gartenelementen der Oranier war ebenso wie die Adaption eines der Musterpläne Mollets die Frucht der Entscheidung, nicht dem Muster von Versailles zu folgen, sondern die Grunddisposition des durch Quadrate gegliederten und von Wasser umgebenen Gartens aufzunehmen, den Sophie in Osnabrück hatte anlegen lassen.[39] Offenkundig suchte der Große Garten von Herrenhausen durch Rückgriffe einen eigenen Stil zu entwickeln.

Die Gesamtdisposition

Der markanteste Zug des Herrenhäuser Gartens liegt darin, dass er das gewöhnliche Verhältnis zum zugehörigen Schlossgebäude umkehrt (Tafel vorn).[40] Obwohl seine Hauptachse vom Schloss her definiert wird, setzt er sich so unbedingt in Szene, dass nicht etwa der Garten dem Gebäude, sondern die Architektur dem Garten zugeordnet wirkt. Wenn Besucher wie Johann Friedrich Armand von Uffenbach äußerten: »Das Schloss Herrenhausen selbst ist zwar ein großes Gebäude, so aber weder Goust, noch Pracht hat«,[41] so konnten derartige Eindrücke durch den Garten kompensiert werden. Treffend hat die Kurfürstin Sophie im Jahr 1713 bekannt: »Nur mit dem Herrenhäuser Garten können wir prunken.«[42]

Das Gesamtbild, dass der Grundriss zwar auf das Hauptgebäude in der Mittelachse sowie das Galeriegebäude im Osten hin angelegt ist, diese beiden Baukörper aber wie zu kleine Köpfe für einen riesigen Körper wirken, springt auch in dem großen Grundrissplan von Pierre Nicolas Landersheimer aus dem Jahr 1735 ins Auge. Im Einklang mit dem Blickpunkt des Kupferstichs von um 1708 (Tafel vorn) ist er von Norden nach Süden ausgelegt (Abb. 12).[43] Das Hauptgebäude und der vorgelagerte halbrunde Ehrenhof haben es bereits schwer, sich gegenüber dem Parterre und der zentralen Kaskade zu behaupten, die, wie auch die übrigen Wasserfontänen des Gartens, mit ihrem aufsteigenden und dann zur Seite abfallenden Strahl aus der Vogelsicht dargestellt ist. Vollends lässt der riesige Platz, mit dem die südliche Partie des Gartens wie das Chorhaupt einer Kirche über die Begrenzungslinie auskragt, die gegenüberliegenden Gebäude wie Kleinmodelle aussehen. Verstärkend kam hinzu, dass die beiden von Louis Rémy de la Fosse an den südlichen Gartenecken in den Jahren 1707 und 1708 errichteten Kuppelpavillons einen Gegenakzent bildeten.[44]

Eine großformatige zweite Version dieses Planes, die im Stockholmer Nationalmuseum bewahrt wird, weist nur geringe Unterschiede auf (Abb. 13); so fehlt die am nördlichen Ende der westlichen Gracht in das Wasser gestellte Gondelhalle.[45] Dieser Plan zeichnet sich dadurch aus, dass die im Garten errichteten Bauwerke durch ihre hellrote Hervorhebung besonders gut auszumachen sind. Am oberen Abschluss sind die beiden Eckpavillons ebenso markant zu erkennen wie die Brunnen des gesamten südlichen Gartenareals. Dasselbe gilt nicht minder für die zentrale Fontäne der nördlichen Gartenhälfte sowie das links im Osten besonders stark betonte Heckentheater, das im Inneren der rot bezeichneten Steinformen auf das Grün des Bewuchses in unterschiedlicher Farbkraft verweist. Die Baukörper des nördlichen Abschlusses, die von Ost nach West verlaufende Mauer, die Orangerie mit den Kübeln des Vorplatzes, das Schloss mit dem Vorhof und westlich das Feigengebäude sind allein durch die Grundrisslinien charakterisiert.

Die Hervorhebung der Bauwerke macht die Dominanz des Großen Gartens umso deutlicher. Das Übergewicht des Gartens zeigt

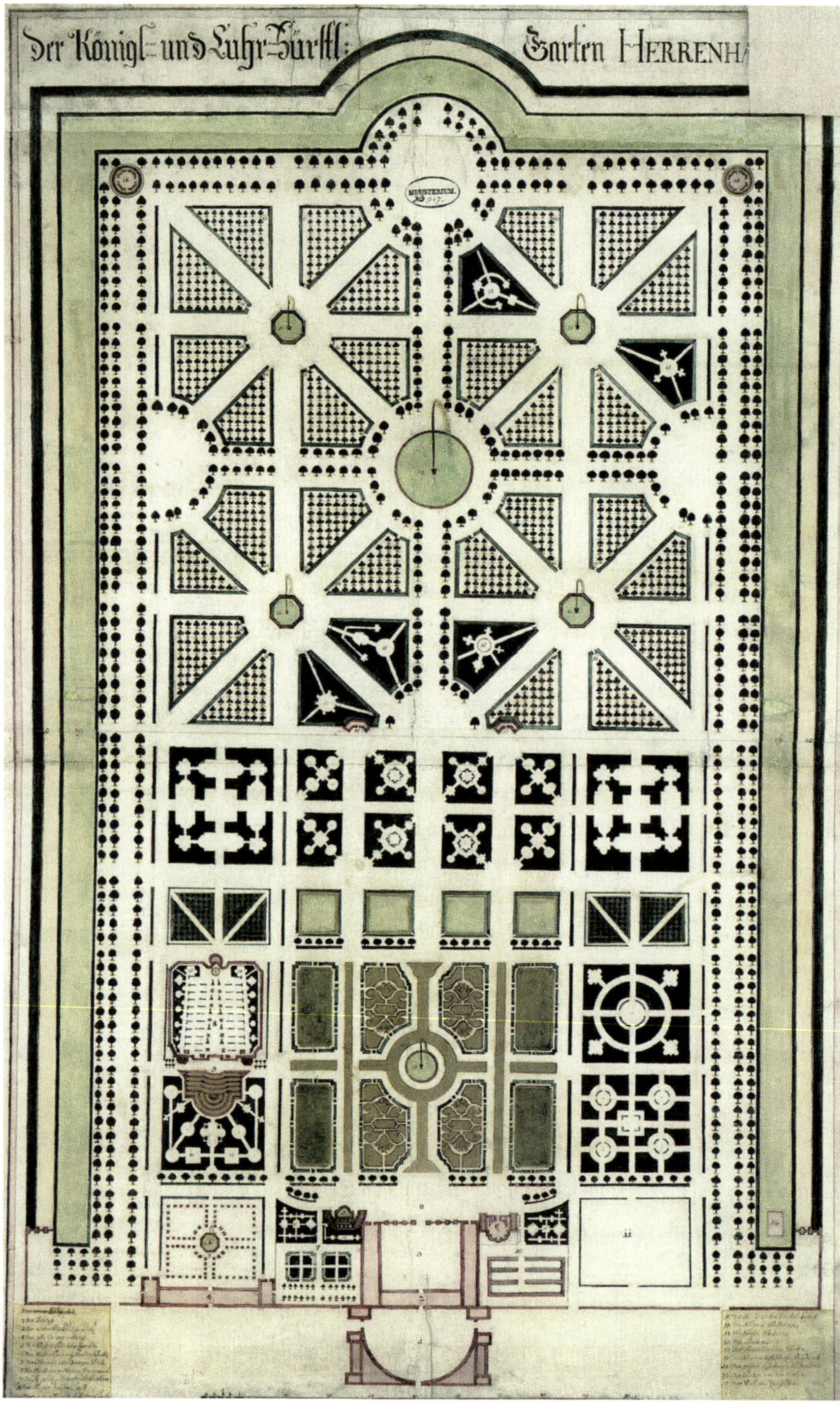

12 *Pierre Nicolas Landersheimer, »Der Königl. und Cuhr-Fürstl. Garten Herrenhausen«, Gesamtplan des Großen Gartens, Norden unten, Süden oben, Zeichnung, Feder und Tusche, um 1735*

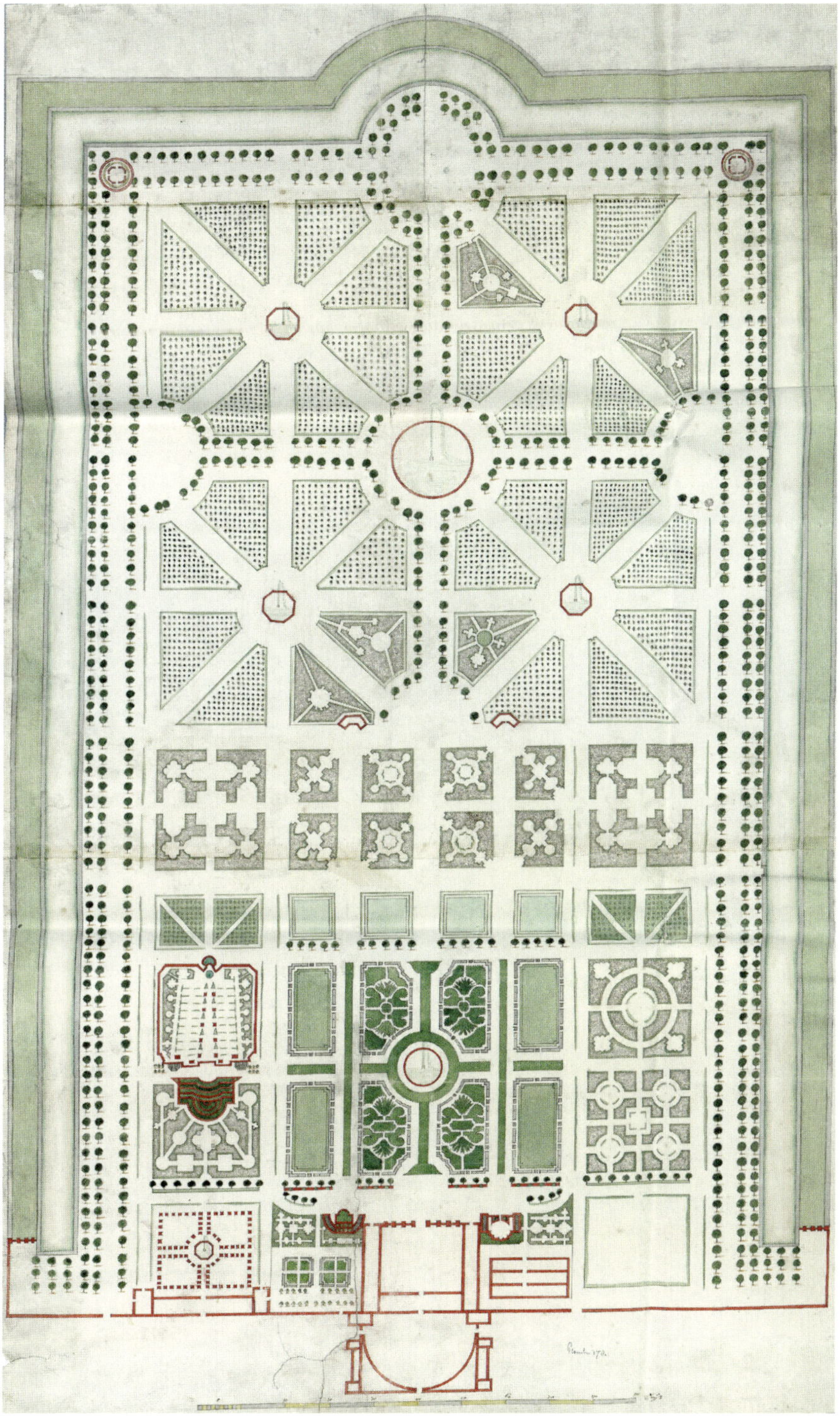

13 *Anonym, Plan von Schloss und Garten Herrenhausen, braune Tinte, grüne, rote, graue und gelbe Aquarellfarbe, um 1710*

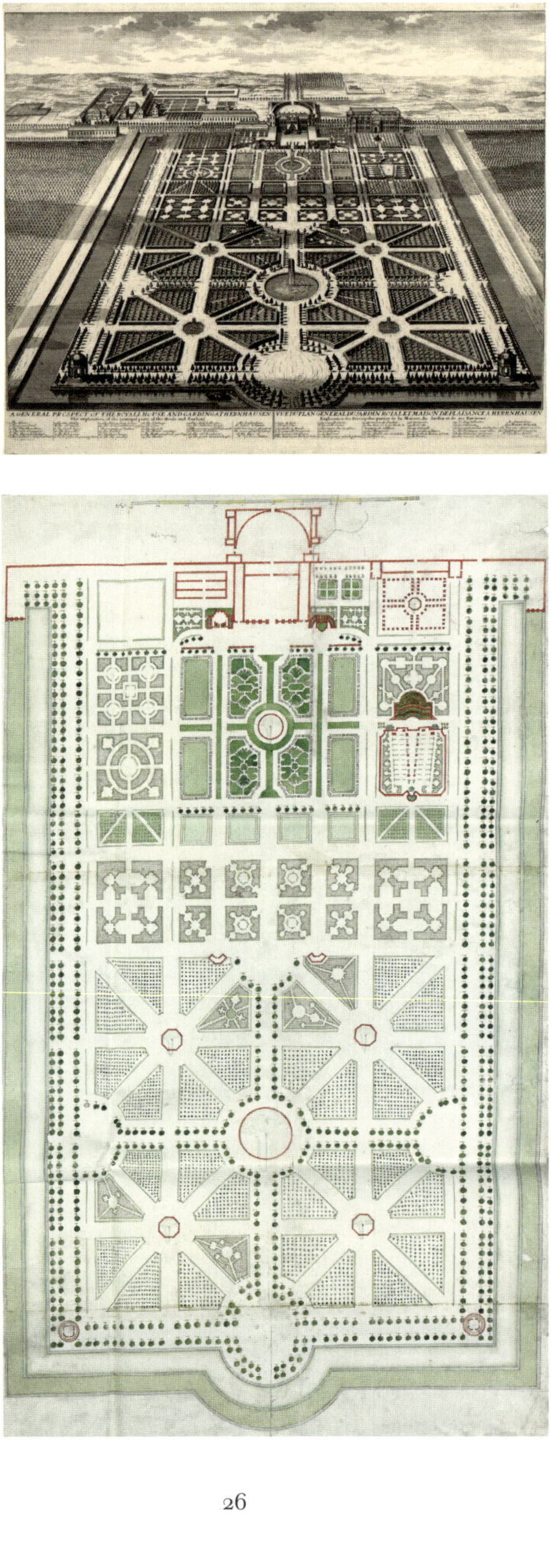

sich besonders markant, wenn dieser Plan gemäß dem aus südlicher Richtung vollzogenen Vogelblick des Kupferstiches von um 1725 auf den Kopf gestellt wird (Abb. 14). In beiden Darstellungen erscheinen oben der Vorhof und das Schloss, das in der Vogelsicht den Eindruck erweckt, lediglich ein Dienstgebäude zur Unterhaltung des Gartens zu sein. Kompensiert wird dieser Eindruck durch das im Osten rechts aufragende Galeriegebäude, aber mit dessen Präsenz verschiebt sich die Ausrichtung zur Seite, zumal auch der Königsbusch sowie das Heckentheater ein eigenes Gewicht entwickeln.

Der Gesamteindruck wird durch die drei Hauptachsen bestimmt, die den Großen Garten in Nord-Süd-Richtung durchziehen. Dieser längsgerichteten Gliederung steht die Betonung der quer gelagerten Elemente gegenüber, wie sie die Fischteiche des Parterre, die anschließende Boskettzone und die stark akzentuierten Querwege zeigen.[46] Vollends lässt der gesamte Südgarten mit seinen zusätzlichen Diagonalen die Orientierung auf das Schloss gleichsam kippen. Die geometrische Gliederung bietet sich insgesamt als ein auf sich selbst zentriertes Ensemble dar, dessen innere Spannung durch die vom Galeriegebäude ausgehende Gewichtsverlagerung verstärkt wird. Das Schlossgebäude wirkt in seiner Dimension eher wie eine Zutat denn ein orientierender Mittelpunkt.

14 *Zusammenstellung des Kupferstiches von um 1725 (Abb. 5 / Tafel hinten) mit dem auf den Kopf gestellten Grundriss von um 1710*

Entwicklung bis zur Annexion Hannovers

Der Große Garten von Herrenhausen hatte das Glück, dass die ursprüngliche Anlage der Gebäude weitgehend unangetastet blieb. Der erste Grund lag darin, dass Kurfürst Georg Ludwig im Jahr 1714 in Personalunion als George I. König von Großbritannien und Irland wurde. Von seiner Residenz in London aus kamen er oder sein Sohn Georg August, der als George II. sein Nachfolger wurde, bis 1755 im Schnitt alle zwei bis drei Jahre nach Herrenhausen, um hier die Sommerzeit zu verbringen. Der im Jahr 1735 als Hofgartendirektor eingesetzte Friedrich Karl von Hardenberg lernte auf seiner Englandreise des Jahres 1744 erste Formen des Landschaftsgartens schätzen, aber die Herrenhäuser Anlage wurde dem neuen Stil nicht angepasst.[47] Vielmehr wurde der Zustand des Gartens, und hier insbesondere im Bereich der den exotischen Früchten gewidmeten Separatgärten, mit erheblichem Aufwand gewahrt, um einen angemessenen Rahmen für Auftritte des Königs und Kurfürsten zu bieten.[48]

Dasselbe galt für das Schloss. Lediglich in einem einzigen Moment der Planungsgeschichte um 1690 wurde diskutiert, die zurückhaltende Anlage des Schlosses in einen Maßstab von europäischem Zuschnitt zu überführen. Ein zweiter im Nationalmuseum von Stockholm liegender Plan, der auch bereits die 1696 entschiedene Süderweiterung des Gartens durchspielt, entwickelt die Idee, das Schlossgebäude nach beiden Seiten hin zu verlängern, um auf diese Weise die gesamte Breite der Anlage zu nutzen (Abb. 15).[49] Zwar nur schemenhaft eingetragen, in ihrer Dimension aber überwältigend, zeichnet sich am unteren Bildrand diese die gesamte Fläche des nördlichen Abschlusses überspannende

15 *Anonym, Grundrissplan einer Veränderung von Schloss und Garten Herrenhausen, Bleistift und braune Tinte, um 1690*

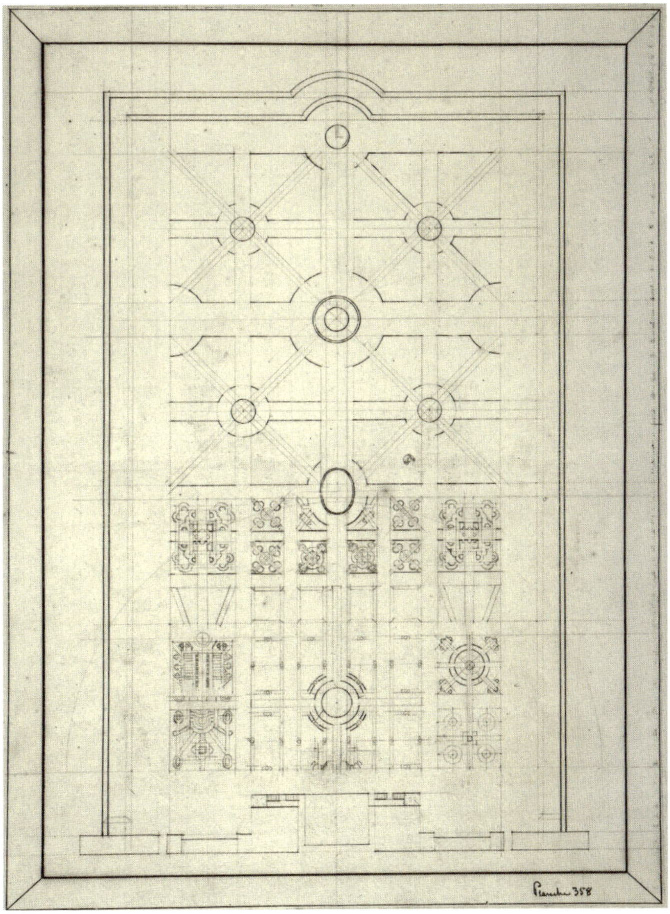

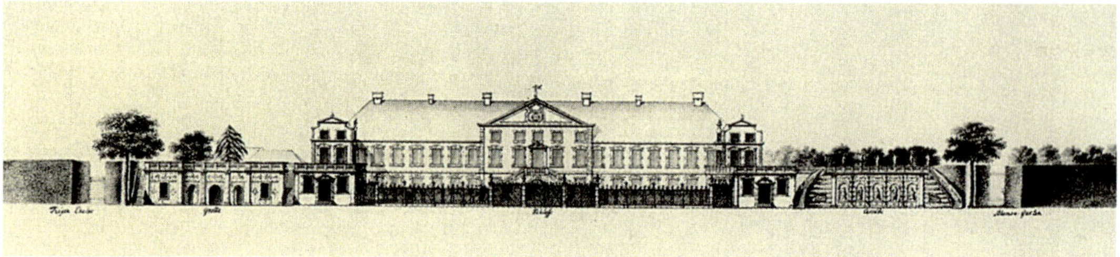

16 *Johann Dietrich Heumann, Bestandsplan der Gartenfassade des Schlosses von Herrenhausen mit der 1725 von Tobias Henry Reetz geschaffenen Fassadendekoration, lavierte Federzeichnung, 1764 (Ausschnitt)*

17 *Johann Georg Täntzel, Entwurf zur Instandsetzung des Herrenhäuser Schlosses, lavierte Federzeichnung, 1780 (Ausschnitt)*

Schlossarchitektur ab. Die dünn eingetragenen Linien weisen eine geschlossene Steinfassade aus, die mit ihrem Architekturkörper von über 600 Metern Breite in die erste Klasse der europäischen Schlossbauten aufgestiegen wäre.[50] Damit, dass durch diese monumentale Baufront von Norden her ein das Ganze bedingender Schwerpunkt entstanden wäre, hätte das Schloss dem Garten gleichsam Paroli geboten. Im Grundriss des Gartens springt das an der Scharnierstelle zwischen Nord- und Südhälfte des Gartens eingesetzte Oval ins Auge, das den hier befindlichen Halbkreis ersetzt und ein Moment der Spannung erzeugt hätte. Dieser Plan wurde jedoch weder im Bereich des Gartens noch des Schlosses umgesetzt.

In den Jahren 1704 bis 1706 wurden die Fassaden des Hauptgebäudes unter der Leitung von Giacomo Quirini und Tommaso Giusti durch Verputzdekorationen aufgewertet. Im Jahr 1725 erneuerte der Architekt Tobias Henry Reetz den Verputz, um die Illusion zu verstärken, dass hier kein Fachwerkbau, sondern ein massives Gebäude aufragte (Abb. 16).[51] An der Grundsubstanz rührte aber auch er nicht. Mit dem Klassizismus und der Ästhetik der Revolutionsarchitektur wurden stilistische Veränderungen vorgenommen, die den Bau aber erneut eher zurücknahmen denn in Szene zu setzen versuchten, und hierdurch blieb der Charakter des Gesamten unverändert. Angesichts der geringen Haltbarkeit der Mörteldekoration von 1725 und bedingt auch durch den klassizistisch geprägten Geschmackswandel, wurde die Fassade nach dem Entwurf des Hofmaurermeisters Johann Georg Täntzel bis auf einen glatten Verputz entschlackt (Abb. 17).[52]

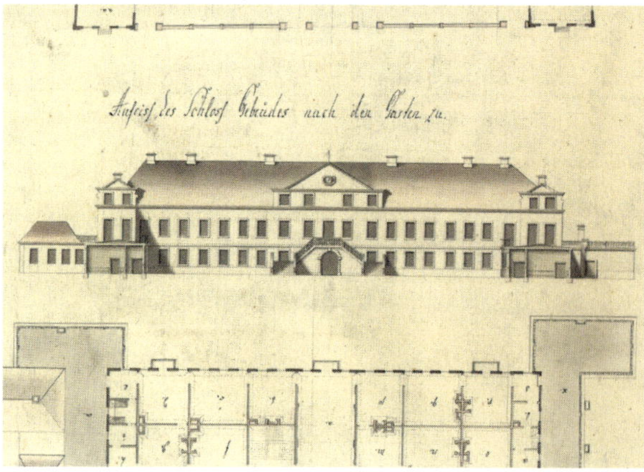

Als der Hofarchitekt Georg Friedrich Laves das Schlossgebäude in den Jahren 1819 bis 1821 umbaute und erneuerte, wahrte er den ursprünglich gegebenen, zurückhaltenden Charakter.[53] Die Baumaßnahmen geschahen mit Blick auf den Besuch des englischen Königs George IV. auf dem Stammsitz seiner Familie im Jahr 1821. Sie bewirkten eine weitere Zurücknahme der barocken Rhythmik der Baugliederung, indem die fünf Fensterachsen des Mittelrisalits auf drei reduziert wurden (Abb. 18).[54] Im selben Zug wurde durch die Anhebung des Traufgesimses und die Hinzufügung einer Attika eine horizontale Verblockung erreicht, die in ihrer stereometrischen Klarheit dem Stilgefühl der Revolutionsarchitektur entsprach.[55] Hierzu trug auch bei, dass Laves die sich nach Süden erstreckenden Seitenflügel um ein halbes Geschoss kappte, um das Gesims des Hauptgeschosses durchlaufen zu lassen (Abb. 19).[56] Die Qualität dieser Konzeption lag darin, der historistischen Versuchung nicht stattzugeben und etwa ein neobarockes Gebäude neu zu konzipieren, sondern vielmehr den bestehenden Komplex behutsam zurückzunehmen. Offenkundig wusste Laves um die Wirkung von Architektur, gerade wenn sie das Pathos mied.[57]

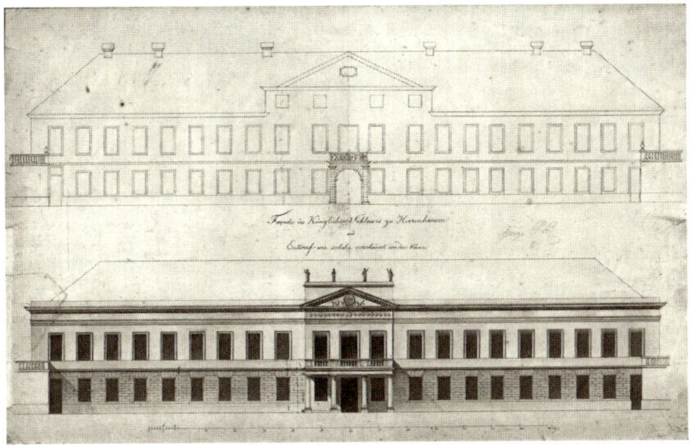

18 *Georg Friedrich Laves, Bestandsplan der Nordfassade von Johann Georg Täntzel (oben) und Entwurf zu ihrer Umgestaltung (unten), lavierte Federzeichnung, 1818*

Diese behutsame Erneuerung des Schlosses hat dem Großen Garten von Herrenhausen seinen besonderen Status in der Geschichte der Gartenkunst bewahrt. Aus dem zweiten Stock des Hauptgebäudes wie auch der Seitenflügel, vor allem aber von den bleibesetzten Flachdächern der Anbauten ergab sich ein großartiger Blick über

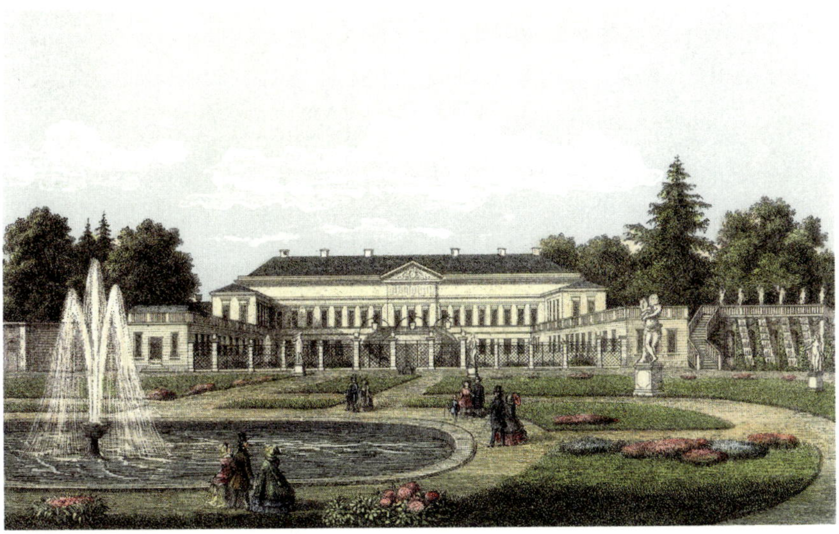

19 *Wilhelm Kreschmer, Südfassade des Schlosses von Herrenhausen, Lithographie, 1858*

das Parterre des Gartens bis zu den angrenzenden Boskettbereichen (Abb. 44, S. 65).[58] Von diesem Standort aus erschien der Garten auf das Schloss als seinem Ausgangspunkt bezogen. Vom Garten aus verschoben sich allerdings die Dimensionen. Schon durch die Hinzufügung des Galeriegebäudes wurde die Bedeutung der mittleren Achse gestört. Und durch die Ausmaße der Anlage, die horizontalen Querachsen, die Strategien der Sichtverweigerung, die alle Aufmerksamkeit auf sich ziehenden Riesenfontänen, das ausgreifende Rondell des südlichen Gartens sowie durch das Verspielen der strengen Geometrien im Boskettbereich setzte sich der Große Garten autonom in Szene.

Dieser Charakter wurde bis zur weitgehenden Zerstörung der Anlage in der Bombennacht des 18./19. Oktober 1943 gewahrt. Erst die Rekonstruktion des Schlosses hat diese Spannung wieder in Kraft gesetzt (Abb. 1, S. 12).[59] Der Garten war in keinem Moment seiner Geschichte ein Addendum zu diesem Gebäude, sondern durchweg dessen Über-Ich. Hierin liegt sein paradigmatischer Stellenwert für die Geschichte der Gartenkunst.

3. Udo von Alvensleben und der Beginn der Forschung

Nach der Annexion des Königreichs Hannover durch Preußen im Jahr 1866 wurde versucht, den Großen Garten instand zu halten, aber in der Weimarer Republik standen nur mehr so geringe Mittel zur Verfügung, dass Bereiche wie zum Beispiel das Parterre ihren Pflanzen- und Baumbewuchs verloren.[60] Dies trug dazu bei, dass die Anlage in der öffentlichen Wahrnehmung an Bedeutung verlor.

Eine wissenschaftliche Auseinandersetzung begann erst mit einer im Jahr 1929 publizierten Dissertation, deren Autor eine eigene Betrachtung verdient. Der im Jahr 1897 auf dem Stammgut seiner altmärkischen Adelsfamilie, Wittenmoor bei Stendal, geborene Udo von Alvensleben hat nach seiner Schulzeit an der Ritterakademie in Brandenburg/Havel vom ersten Tag an am gesamten Ersten Weltkrieg teilgenommen, um nach dem Krieg eine Lehre und ein landwirtschaftliches Studium zu absolvieren, das väterliche Gut zu bewirtschaften und daneben das Studium der Kunstgeschichte aufzunehmen. Angezogen durch die Forschungen der Kulturwissenschaftlichen Bibliothek Warburg, entschloss er sich, sein Studium in Hamburg bei Erwin Panofsky, Professor für Kunstgeschichte an der dortigen Universität, abzuschließen. Als er im Jahr 1926 sein Vorhaben, über das Werk und den Einfluss des Gartenarchitekten André Le Nôtre zu promovieren, mit Panofsky erörterte, riet ihm dieser, das Thema auf den Großen Garten von Herrenhausen zu begrenzen. Die Arbeit an seiner Dissertation im Umkreis von Aby Warburg und Erwin Panofsky wurde für von Alvensleben zum prägenden geistigen Erlebnis,[61] und auch Panofsky hat ihn bis an sein Lebensende geschätzt. Er hat niemals vergessen, dass von Alvensleben ihm und seiner Familie im April 1933 angeboten hatte, im Schutz von dessen abgelegenem Stammsitz Wittenmoor den weiteren Verlauf der politischen Entwicklung abzuwarten.[62]

Mit seiner Dissertation wurde von Alvensleben zum ersten Spezialisten des Großen Gartens von Herrenhausen. Die Wahl des Themas erschien ihm als ein »in jeder Hinsicht glücklicher Gedanke, denn das erwählte Objekt war noch *terra incognita*: konkurrenzloses Beispiel eines bedeutenden erhaltenen Gartens auf früher Stilstufe.«[63] Zwar so gut wie ohne eigene Quellenforschung, aber doch in einer gründlichen Erschließung des in Texten und Bildern überlieferten publizierten Materials hat von Alvensleben nicht nur eine erste Geschichte der Gebäude und der Gärten Herrenhausens, sondern auch eine Einordnung des Ensembles in die Geschichte der Gartenkunst vorgelegt.

Im Jahr 1934 gelangte der Große Garten von Herrenhausen in den Besitz des Hauses Braunschweig-Lüneburg zurück, und als die Stadt Hannover ihn im Jahr 1936 von den alten und neuen Besitzern erwarb, stellte sich die Frage nach der Rekonstruktion seiner Erscheinung (Abb. 20).[64] Von Alvensleben, der in die Kommission auswärtiger

20 *Luftbild von Schloss und Garten Herrenhausen aus nördlicher Richtung, letzter Zustand vor der Restaurierung von 1936, Photographie, um 1935*

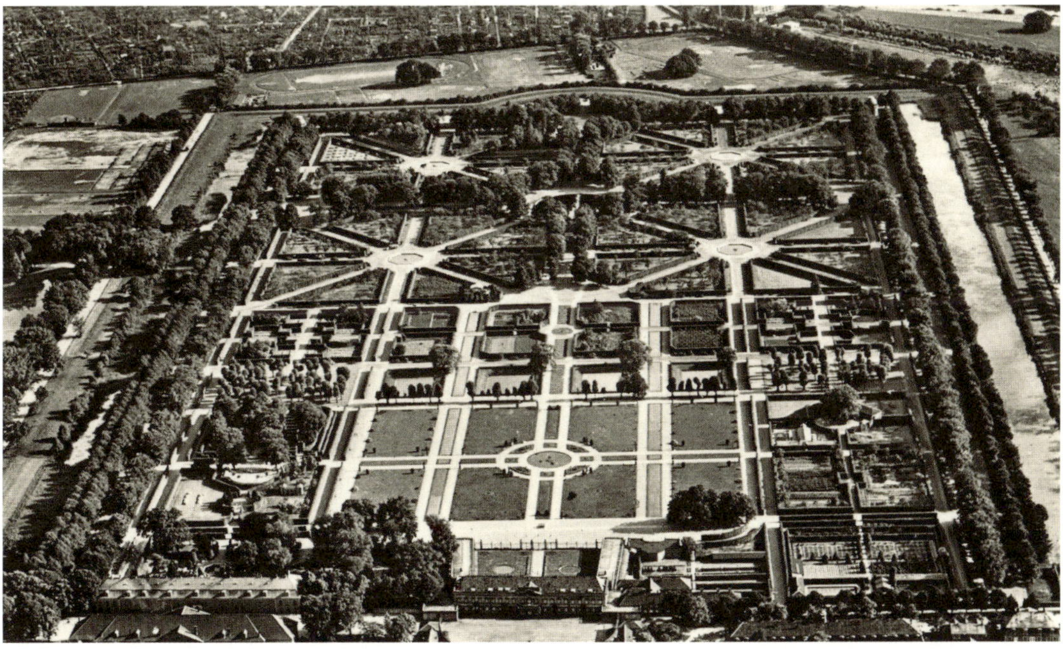

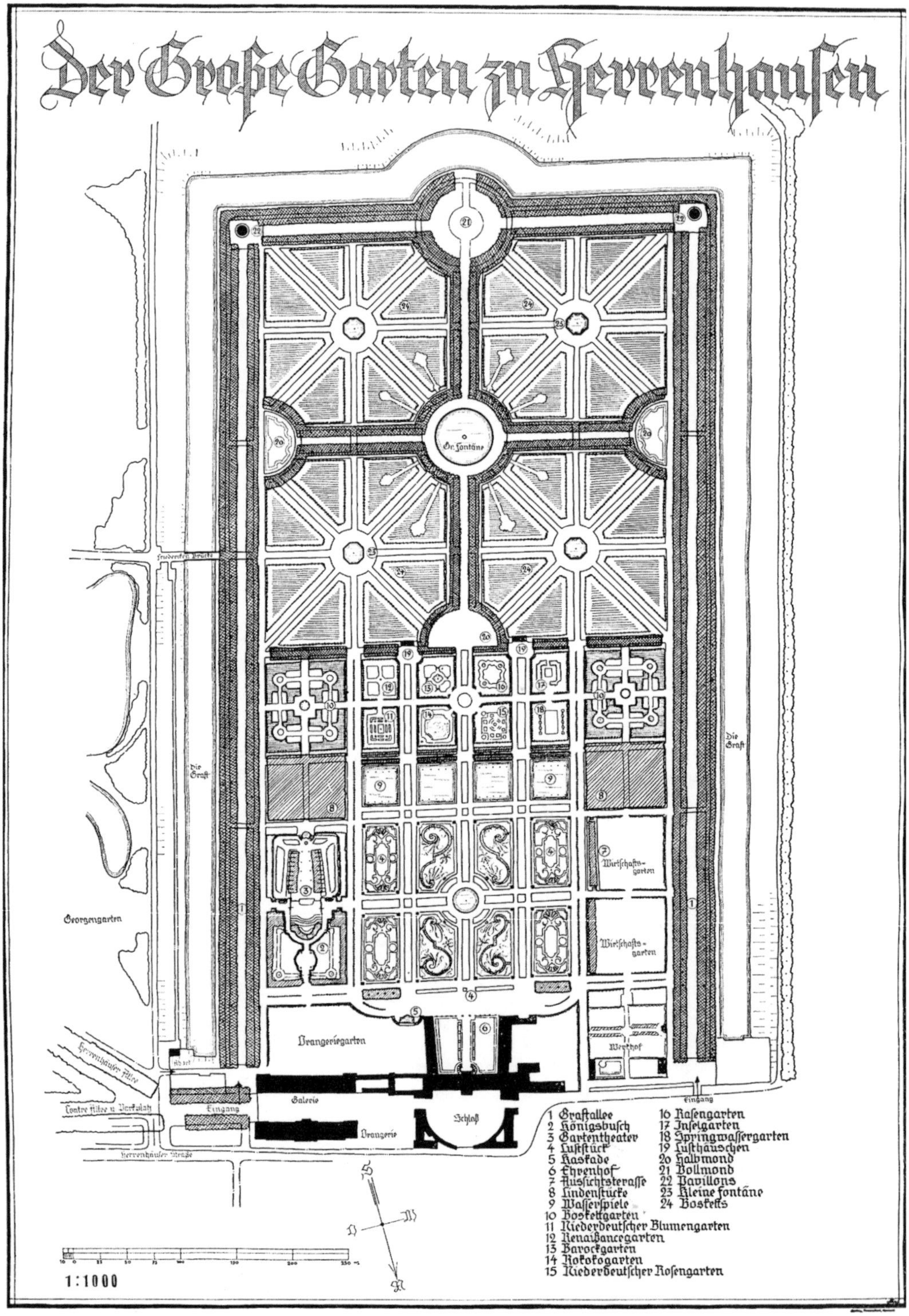
Der Große Garten zu Herrenhausen
Gr. Fontäne
Die Graft
Friederiken Brücke
Georgengarten
Wirtschaftsgarten
Orangeriegarten
Werkhof
Galerie
Orangerie
Schloß
Eingang
Herrenhäuser Allee
Herrenhäuser Straße
1 Graftallee
2 Königsbusch
3 Gartentheater
4 Luftstück
5 Kaskade
6 Ehrenhof
7 Aussichtsterasse
8 Lindenstücke
9 Wasserspiele
10 Boskettgarten
11 Niederdeutscher Blumengarten
12 Renaißancegarten
13 Barockgarten
14 Rokokogarten
15 Niederdeutscher Rosengarten
16 Rasengarten
17 Inselgarten
18 Springwassergarten
19 Lusthäuschen
20 Halbmond
21 Vollmond
22 Pavillons
23 Kleine Fontäne
24 Boskets
1:1000

Experten berufen worden war, trug maßgeblich dazu bei, dass zwar nicht alle Details, aber doch die Grundzüge des um 1700 gegebenen Zustands gewahrt wurden.[65] Die Pläne des Oberbürgermeisters Arthur Menge, eine Vertiefung des großen Parterre vorzunehmen und in der Mittelachse einen großen Kanal einzuziehen, konnten durch die Kommission vereitelt werden. In seinem Tagebuch nannte von Alvensleben den Oberbürgermeister lapidar den »Stadtdiktator«.[66] Dass von Alvensleben in der aus Anlass der Wiedereröffnung des Gartens im Jahr 1937 erschienenen Festschrift unmittelbar nach dem Vorwort Menges den Hauptartikel zum Großen Garten verantwortete, belegt seinen Anteil an der Rekonstruktion.[67] Er hielt sich zugute, dass trotz mancher Veränderungen der einzelnen Kompartimente (Abb. 21) doch »das historische Bild des Gartens, worauf es aus geschichtlichen und aesthetischen Gründen ankam, fast unverändert erhalten« blieb.[68]

Von Alvensleben wird sich auch aus dem Grund so stark mit Herrenhausen identifiziert haben, dass dieser Ort durch Carl August von Alvensleben, Hofrat in Hannover und Domherr zu Magdeburg, mit seiner Familiengeschichte verbunden war. Hoch begabt, war dieser 1685 in den Dienst von Herzog Ernst August von Hannover berufen worden, um dort bis zu seinem Tod im Jahr 1697 in engen Austausch mit Leibniz zu treten. Ihr gemeinsames Interesse lag unter anderem in der Geschichte der Welfen, mit deren Abfassung Leibniz im Jahr 1685 beauftragt wurde, und in deren Geschichte diplomatischer Verträge.[69]

Auch die Philosophie verband Leibniz und von Alvensleben. Als Johann August Eberhard im Jahr 1795 seine Biographie des großen Philosophen veröffentlichte, war ihr ein Stich des Dresdner Künstlers Johann David Schubert beigegeben, der die sitzende Herzogin Sophie und zwei Hofdamen sowie Leibniz und Carl August von Alvensleben im Großen Garten von Herrenhausen zeigt (Abb. 22).[70] Der junge Adlige hält zwei Blätter, um durch Vergleich die These von Leibniz zu überprüfen, dass es in der Natur keine Gleichförmigkeit, sondern allein das Prinzip der unendlichen Unterscheidung gäbe. Der Stich kann wegen der zeitlichen Distanz zum Geschehen keinen Anspruch auf Authentizität erheben, aber der Nachwelt hat er für das Zusammenspiel von Adel, Intellekt und Gartenkunst eine Art Emblem geschaffen.[71] An diese Tradition konnte Udo von Alvensleben mit seiner Dissertation anknüpfen, und damit hat sie ein Leitmotiv auch für den vorliegenden Versuch gegeben.[72]

21 *Grundriss des Großen Gartens von Herrenhausen anlässlich der Einweihung nach seiner Restaurierung, Juni 1937*

← *Abb. S. 32*

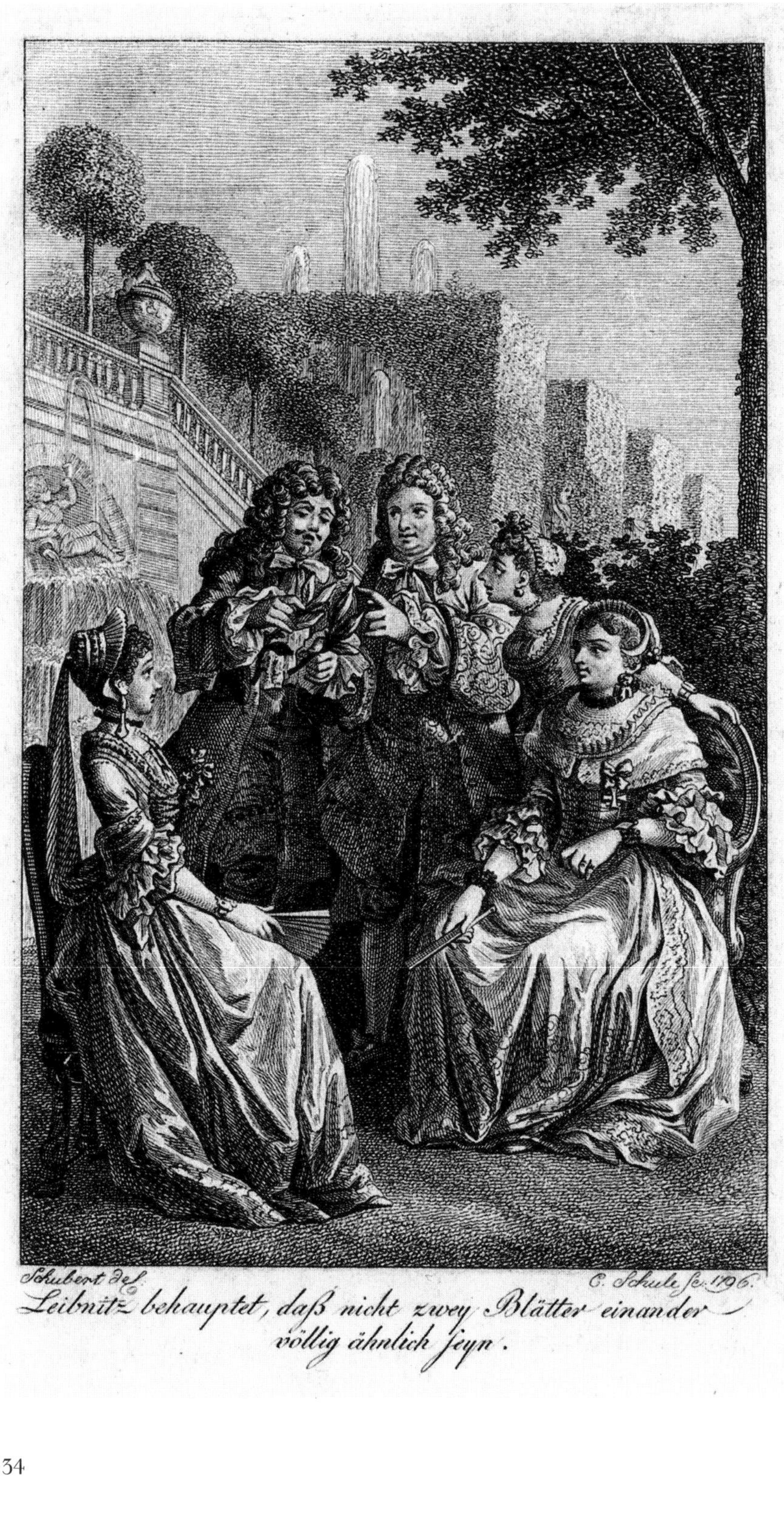

22 *Johann David Schubert, »Leibnitz behauptet, daß nicht zwey Blätter einander völlig ähnlich seyn«, Kupferstich, 1795*

4. Leibniz zwischen Barock- und Landschaftsgarten

Der Stich des Jahres 1795 (Abb. 22) fiel in eine Zeit der Leibniz-Renaissance, und aus diesem Grund nimmt in ihm nicht Kurfürstin Sophie, sondern der Philosoph das Zentrum ein. In der zweiten Hälfte des 18. Jahrhunderts wurde das Andenken an Leibniz in einem Maße gefördert, dass er zum Objekt einer veritablen Denkmalskampagne wurde. Mit der Fertigstellung des Leibniztempels von Hannover erreichte sie ihr Ziel (Abb. 23).[73] Die Besonderheit dieses nach dem Entwurf des Hofrats Johann Daniel Ramberg in den Jahren 1787 bis 1790 entstandenen Rundtempels liegt darin, dass er als Monopteros ohne Cella errichtet wurde. Allein durch Säulen gestützt, repräsentiert er einen besonders vollendeten Rundtempel des 18. Jahrhunderts.[74] Die ursprünglich in der Mitte aufgestellte, von Christoph Hewetson geschaffene Bildnisbüste markierte die Bestimmung des Monopteros als Denkmal für Leibniz (Abb. 24).[75] Seine Bedeutung ist daran zu ermessen, dass Karl Gotthard Langhans mit seinem Entwurf eines Tempels zur Erinnerung an Friedrich den Großen aus dem Jahr 1797, der eine kaum verhohlene Kopie darstellte, den ersten Platz des Wettbewerbs gewann (Abb. 25).[76]

23 *Der Leibniztempel im Georgengarten, Photographie, 2003*

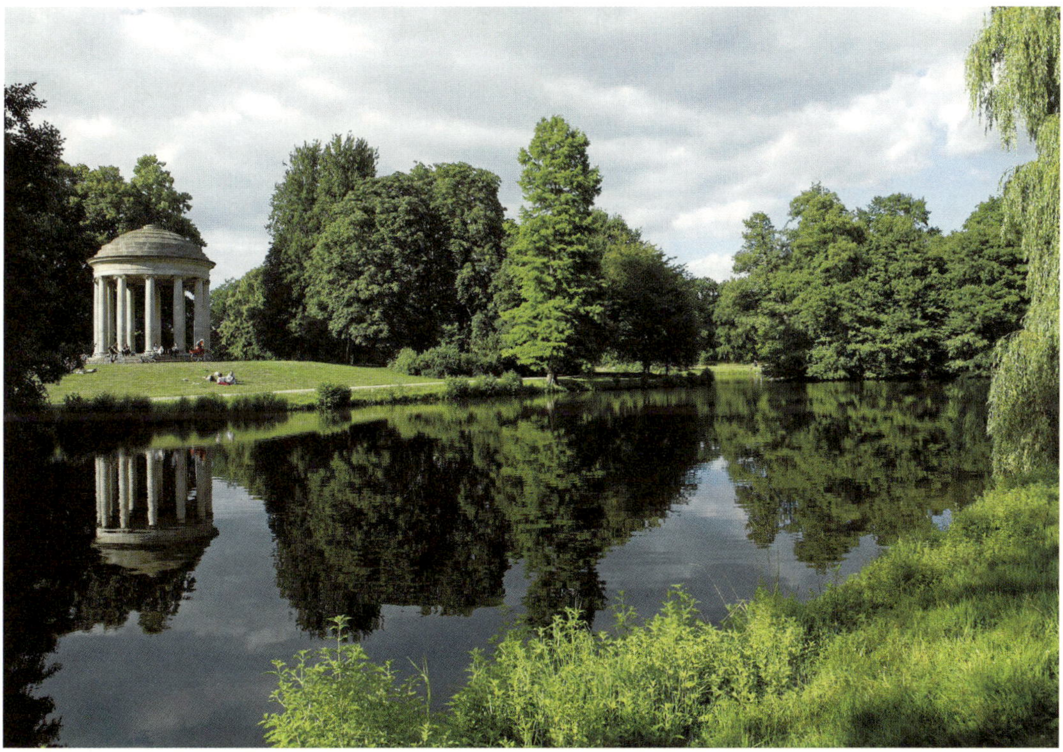

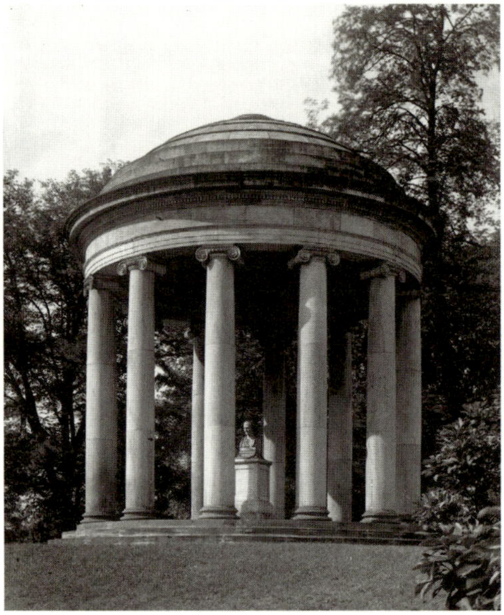

24 *Der Leibniztempel mit der Leibnizbüste von Christoph Hewetson, Photographie vom 10.10.1938*

Die Form des Leibniztempels geht auf William Kents um 1720 errichteten Venustempel von Stowe zurück, dessen Umgebung später im Sinne des Landschaftsgartens umgeformt wurde (Abb. 26).[77] Auch dieses Ambiente suchte der Leibniztempel aufzunehmen. Ursprünglich war er am Ende der Esplanade Hannovers plaziert, womit sich eine Beziehung zu jenem nicht weit entfernten königlichen Archiv anbot, in dem Leibniz gewirkt hatte (Abb. 27).[78] Damit war ein eher städtischer Rahmen gegeben, aber der schmale Streifen zwischen Esplanade und Bastionsmauer ließ die Entfaltung einer kleinen Baumgruppe zu, vor der sich der Tempel erhob.

Auf einer Zeichnung des Stechers Julius Franz Salzenberg ist dieser Doppelcharakter von einer Position jenseits des Stadtgrabens aus festgehalten (Abb. 28).[79] Sie zeigt mit ihrer dichten Betonung des Bewuchses, dass der Tempel in eine amoenische Umgebung gesetzt wurde, deren Basis aber von dem Graben und dem monolithischen Wall der ehemaligen Königsbastion bestimmt wurde. Der Park des Denkmals hatte in der wehrhaften Geometrie dieses Bollwerks sein Fundament, und zudem assoziierten die Kenner der Umgebung jenen Exerzierplatz, der sich jenseits der Bäume auftat.

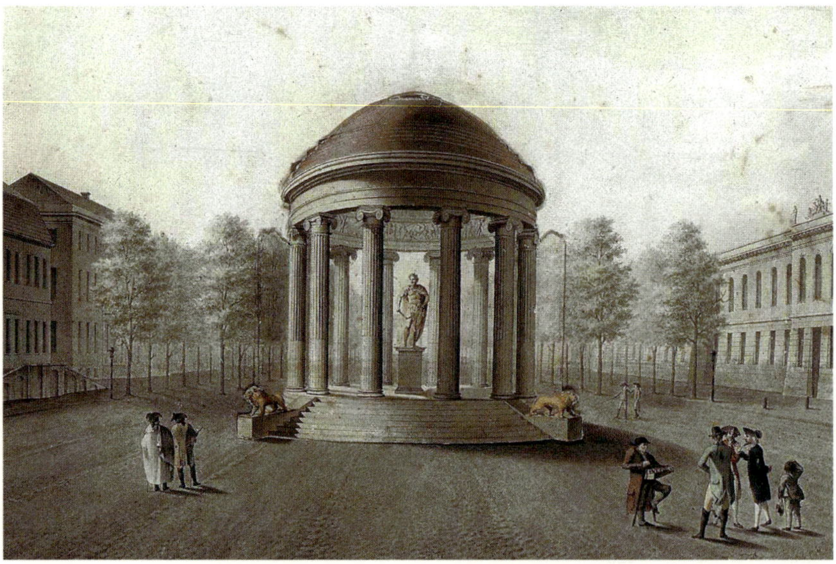

25 *Karl Gotthard Langhans, Entwurf eines Ehrentempels für Friedrich II., Detail der ionischen Variante, Zeichnung, Feder, braun laviert und aquarelliert, 1797*

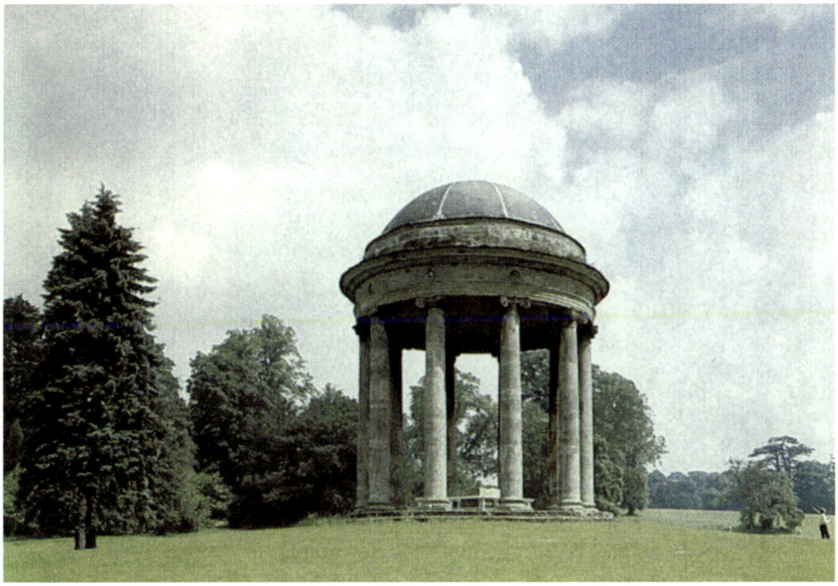

26 *William Kent, Venustempel, Stowe, Landschaftsgarten, Photographie*

Durch die Umwandlung dieses Areals zum Waterlooplatz verlor der Tempel jedoch die idyllische Komponente seiner Position (Abb. 29),[80] und daher entstand erstmals im Jahr 1835 die Idee, ihn in den Bereich des Georgengartens zu versetzen, der zwischen dem

27 *Johann Daniel Ramberg, Grundriss der Esplanade, lavierte Zeichnung, 1787 (?)*

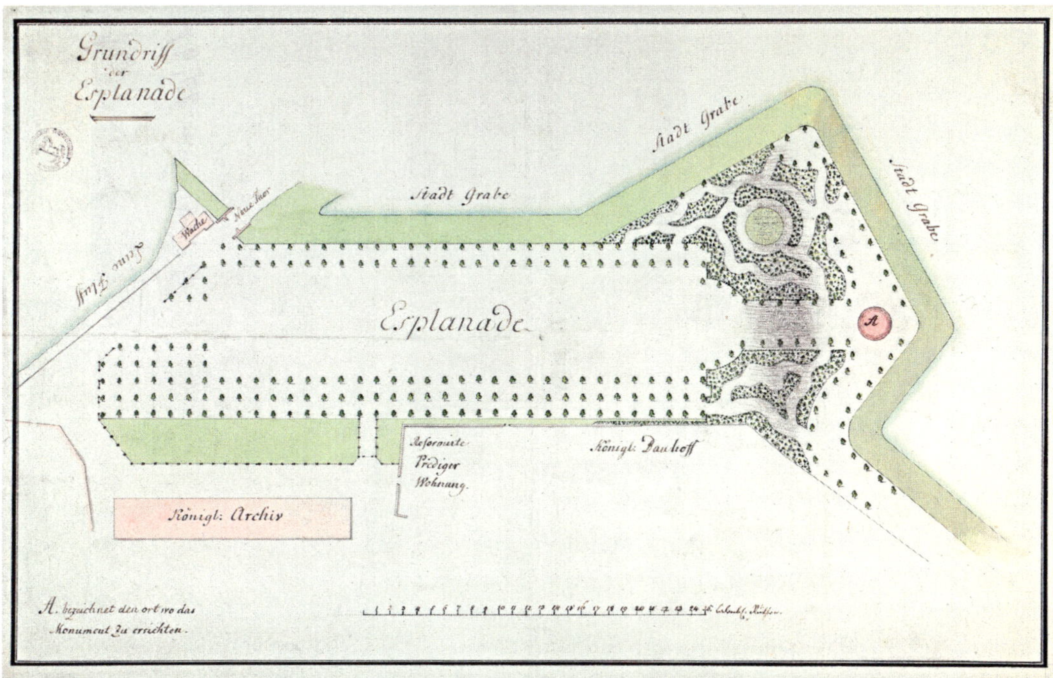

28 *Julius Franz Salzenberg, »Leibnitzens Monument gegen Hannover«, kolorierte Zeichnung, Feder und Tusche, um 1810*

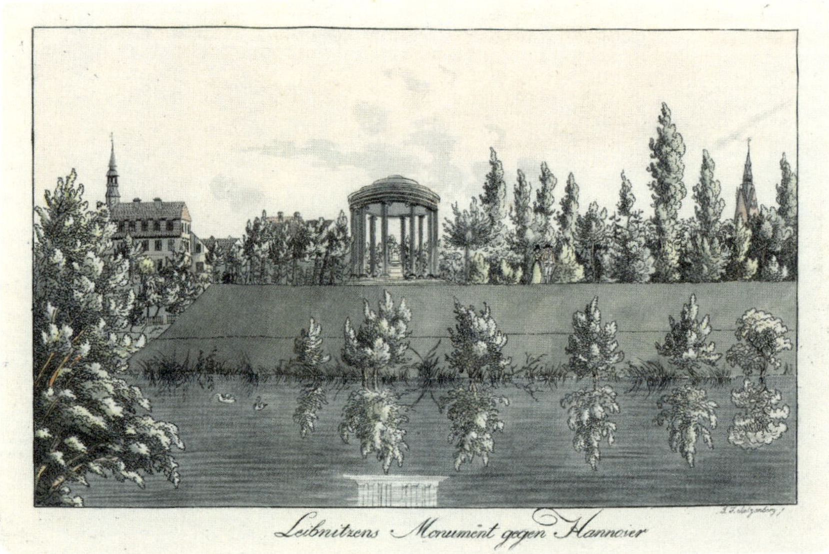

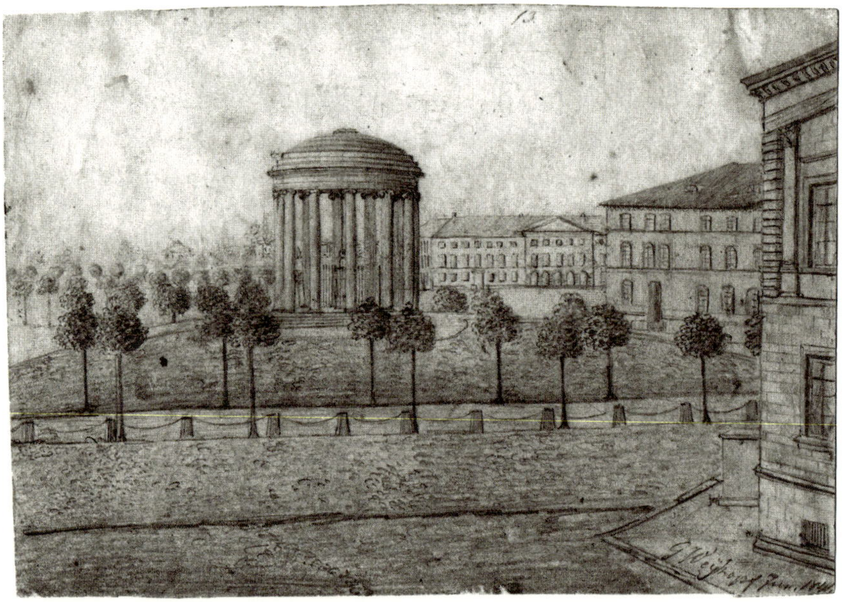

29 *Georg Weykopf, Leibnizdenkmal am Waterlooplatz, Bleistift*

Großen Garten von Herrenhausen und der 1720 geschaffenen neuen Herrenhäuser Allee als ein geschmeidig sich vermittelnder Landschaftsgarten konzipiert war. Ein vor 1856 geschaffener Plan zeigt die erste Etappe der Umformung dieses Areals, die im Wesentlichen nach Plänen des Gartenarchitekten Christian Schaumburg vollzogen wurde (Abb. 30).[81] Die Umsetzung des Leibniztempels erfolgte jedoch erst im Jahr 1935. Leicht erhöht auf einem Hügel, in unmittelbarer

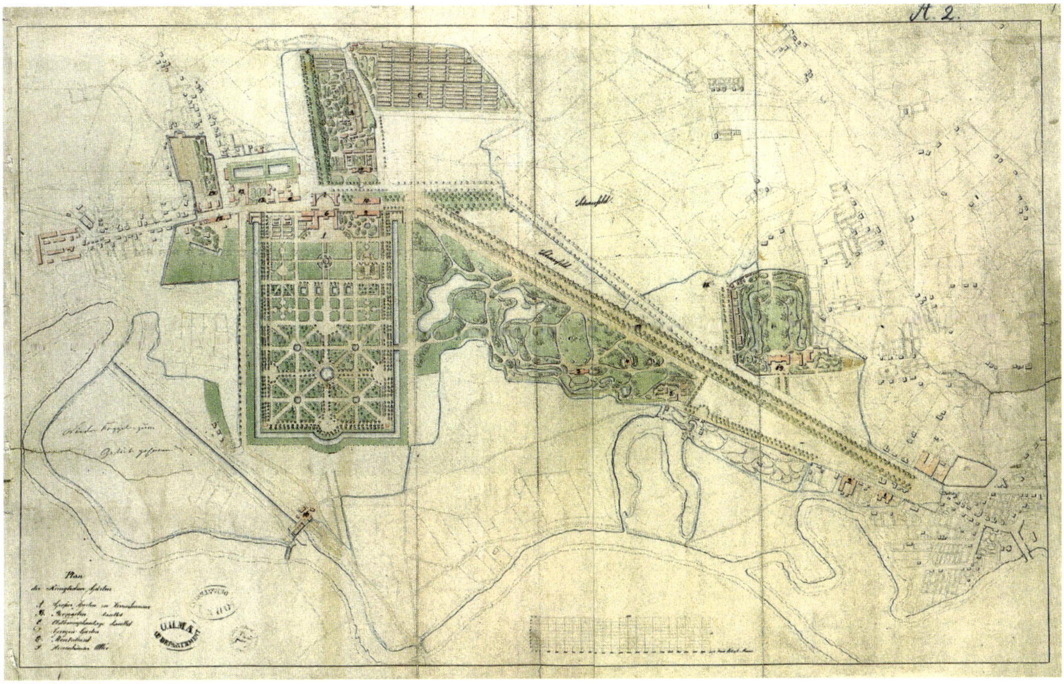

Nähe zu dem vorgelagerten See, bietet der Bau seither einen markant pittoresken Blickpunkt (vgl. Abb. 23, S. 35).

30 *Anonym, Plan der königlichen Besitzungen von Herrenhausen bis Hannover, vor 1856*

Es waren wohlmeinende Überlegungen, die den Monopteros in seiner ursprünglichen Positionierung in der Stadt mit einer amoenischen Umgebung versahen, und es lag in der Logik dieser Maßnahme, ihn in den neu errichteten Landschaftsgarten zu versetzen, als diese nicht mehr zu erkennen war. Auf diese Weise sollte der Geehrte von jener liberalen Moderne gerahmt werden, für die der Landschaftsgarten das Symbol abzugeben schien. Schon auf den ersten Blick stellt der Georgengarten als heutiger Ort des Leibniztempels aber geradezu das Gegenbild zur geometrischen Struktur des Großen Gartens von Herrenhausen dar. Kaum ein größerer Gegensatz scheint denkbar als der zwischen den geradlinigen und kreisförmigen Mustern des Barockgartens und den weichen Schwüngen des Landschaftsgartens, in den der Leibniztempel im 20. Jahrhundert gesetzt wurde: Hier wie mit dem Lineal gezogene Linien und wie mit dem Zirkel geschlagene Kreise und dort wie aus der Hand gezeichnete, geschwungene Kurven, die sich der Härte rechter Winkel zu widersetzen scheinen. In diesem Gegensatz spiegelt sich jener Grundkonflikt, den die Gartengestaltung ebenso wie die historische Hortusforschung bis heute prägt. Es fragt sich daher, ob der formale Widerspruch zwischen dem Großen Garten und dem Georgengarten in Leibniz' Philosophie

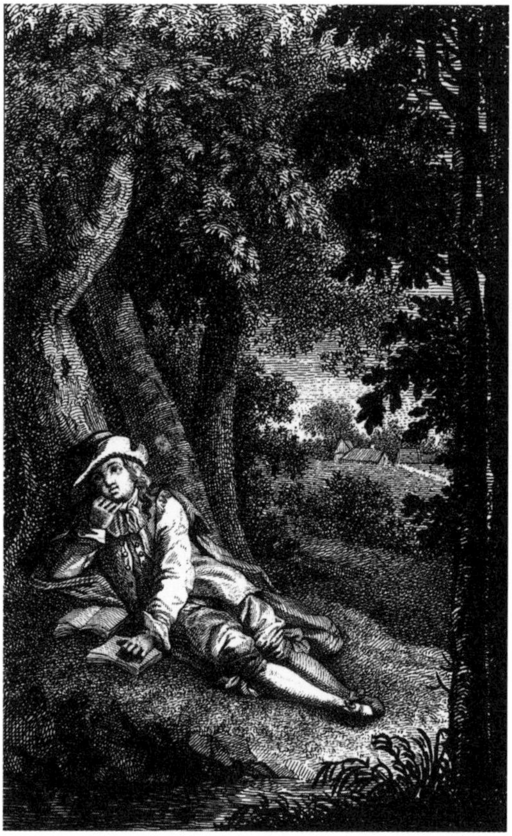

31 *Johann David Schubert, »Leibnitz wählt zwischen der alten und neuen Philosophie«, Kupferstich, 1796*

bestärkt oder aufgehoben gewesen wäre. Die Frage lässt sich darauf zuspitzen, ob Leibniz die Einbettung seines Memorialtempels in den Landschaftsgarten begrüßt oder ob er diese als eine historische Geiselnahme abgelehnt hätte.

Die Verbindung von Leibniz mit der ungeometrischen Landschaft war bereits Teil der Leibniz-Biographie Eberhards aus dem Jahr 1795. Sie zeigt den Philosophen nicht nur gemeinsam mit der Herzogin Sophie, Carl August von Alvensleben und zwei Hofdamen vor den messerscharf geschnittenen Baumarchitekturen des Großen Gartens (Abb. 22, S. 34), sondern auch als eine jugendliche, auf dem Boden des Wäldchens Rosenthal bei Leipzig lagernde Person (Abb. 31). Der Titel des erneut von Johann David Schubert gefertigten Stichs verdeutlicht, dass Leibniz hier in einer Entscheidungssituation dargestellt ist: »Leibnitz wählt zwischen der alten und neuen Philosophie«.[82] Das Motiv der Wahl spielt auf das Muster des »Philosophen am Scheidewege« an, der sich zwischen Virtus (Tugend) und Voluptas (Wollust) oder auch zwischen Magnanimitas (Großherzigkeit) und Avaritia (Geiz) entscheiden muss.[83] Hier aber ereignet sich der Konflikt um die Philosophie und die Mathematik, welche in den beiden aufgeschlagen auf dem Boden liegenden Büchern repräsentiert sind. Und tatsächlich hat Leibniz in einem in der Biographie abgedruckten Brief berichtet, dass er sich im Konflikt zwischen der Philosophie der Alten und der Mathematik für letztere entschied.[84]

Angesichts des Vorbildes, Januarius Zicks um 1770/71 geschaffenem Gemälde, das Rousseau im Moment seiner verzweifelten Erleuchtung zeigt, kommt jedoch ein zweiter Sinn hinzu (Abb. 32).[85] Spiegelbildlich lehnt der sein tränenbeflecktes Hemd betrachtende Philosoph an einem Baum des Parks von Vincennes, während seine Linke eine Ausgabe des *Mercure de France* hält. In ihr war die Frage der Akademie von Dijon gestellt worden, ob die Verbesserung der Wissenschaften und Künste zur Hebung der Sitten beigetragen hätte. Die Philosophie der Aufklärung ließ Varianten der Bejahung erwarten, wohingegen Rousseau, in den Abgrund seiner eigenen Epoche blickend, von der Einsicht erschüttert wird, dass die Frage zu verneinen sei. In diesem Moment vollzieht er den Bruch mit der Selbstgewissheit der Aufklärung.[86] Die Alternative liegt zwischen dem Buch und der inneren und äußeren Natur. In Anlehnung an die Bekehrung, die Augustinus durch das »Nimm und lies!« in einem Garten erfuhr, wird der im Park lagernde Philosoph damit selbst zur verkörperten Antwort auf die Frage der Akademie.[87]

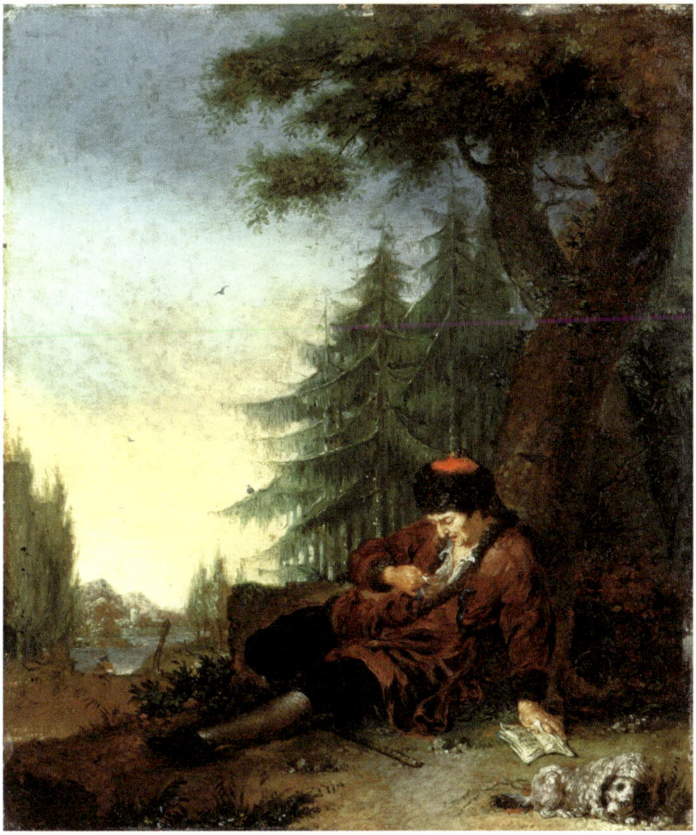

32 *Januarius Zick, »Rousseaus Erleuchtungserlebnis«, Öl auf Kupfer, um 1770/71*

Dasselbe gilt für Leibniz. Die Alternative zwischen den beiden Büchern wird überwölbt von dem amoenischen Rahmen, in dem die Entscheidung getroffen wird. Indem der Blick der Erleuchtung nicht zu einem der beiden Bücher, sondern zu jener Natur geht, in der das Urteil gesprochen wird, ist sie der Ort der Mathematik als »neue Philosophie«.[88] Damit aber ergibt sich das paradoxe Phänomen, dass hier das Fluidum des Landschaftsgartens mit der Mathematik verbunden ist, die ihm aus herkömmlicher Sicht doch diametral entgegensteht. Schon in diesem Miteinander der beiden Stiche Schuberts, die in der geometrischen Künstlichkeit die natürliche Individualität und in der ungezwungenen Natürlichkeit die moderne Mathematik repräsentieren, zeigt sich, dass die beiden Extrempole nicht nur als Gegensätze, sondern auch als Auslöser des Zusammenspiels auftreten konnten.

II
LEIBNIZ' AKTIVITÄTEN IN HERRENHAUSEN

1. Nutzen, Gespräch, Reflexion

Der Maulbeergarten

Der Schlüssel zur Problemstellung, ob Barock- und Landschaftsgarten als unversöhnliche Gegensätze zu werten sind, ist Leibniz selbst.

Bislang war vor allem bekannt, dass sein Interesse am Garten durch den Nutzen bestimmt war, den er von der Seidenraupenzucht erwartete. Seit den 1690er Jahren erachtete er die Seidenindustrie, die einen enormen Bedarf zu befriedigen hatte, als eine besonders würdige Unternehmung für die Finanzierung wissenschaftlicher Akademien. Insbesondere die von ihm gegründete Berliner Akademie der Wissenschaften sollte durch eine eigene Seidenproduktion, für die Maulbeergärten zur Ernährung der Raupen des Seidenspinners unerlässlich waren, finanziert werden.[1]

Vor dem Aegidientor von Hannover besaß Leibniz seit Beginn des 18. Jahrhunderts selbst einen Maulbeergarten, und auch im Norden von Schloss Herrenhausen wurde vermutlich auf seine Initiative hin im Berggarten ein solcher von 1704 an angelegt. Gut zehn Jahre später waren dessen Bäume so weit gediehen, dass ihre Blätter zur Fütterung von Seidenraupen genutzt werden konnten, die im Pagenhaus wie auch auf dem Dachboden des Galeriegebäudes gehalten wurden.[2] Jenseits des Schlosses über den Horizont gehend, ist dieser nördlich der Herrenhäuserstraße situierte kleine Wald von Maulbeerbäumen am oberen Bildrand der von Süden nach Norden gehenden Vogelsicht aus der Zeit um 1725 zu erkennen (Tafel hinten).[3] Es handelte sich um ein genuin auf Leibniz zurückgehendes, geometrisch angelegtes Projekt, das dem gemeinschaftlichen Nutzen und der Forschung dienen sollte.[4]

Gartengespräche

Die philosophische Bestimmung des Gartens aber wies über den Nutzeffekt hinaus. Bereits in einem frühen, im Jahr 1676 verfassten Text zur algebraischen Kombinatorik hat sich Leibniz verschlüsselt in diese eingeschrieben, indem er als Gartengespräch angelegt war. Zu Beginn dieses Dialoges ist der Garten in der epikureischen Tradition als Ort des zwanglosen Austauschs ausgewiesen: »Im Garten des Areteus, der zu den ersten Männern des Staates gehörte, hatten sich zufällig einige Freunde eingefunden, die gewohnt waren, die Zeit mit gelehrten und kurzweiligen Gesprächen zuzubringen.«[5] Einer der Beteiligten, Charinus, erscheint mit seinen mathematischen Fähigkeiten als Leibniz' *alter ego*: »Auch Charinus war zugegen, der zu den übrigen wissenschaftlichen Beschäftigungen, durch die er glänzte, eine gründliche Kenntnis der Mathematik hinzugefügt hatte.«[6] Offenkundig spielt Leibniz mit diesem Auftakt darauf an, dass er sich im Hain des Rosenthals bei Leipzig für die Mathematik entschieden hatte.

Als Leibniz am Ende des Jahres 1676 seine Stelle als Rat und Bibliothekar in Hannover antrat, wurde ihm der Garten zu einem beständigen Ort der Reflexion und der Betätigung. Noch vor der im März 1680 vollzogenen Übersiedelung von Herzog Ernst August und Sophie nach Hannover hat er sich auf deren Stammsitz in Osnabrück vorgestellt, und bei dieser Gelegenheit wird er fraglos den Garten besichtigt haben, den die Herzogin dort hatte anlegen lassen. In Herrenhausen sollte es dann zur Gewohnheit werden, dass sich Leibniz und Sophie im dortigen Garten austauschten, wann immer beide gleichzeitig in Hannover weilten. Es kam auch vor, dass die Herzogin Leibniz in Herrenhausen ein Appartement zur Verfügung stellte, um ihm ungestörtes Arbeiten zu ermöglichen.[7]

In seinem knappen Lebensbericht aus dem Jahr 1696 hat Leibniz betont, dass Sophie in Hannover die einzige Gesprächspartnerin von Rang sei, zumal sie sich ihm gegenüber in keiner Weise formal verhalte, und für dieses Verhalten bot der Garten den Rahmen.[8] Die philosophischen Gespräche mit Sophie führte Leibniz mit deren Tochter Sophie Charlotte, Königin von Preußen, im Lietzenburger Schloss fort, und im Vorwort seiner *Theodizee* hat er betont, dass dieses Opus auf Unterredungen vor allem mit Sophie Charlotte zurückgeht.[9]

Zwar nur wenige Tage während, in ihrer Wirkung aber umso nachhaltiger waren die Gespräche mit Zar Peter dem Großen, die zwischen Mai und Juli 1716 sowohl in Bad Pyrmont als auch in Herrenhausen stattfanden, wo der Zar drei Tage verbrachte.[10] Bei dieser Gelegenheit hat Leibniz gegenüber dem Zaren und Laurentius Blumentrost, dem späteren Direktor der petrinischen Akademie der Wissenschaften, seine in Paris gefestigte Lebensidee dargelegt. Leibniz wird hierbei den Großen Garten von Herrenhausen als Kulisse und Zeuge zugleich genutzt haben.[11] Ein Kernpunkt bestand darin, zur Entfaltung der Wissenschaften und Künste ein »Theater der Natur und Kunst« zu errichten, das neben dem Universalmuseum als Kunstkammer und einem umfassenden Labor der Natur- und Technikforschung auch Gärten enthalten sollte.[12] Der Zar hat all diese Ideen aufgenommen.[13]

2. Der Kanalplan (1695–1696)

Vorgeschichte und Planungen des Jahres 1695

In Herrenhausen standen für Leibniz die Wasserkünste im Zentrum seiner praktischen Überlegungen, weil für Kurfürst Ernst August die angemessene Versorgung der Wasserspiele des Gartens zu einem Hauptanliegen seiner Amtszeit wurde. Für die Wasserkünste wendete er insgesamt mehr als viermal so viele Mittel auf wie für die gesamte Süderweiterung des Gartens.[14] Wie zentral ihm das Anliegen war, die Nähe der Leine zum Garten für eine so dauerhafte wie aufsehenerregende Versorgung der Fontänen zu nutzen, verdeutlicht eine Ehrenmedaille, die er im Jahr 1691 schlagen ließ. Deren Rückseite ziert ein durch zwei Fontänen bestimmter Garten sowie ein Schloss, über dem die Devise HAURIT UT DISTRIBUAT (Es schöpft, um zu verteilen) auf das im Vordergrund aufgestelzte Schöpfrad verweist, das die beiden Fontänen mit Wasser versorgt (Abb. 37, S. 50).[15] Die Devise des unteren Bildrandes betont zusätzlich, dass hier das Sinnbild einer Herrschaftsikonologie gefasst ist, die sich symbolisch der Metaphorik der Maschinen bedient, als hätte der das Land wässernde Ganymed eine mechanische Fassung gefunden: MELIORI SORTE REFUNDO (Durch verbesserte Geschicklichkeit lasse ich ausströmen).[16] Es scheint, als habe Ernst August mit dieser Ikonologie des Elementes Wasser das Pendant zur Lichtmetaphorik formulieren wollen, mit der seine Frau Sophie seit ihrer eigenen Ehrenmedaille von 1684 verbunden war.[17]

Die Ehrenmedaille von 1691 wirkte wie eine Selbstverpflichtung, sich von den bis dahin vergeblichen Versuchen nicht abhalten zu lassen, eine wassertechnisch befriedigende Lösung zu finden. Bereits im Jahr 1686 war in aufwendigen Erörterungen versucht worden, das Ziel einer wirkungsvollen Wasserversorgung zu erreichen.[18] Im Mai 1686 wurde eine aus dem Fontänenmeister Cadart, dem Bauschreiber Brand Westermann und dem Zimmermeister Dietrich Heimsohn bestehende Kommission gebildet, die in Bremen das 12 Meter Durchmesser aufweisende Wasserrad besichtigte, durch das mehrere Hundert Häuser Bremens mit Weserwasser versorgt wurden. Die Kommission schlug im Juni 1686 vor, den Garten durch ein 15 Meter messendes Wasserrad zu versorgen, das auf der im Süden des Gartens gelegenen Leine-Insel postiert werden sollte. Der zusätzlich hinzugezogene, im Harz tätige Bergbauingenieur Georg Sigmund Schmidt kam jedoch in einem Sondergutachten zum Ergebnis, dass die erforderliche Fundamentierung des Schöpfrades zu teuer wäre.[19] Als Alternative schlug er vor, die Leine bei dem westlich vor Hannover

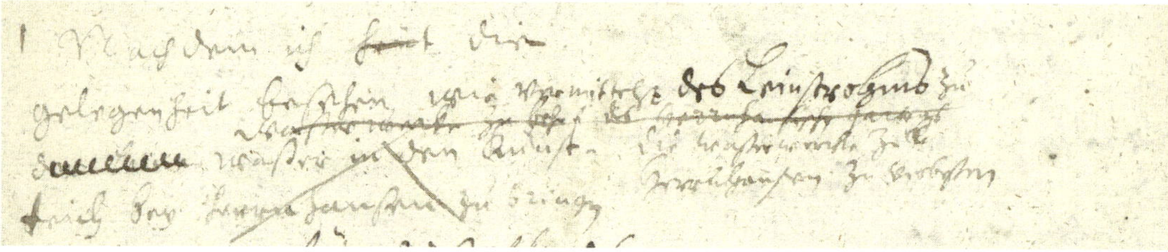

33 *Leibniz, Denkschrift zur Wasserzufuhr nach Herrenhausen für Kurfürst Ernst August, Entwurf, 1695 (Ausschnitt)*

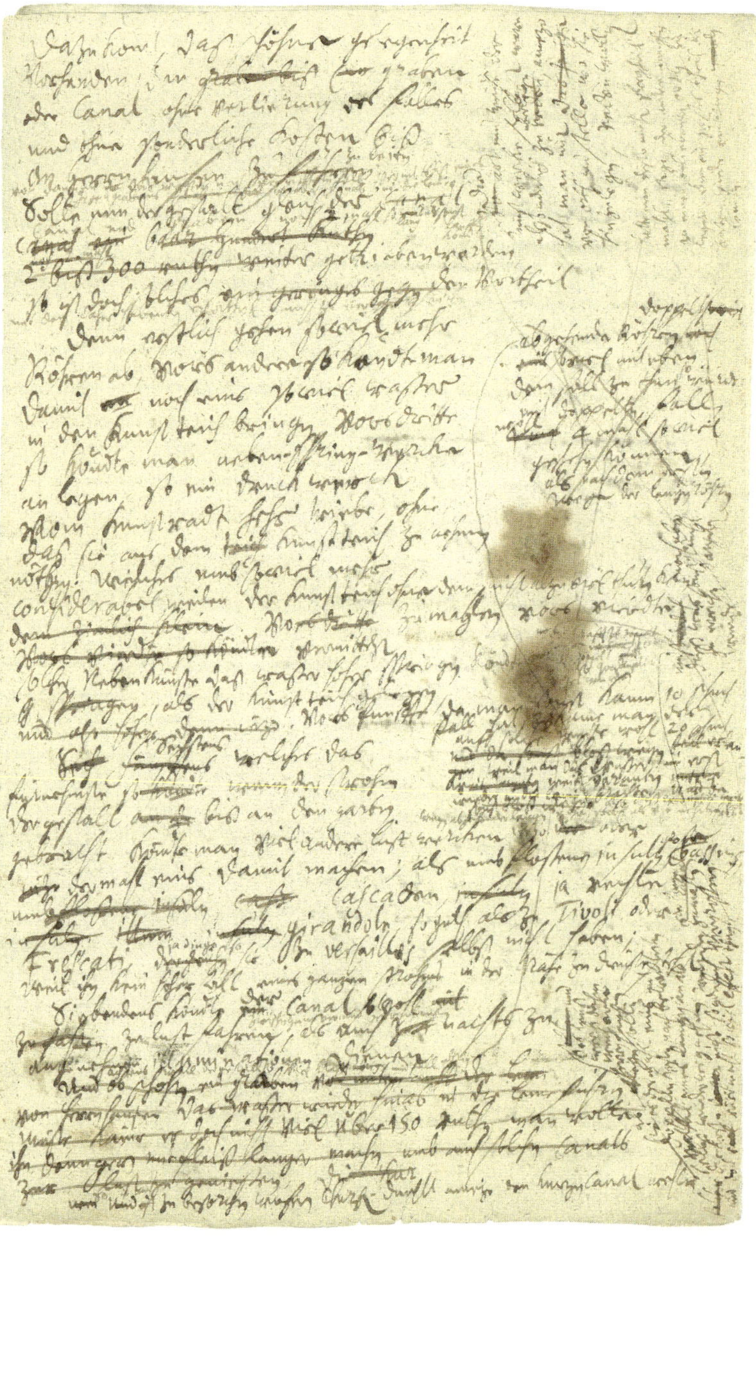

34 *Leibniz, Denkschrift zur Wasserzufuhr nach Herrenhausen für Kurfürst Ernst August, Entwurf, 1695*

gelegenen Jägerhof zu stauen und den hierdurch verstärkten Wasserfluss über einen Kanal zum alten Leinefluss und schließlich bis hinter den Garten zu lenken, um dort das Schöpfrad einzusetzen. Das ablaufende Wasser sollte längs der zur Leine führenden Allee nach Süden zurückgeleitet werden, die bereits vor dem Ausbau des Gartens angelegt worden war (vgl. Abb. 8, S. 17).[20]

Verschiedene Alternativen zu diesen unvereinbaren Plänen führten schließlich im November 1686 zu dem Vorschlag, dass die höchste Erhebung in der Nähe des Gartens von Herrenhausen, der in über sieben Kilometer Entfernung im Südwesten gelegene Benther Berg, das nötige Wasser liefern könne. Von dort solle es in vier Teichen gesammelt und bei dem Dorf Limmer durch Rohre unter der Leine hindurch in einen Kanal und dann zum Garten geführt werden. Für die Erdarbeiten sollten Soldaten eingesetzt werden.[21] Dem mit der Ausführung dieses Plans beauftragten Cadart gelang die Umsetzung jedoch nicht, so dass er im August 1689 entlassen wurde.[22]

Nach weiteren, jeweils steckenbleibenden Versuchen, dieses Vorhaben zu realisieren, wurde zu Ostern 1694 der Pariser Fontänenmeister Pierre Denis nach Hannover berufen, ohne dass auch dieser das Problem hätte lösen können.[23] Damit blieben die beiden im Jahr 1686 vorgeschlagenen Alternativen, südlich des Gartens ein Schöpfrad in die Leine zu stellen oder aus der im Westen Hannovers fließenden Leine vom Jägerhof aus einen Kanal heranzuführen.

Im Jahr 1695, also noch bevor die Erweiterung des Gartens nach Süden beschlossen wurde, wurde Leibniz als Berater hinzugezogen. Diesem Anlass verdankt sich das eingangs erwähnte Konvolut der Gottfried Wilhelm Leibniz Bibliothek Hannover, in dem Leibniz' überlieferte Erkundungen, Briefe und Memoranden versammelt sind. Das früheste Dokument stellt eine Denkschrift des Jahres 1695 dar, die zwar nicht in Reinform, aber als Entwurf überliefert ist.[24] Die in der ersten Zeile eingetragene, später durchgestrichene Zeitangabe »heute« zeigt, dass die Überlegungen offenkundig am Abend einer Begehung niedergeschrieben wurden (Abb. 33).[25] Der suchende, von zahlreichen Streichungen und Zusätzen bestimmte Duktus ist selbst für Leibniz von einer ungewöhnlichen Chaotik (Abb. 34).[26]

Leibniz' Kalkül konzentrierte sich auf das Gelände zwischen dem die Altstadt von Hannover westlich umgehenden Mühlenlauf der Leine und dem Schlossgarten von Herrenhausen. Die Ausführung wurde aller Wahrscheinlichkeit nach durch eine Reihe von Skizzen vorbereitet, die das zwischen Hannover und Herrenhausen gelegene Gelände erfassen, ohne bereits Leibniz' Ideen zur Wasserführung aufzunehmen. Mit ihren Eintragungen der Feldmaße dürften sie der ersten Planung des Jahres 1695 vorausgegangen sein.

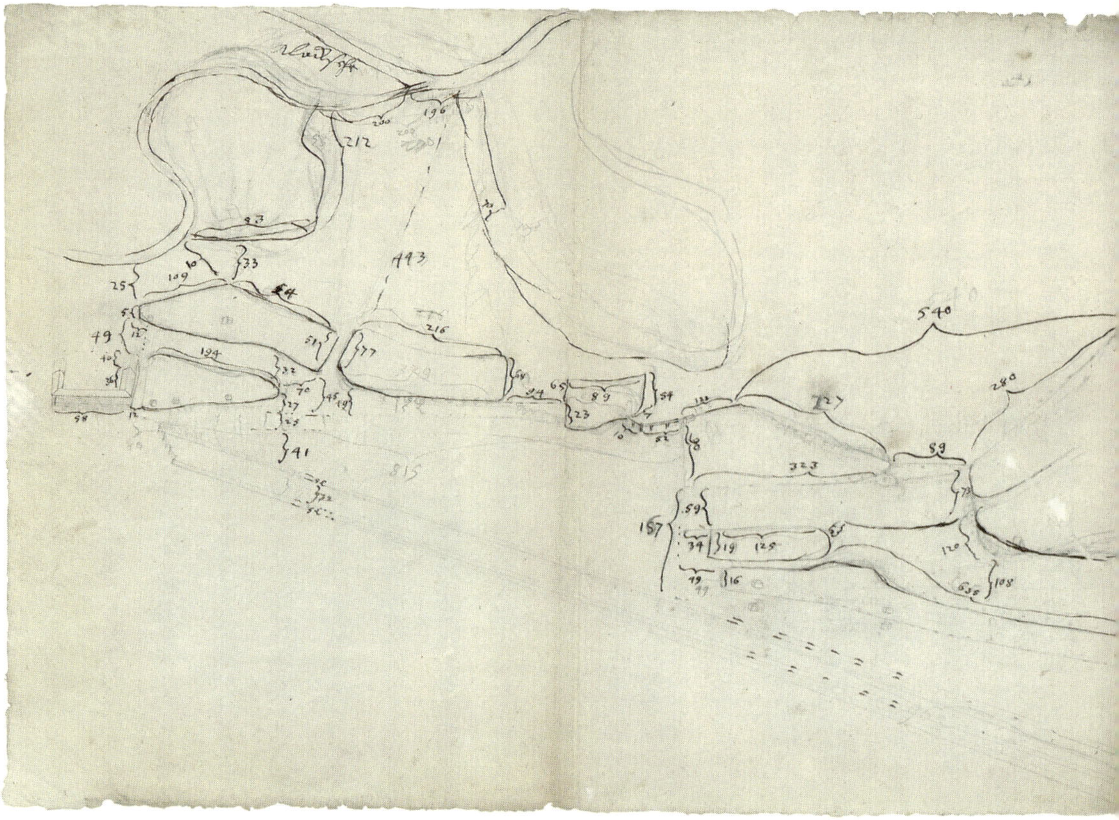

35 *Leibniz, Gelände westlich des Jägerhofes, Zeichnung, Bleistift und braune Feder, Frühjahr 1696*

Eine Reihe dieser Blätter zeigt zunächst Detailaufnahmen.[27] Sie sind in einen zwei Blätter umfassenden Grundrissplan eingegangen, der das Gelände aus nördlicher Perspektive von Ost nach West aufnimmt. Am linken Rand des Blattes 36ar ist in der Mitte der erstmals 1657 erwähnte Jägerhof eingetragen (Abb. 35),[28] von dem aus die alte Herrenhäuser Allee nach rechts unten geht, während sich am oberen Rand die Leine nach rechts windet. Im hier sich eröffnenden Feld hat Leibniz die Größen der Kompartimente durch die Maßangaben ihrer Seitenlinien beziffert.

Der zweite Teil dieser Felderkundung verfolgt auf einem zugehörigen, nach rechts hin folgenden Blatt das Areal nach Westen (Abb. 36).[29] Am unteren Blattrand biegt die Allee zum Schlossbereich, in dem das Rechteck des Gartens, das Schloss und die beiden in der rechten unteren Ecke eingetragenen Wasserreservoirs zu erkennen sind, und auch hier sind die Ausmaße der Felder durch Zahlenangaben ergänzt. Die am rechten Bildrand eingetragenen Elemente sind mit dem weiteren

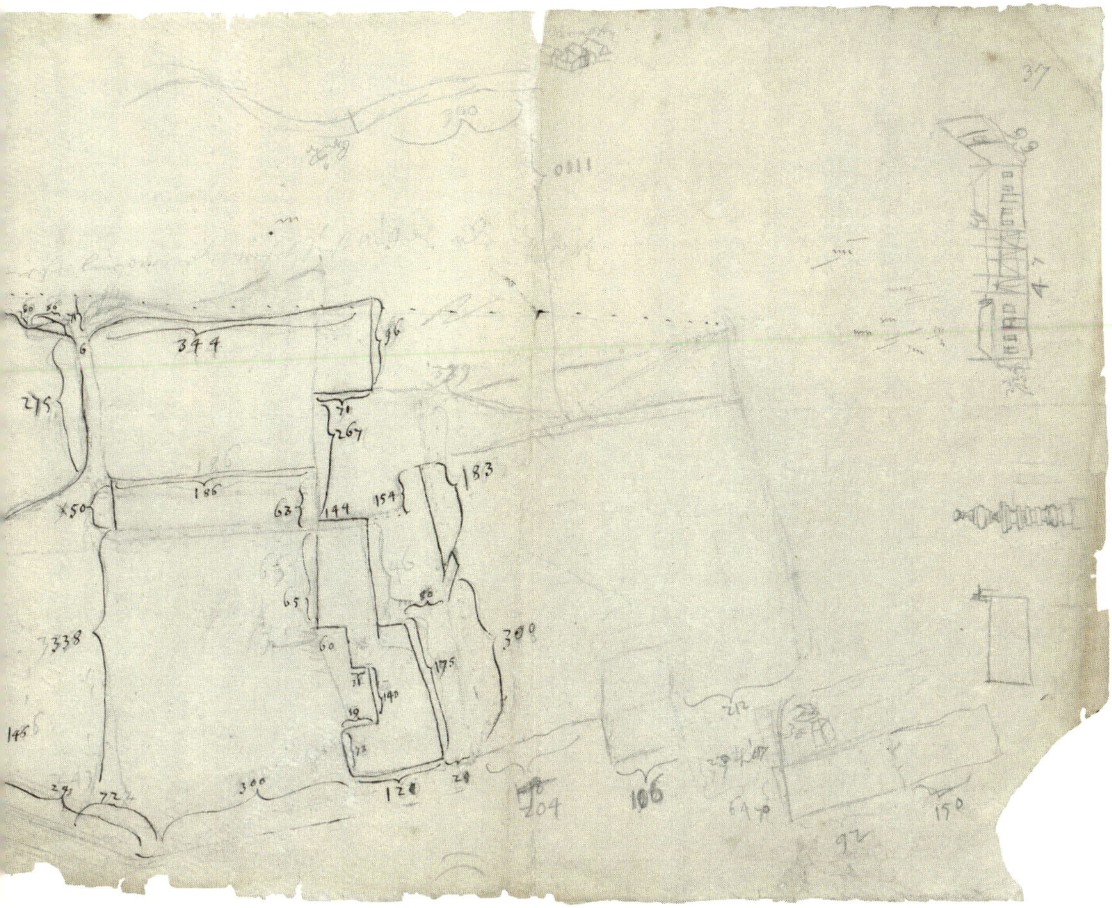

36 *Leibniz, Gelände östlich des Schlosses und Gartens, Zeichnung, Bleistift und braune Feder, Frühjahr 1696*

Viereck eines mutmaßlichen Bassins, einem kandelaber- oder vasenartigen Gebilde sowie einem Gehöft bislang nicht zu lokalisieren.

Entscheidend ist die durch Strichpunkte gebildete Linie, die vom linken Bildrand aus in der Höhe von etwa 2/3 des Blattes nach rechts geht, um in der Verlängerung der rechten Seitenlinie des Gartenvierecks zu enden. Mit dieser Eintragung hat Leibniz erstmals die Idee visualisiert, einen Kanal von Hannover her nach Westen bis in den Süden des Gartens zu ziehen. Auf dem zugehörigen Blatt (Abb. 35) fehlt von ihm noch jede Spur.

In seinem mit diesen Skizzen in Zusammenhang stehenden Memorandum von 1695 hat Leibniz seine Grundidee, zwischen dem westlich um Hannover herumgeführten, relativ ruhig fließenden Mühlenstrang der Leine und dem Garten von Herrenhausen einen Kanal anzulegen, dessen Wasserstrom den Druck auf die Wasserspiele des Gartens signifikant erhöhen würde, erstmals auch in Worte gefasst. Damit hat er das Sondervotum des Bergbauingenieurs

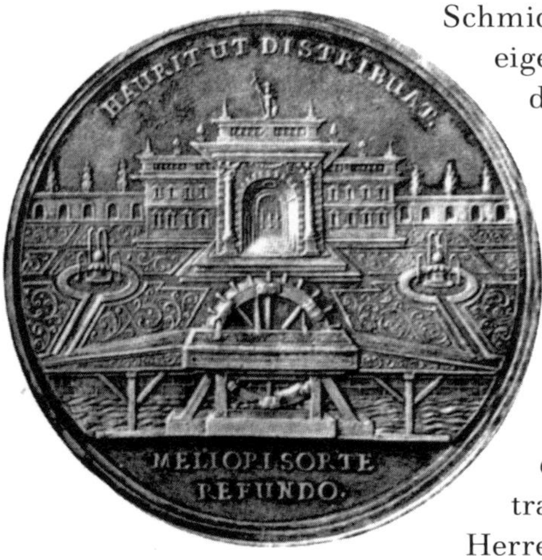

37 *Levin Zenemann, Medaille auf die Wasserkünste von Herzog Ernst August, 1691, Vorderseite*

Schmidt aus dem Jahr 1686 zum Ausgangspunkt der eigenen Überlegungen gemacht.[30] Wie allein schon die vorbereitenden Geländeerkundungen zeigen, haben sie in ihrer Durcharbeitung durchweg eigenständige Züge, zumal die Weitsicht der Bestimmung und der Konsequenzen dieses Riesenprojekts hinzukommen.

Die auf Ernst August gemünzte Ehrenmedaille des Jahres 1691 zeigt, dass Leibniz nicht erst in diesem Moment von der Stichhaltigkeit dieses Planes überzeugt war (Abb. 37). Zwar ist das im Mittelgrund gezeigte Gebäude das Abstraktum eines Schlosses, das nicht unmittelbar auf Herrenhausen zu beziehen war, aber das davor gelagerte Parterre und der daran anschließende Wasserarm, aus dem ein Schöpfrad das für die Fontänen benötigte Wasser hebt, entspricht der Grundsituation, wie sie Leibniz vorschlagen wird.

In einem ersten Punkt seines Memorandums von 1695 bezeichnet Leibniz den durch Mühlen genutzten Strang der Leine als Ausgangspunkt eines Wehres, von dem aus das Wasser in den Kanal gedrückt werden könne.[31] Den Vorteil des Kanals gegenüber der Wasserzufuhr durch Rohre begründet er damit, dass diese störanfällig seien und insbesondere dazu tendierten, zu verschlammen; zudem seien die Kosten für die Herstellung des Kanals geringer.[32] Die Möglichkeit, mit Hilfe eines Wasserrades zusätzliche Springwerke zu speisen, die solcherart auf die Zufuhr vom Reservoir nicht angewiesen seien,[33] sei zusätzlich dadurch zu erhöhen, dass der Graben, der das Wasser vom Kanal aus zur Leine zurückführen werde, so tief gelegt werden könne, dass die Fallhöhe des Wassers sich verdopple.[34]

Die abschließenden Punkte widmen sich der Nutzung des Gartens, und damit sind sie trotz ihrer verknappten Form für alle weiteren Überlegungen von grundlegender Bedeutung. Zunächst erläutert Leibniz, dass mit dem über den Kanal herangeführten Wasser neue Arten der Wasserführung und der Wasserspiele eingesetzt werden könnten; werde »der Strom dergestalt bis an den Garten gebracht«, könnten die »vornehmsten« Ansprüche erfüllt und im Laufe der Zeit »viele andere Lustwerke« gestaltet werden: »als umflossene Inseln, große Bassins, Kaskaden, ja wirkliche Wasserstrahlgarben [girandoles]«.[35]

An dieser Stelle folgt jenes Argument, das auf das Hauptziel des Kurfürsten gemünzt war, im Garten von Herrenhausen gleichsam ein Feuerwerk von Wasserspielen zu erzeugen. Mit seinen Vergleichsorten lässt Leibniz keinen Zweifel, dass sein Konzept darauf abzielte, in Europa keine Konkurrenz scheuen zu müssen; die Herrenhäuser

Wasserkünste würden »so gut als zu Tivoli oder Frascati, ja Dinge so sie zu Versailles selbst nicht haben«.[36] Vor allem Tivoli musste als Garten, der mit seiner abschüssigen Hanglage eine geradezu überschäumende Wasserkunst realisierte, als ein besonders herausforderndes Vorbild gelten,[37] und wenn Leibniz Herrenhausen auf dieselbe Stufe stellte, wurde deutlich, dass er für einen flächig angelegten Garten, wie ihn Herrenhausen darstellte, Unvergleichliches im Sinn hatte. Hierin war begründet, dass er mit Hilfe der Herrenhäuser Wasserkünste Versailles zu übertrumpfen suchte. Der Grund lag darin, dass jener Wasserdruck, der in Tivoli durch die herabschießenden Wassermassen der Aniene gewährleistet war, in Herrenhausen durch die Aufstauung der Leine erreicht werden konnte, wohingegen in Versailles »kein hoher Fall eines ganzen Stroms in der Nähe zu Dienste steht«.[38]

Der folgende Punkt bezieht sich auf Leibniz' später immer wieder geäußerte Hoffnung, den Kanal für Gondelfahrten und auch nächtliche Lichtinszenierungen nutzen zu können: »Siebtens könnte der Kanal wohl zum Lustfahren, als auch nachts zu angenehmen Illuminationen dienen.«[39]

Insofern längs des Kanals zusätzliche Mühlen errichtet werden könnten, gilt dem Nutzen der letzte Punkt.[40] In einer Marginalie regte Leibniz schließlich an, Fachleute aus dem Harz hinzuzuziehen und die Frage zu erörtern, ob das Wasser über Eimerketten, Schöpfräder, Pumpen oder Wasserschrauben gehoben werden sollte.[41]

Dieses Konzept bietet erstmals einen Gesamteindruck von Leibniz' Kanalplan. Es betrifft nicht nur die technischen Erfordernisse seiner Umsetzung, sondern auch die komplexen Möglichkeiten seiner Bestimmung. An erster Stelle steht sein Dienst für die Kunsttechnologie der vorhandenen und zusätzlich einzusetzenden Fontänen sowie des Zusammenspiels von Wegen und Wassergräben zur Bildung von Inseln, Bassins und Kaskaden. Durch den Vergleich mit Frascati, Tivoli und Versailles führt Leibniz die berühmtesten Vertreter der italienischen und französischen Gartenkultur auf, um über diese das höchste Anspruchsniveau für den Herrenhäuser Garten zu definieren.

Nicht weniger bedeutsam sind Leibniz' Gedanken zur Nutzung des durch den Kanal aufgewerteten Gartens. Die Möglichkeit zu Schiffsfahrten zielt bereits auf die spätere Praxis, mit dem Einsatz von Gondeln die Anmutung von Venedig nach Hannover zu bringen, und die Aussicht auf Lichtinszenierungen betraf, wie sich zeigen wird, Leibniz' ureigene Philosophie.

Erst zuletzt geht Leibniz auf den praktischen und wirtschaftlichen Vorteil ein, den der Kanal als Transportmittel sowie durch den Einsatz von Mühlen in Aussicht stellte. Hierin lagen zusätzliche, nicht aber genuin zum Konzept selbst gehörende Gedanken, die dem Kurfürsten die Realisierung schmackhaft machen sollten. Diese Hierarchie bestimmt auch die weiteren Formulierungen des Projekts.

Die Ansichten vom Mai 1696

Auf der Basis von offenkundig im Frühjahr 1696 angestellten neuen Überlegungen fertigte Leibniz eine Zeichnung an, welche die erste überlieferte Darstellung des gesamten Areals aus der Vogelperspektive präsentiert (Abb. 38).[42] Gemäß den vorbereitenden Skizzen zeigt sie am linken Bildrand den Jägerhof, von dem eine von einfachen Baumreihen flankierte Allee horizontal nach rechts abgeht. Nach rechts unten verläuft die von Baum-Doppelreihen begleitete, zum Schloss hin abknickende alte Herrenhäuser Allee.[43] Die bereits bestehenden südlichen Seitenflügel sind fortgelassen, wohingegen die Mauer des Vorhofes skizzenhaft zu erkennen ist. Vor dem Schloss liegt der hoch umzäunte Garten in der Ausdehnung des Jahres 1679. Im Süden ragt der hier erstmals dargestellte, von einem Turm bekrönte Wasserturm auf. Der nach rechts gehende Aquädukt knickt längs des Gartens um, um zu dem nur flüchtig hingeworfenen Wasserreservoir geführt werden zu können. Mit ihrer Durchsteckung von Grundriss und Vogelsicht vereint diese Zeichnung zwei Perspektiven, um das Gelände sowohl als Vedute wie auch als Objekt der Kartographie erfassen zu können.

Bedeckt ist das Blatt in unterschiedlichen Techniken. Die untere, mit Bleigraphit eingetragene Schicht zeigt einerseits Grundrisslinien, springt im Bereich des Jägerhofes und des Schlosses aber in den Blickpunkt der Vogelperspektive. Die Gebäude wirken in ihrer aperspektivischen Darstellung derart unbeholfen, dass an einen assistierenden Künstler nicht zu denken ist. Von Leibniz' freiem und fahrigem Stil, den er in Entwürfen für Medaillen und Grabmäler zeigt, zeugen sie

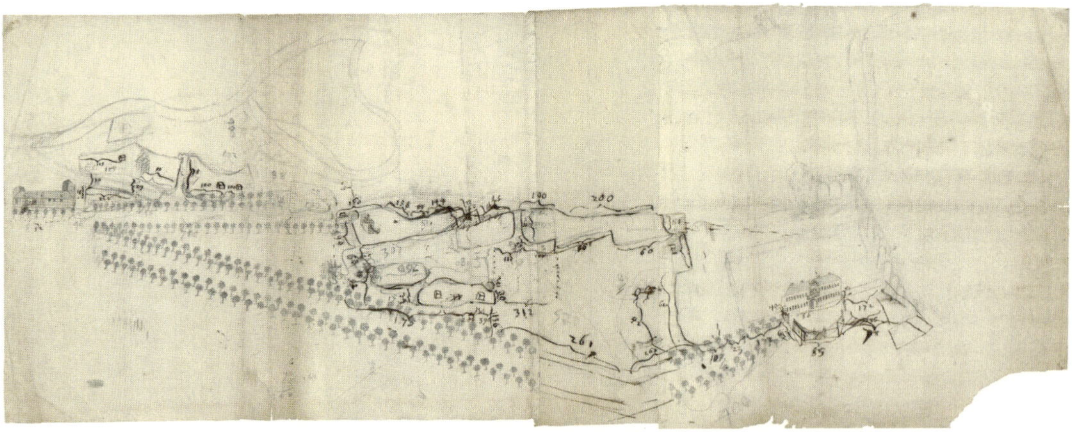

38 *Leibniz, Gelände zwischen Jägerhof und Garten von Herrenhausen sowie Wasserhaus und Wasserleitung, Zeichnung, Bleistift und braune Feder, Frühjahr 1696*

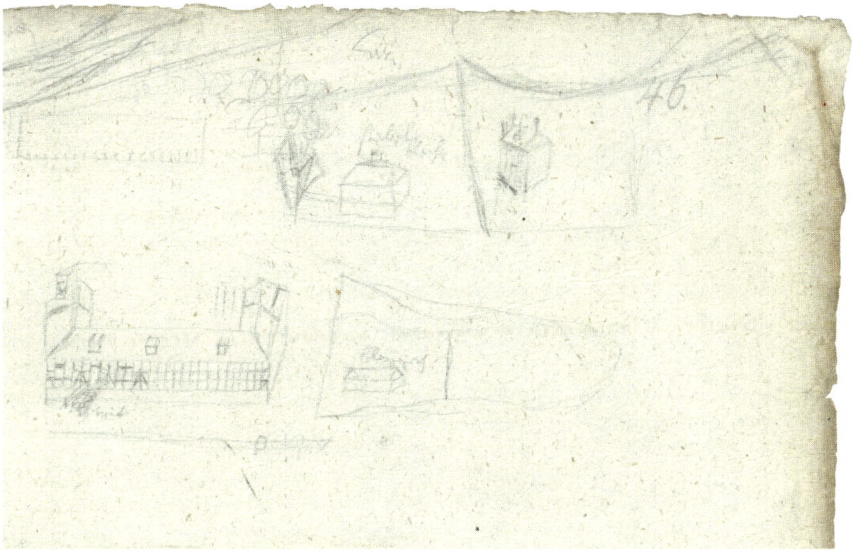

39 *Leibniz, Jägerhof und andere Gebäude, Zeichnung, Bleistift, Frühjahr 1696*

zunächst nicht,[44] aber andere Blätter weisen ähnliche Übergänge zwischen weit gezogenen Strichlinien und einer pedantisch kleinteiligen Aufnahme von Bauwerken auf. Eines von ihnen zeigt mit dem dreiflügeligen Fachwerkhaus die vermutlich früheste erhaltene Wiedergabe des Jägerhofs (Abb. 39).[45] Offenkundig hat Leibniz bei der großflächigen Aufnahme des Geländes zunächst die Bäume, die Gebäude und die Linien der unteren Schicht ebenfalls mit Bleigraphit eingetragen. Sodann hat er mit der Feder die Daten seiner Landvermessung in einem kräftigen, zügigen, nicht auf Details eingehenden Stil darübergelegt. Der Übergang zwischen beiden Stilformen zeigt sich im Bereich des Schlosses; während Leibniz hier in seiner Unbeholfenheit versuchte, im Detail umso genauer zu sein, zeugen der Vorhof sowie die Bassins, die teils den Aquädukt überlagern, von einer fahrigen Strichführung. Diese setzte er immer dann ein, wenn es darum ging, den Gegenstand nicht detailgetreu wiederzugeben, sondern lediglich grob zu skizzieren (Abb. 40).

40 *Schloss, Garten und Projekt von Wasserhaus und Wasserleitung, Detail aus Abb. 38*

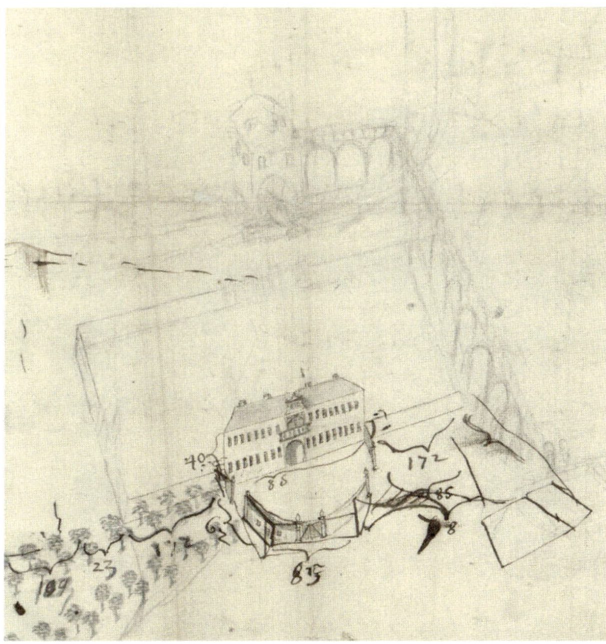

Nach dieser Skizze hat Leibniz eine Zeichnung angefertigt, die

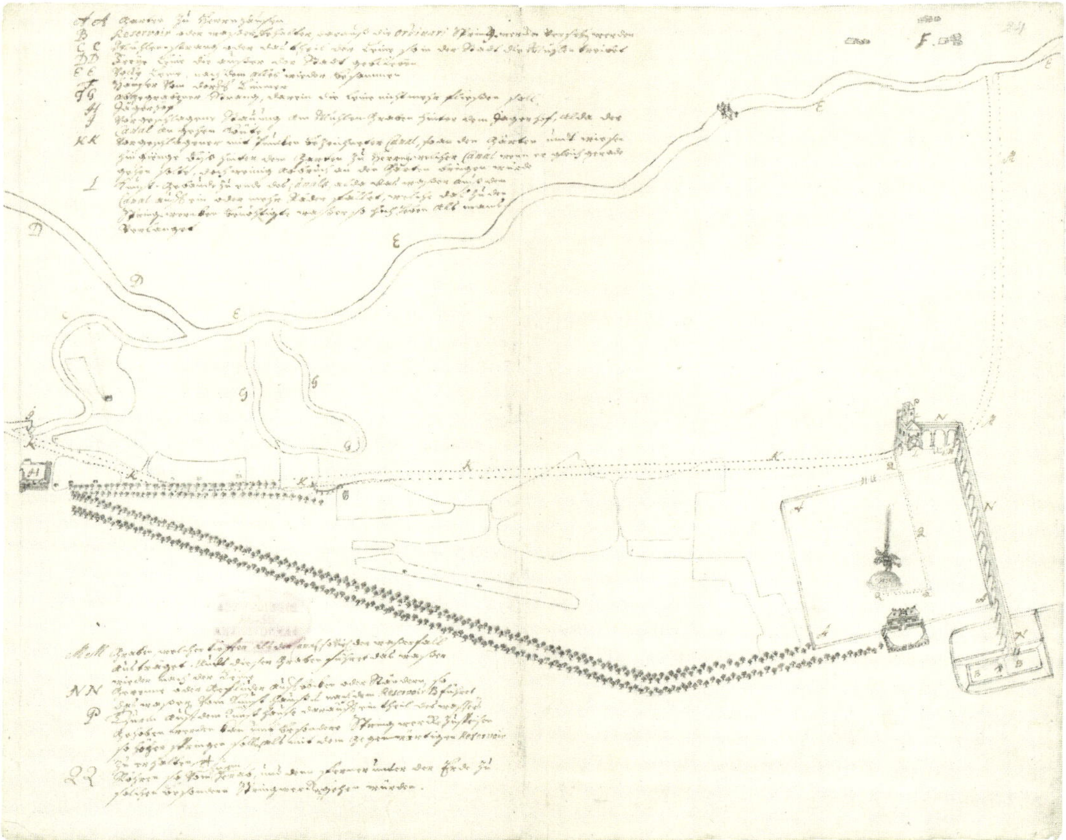

41 *Leibniz, Plan für die Wasserzufuhr von Herrenhausen, Zeichnung, Bleistift und braune Feder, Mai 1696*

den Anhang zur offiziellen Fassung seiner Denkschrift *Wegen des Herrenhäusischen Wasserwerks* bildet (Abb. 41).[46] Auch hier kontrastiert die feingliedrige Spitzfindigkeit der Baumreihen, der Gebäude und der Fontäne Cadarts im Parterre mit Leibniz' freierem Duktus. Erneut erlaubt es der Stil der Gebäude jedoch, von Leibniz als dem Zeichner auszugehen (vgl. Abb. 39, Abb. 40).

Die auf der linken Hälfte eingetragenen Bildlegenden wie auch die in die Zeichnung eingetragenen Buchstaben verdeutlichen Leibniz' Überlegungen. Zunächst sollte jener Arm der Leine CC, der von ihrem frei fließenden Bett DD zum Antrieb der Mühlen des Stadtgebietes abgezweigt worden war, am Punkt J gestaut und in den Kanal KK umgelenkt werden. Gemessen an der tatsächlich gegebenen Topographie hätte sein Ausgangspunkt weiter oben im Süden liegen müssen, wie ein Vergleich mit dem späteren, genaueren Plan zeigt (Abb. 30, S. 39). Suggestiv hat Leibniz hier eine geringere Abknickung eingetragen, als sie tatsächlich erforderlich gewesen wäre.[47] Der Kanal sollte das Wasser vermittels eines solchen Drucks zum Pumphaus

L führen, dass es über Räderwerke gehoben und über den Aquädukt NN in die Wasserbassins BB am rechten unteren Bildrand eingespeist werden konnte. Vom Pumpwerk aus sollte schließlich der Kanal MM nach rechts oben zur Leine zurückgeführt werden. Über dem Pumphaus imaginierte Leibniz zusätzlich den Wasserturm P, der den Wasserdruck verstärkt hätte. Ein Rohr Q sollte vom Pumpwerk aus den im Garten platzierten Fama-Brunnen erreichen, um dessen halbkugelförmigen Wasserfächer und eine mächtige Fontäne zu speisen. Indem diese neben dem Aquädukt das auffälligste Merkmal im Bereich des Gartens darstellte, bot sie einen Tribut an Ernst Augusts Faible für die Wasserkunst.

Das Memorandum vom Mai 1696

In einem umfangreichen Memorandum suchte Leibniz seine Vision zu erläutern und in ihrem Für und Wider abzuwägen. Seine ersten Zeilen zielten bereits auf das Ganze der Anlage: »Am dienlichsten würde es sein, einen Kanal von der Leine hinter dem Jägerhofe bis an den Herrenhäusischen Garten zu führen, das Wasser damit in der Höhe und Waage zu behalten und fast den ganzen Fall zu gewinnen, den die Leine von der Stadt bis etwa an das Dorf Limmer haben mag.«[48] Das Wasser sollte vom Kanal in einen Graben fallen, um durch diesen zur Leine im Süden zurückgeführt zu werden. Bei diesem Fall sollten jene Kräfte entstehen, die das Wasser über ein Räderwerk heben würden: »Vermittels solchen starken Falles [würden] ein oder mehrere Räder umgetrieben [...], welche so viel Wassers und so hoch als tunlich heben und zu dem Springwerke dargeben könnten.«[49]

Leibniz versuchte den Kurfürsten dadurch zu überzeugen, dass er die hohen Kosten der Herstellung von Kanal, Hebewerk und Graben langfristig als einen erheblichen Gewinn an Mitteln darstellte. Da es für die Nachwelt unbegreiflich sein würde, warum aus kurzfristigem Sparinteresse auf lange Sicht erheblich mehr Mittel aufzuwenden gewesen seien, sei es mit Blick auf »Effekt, Nutzen, Lust und Beständigkeit« ratsam, »auf einmal das Beste zu ergreifen.«[50]

Die im Jahr 1686 erstmals vorgebrachte Alternative, in der Leine selbst ein Hebewerk zu bauen, sei dagegen mit dem Risiko behaftet, dass der unregulierte Strom in Extremsituationen wie Hochflut oder Eisgang eine zu große Gefahr für das Werk bedeuten würde.[51] Ein nicht weniger gravierendes Problem liege darin, dass die mit einem zu geringen Durchmesser ausgestatteten Rohre einen zu langen Weg zu überwinden hätten, um den nötigen Druck zu erzeugen.[52] Zudem müssten die Rohre in etwa 15 Metern Höhe verlaufen, wohingegen bei dem Zufluss vom Kanal zum Reservoir nur etwa 10 Meter für den Wasserdruck nötig seien. Falls das Reservoir eines Tages höher gelegt werde, so könne vom Kanal her mit einer höheren Schaufelleistung reagiert werden, während die Rohrsysteme überfordert wären.[53] Ein erhöhter Druck könne zudem auch durch den Aufsatz eines Wasserturms auf dem Pumpwerk erreicht werden, der höher als das Reservoir liegen werde. Über den zusätzlichen Einsatz von Eimern oder ähnlichen Geräten könne das Wasser in dem Turm auf eine Höhe von etwa 15 Metern gehoben werden.[54]

Nach dieser Darlegung technischer Fragen suchte Leibniz den Kurfürsten erneut über die vielfältigen Nutzformen für das Projekt des Kanals einzunehmen. Er begann mit dem praktischen Wert, »dass man Holz, Steine und anderes leicht ohne Fuhrwerke von Hannover nach Herrenhausen schaffen könnte.«[55] Sein Hauptargument aber appellierte an Ernst Augusts Liebe zu Venedig, insofern als auf der beruhigten Wasserführung dieses künstlichen Flusses »die Herrschaft darauf mit Gondeln und anderen Schiffwerken« fahren und ihre Freude haben würden.[56] Mit diesem Hinweis auch auf andere Schiffe war das niederländische Motiv der Grachten benannt, das die Kurfürstin Sophie aufgrund ihres langjährigen Aufenthaltes in Holland angesprochen haben wird.[57] Dies galt auch für die ebenfalls bereits im Jahr 1695 vorgebrachte Aussicht, dass vom Kanal aus ein Wasserarm in den Garten abgezweigt werden könne, um zusätzliche Bassins und Teiche anzulegen. Auch die Möglichkeit nächtlicher Illuminationen kam erneut zur Sprache.[58]

Durch den Vorschlag, für die Aushebung und eine etwaige spätere Erweiterung des Kanals den Einsatz von Soldaten vorzusehen, versuchte Leibniz die Kosten für diese Operation herunterzuspielen,[59] um abschließend zu betonen, dass der Plan, Wasser über einen Kanal heranzuführen, im Verein mit der Zeichnung kaum »deutlicher verstanden werden« könne.

Juli–August 1696: Beratungen mit Du Mont

Die folgenden Schritte aber lassen erkennen, dass der Kurfürst angesichts des Misserfolges von Leibniz' Versuchen, seine Überlegungen zur technischen Revolution des Bergwerkswesens umzusetzen, verlangte, weitere Spezialisten einzubinden.[60] Dass Leibniz diesen Vorgang als Geste der Missachtung empfunden haben muss, geht aus einem Brief an den Generalleutnant und Ingenieur Andreas Du Mont hervor. Das in mehreren Versionen konzipierte Schreiben, dessen Abschrift von Leibniz durch zusätzliche Marginalien präzisiert wurde, ging am 21. Juli 1696 an Du Mont.[61]

Zu Beginn betont Leibniz, dass es ihm einige Verlegenheit bereite, das Problem der Wasserzufuhr anzusprechen, weil er bereits im Jahr zuvor von Kurfürst Ernst August um einen Vorschlag gebeten worden sei. Die Rhetorik der pathetischen Bescheidenheit ist im Spiel, wenn sich Leibniz, der doch im Harz jahrelang mit Problemen der Hydraulik beschäftigt war, als nicht zuständig bezeichnet: »Wenn mir Seine Kurfürstliche Durchlaucht nicht selbst im vergangenen Jahr befohlen hätte, meine Meinung über die Wasser Herrenhausens zu äußern, würde ich eher zögern, von dem zu sprechen, was mich nichts angeht.«[62]

An die Fachkenntnisse des Adressaten appellierend, gibt Leibniz sofort seiner Hoffnung Ausdruck, dass Du Mont seinem Vorschlag zustimmen werde: »Vielleicht findet Ihr, dass die anderen Wege einen geringen Effekt im Vergleich mit jenem haben werden, den ich vorschlage, ohne dass die Ausgabe dafür ausufernd ist.«[63] Indem Leibniz sich unmittelbar gegen die Alternativen wendet, wirkt seine Bekundung, er unterwerfe sich dem Fachurteil von Du Mont, als Floskel.[64]

Die folgenden Ausführungen haben den Charakter eines neuerlichen Memorandums. Gleichsam als Präambel erläutert Leibniz seine Grundposition: »Ich glaube, dass es eines großen Fürsten würdig ist, einen Weg zu wählen, der einen beachtlichen Effekt verursacht, vorausgesetzt, dass die Kosten nicht ausufern. Und so scheint es mir, dass die Springbrunnen von Herrenhausen die schönsten werden könnten, die es gibt, mit im Verhältnis zum Effekt gemäßigten Kosten, auf Grund der Situation, die so vorteilhaft ist, dass die Gäste sich eines Tages darüber wundern könnten, dass man daraus keinerlei Nutzen gezogen hat.«[65] Die Angemessenheit des Gartens gegenüber dem Status der Kurfürstenwürde von Ernst August und dessen Sohn Georg Ludwig sowie der Aussicht auf die englische Krone richtet sich nach den Kriterien der Schönheit und des Staunens: Dies ist die Leitlinie aller folgenden Überlegungen.

Nach der nochmaligen Erläuterung, dass es notwendig sei, jetzt hinreichend zu investieren, um nicht später mit Mehrkosten belastet zu werden, präsentiert Leibniz drei Alternativen. Die erste, bereits durch die Kommission des Jahres 1686 vorgebrachte sieht vor, südlich von Herrenhausen im Strom der Leine ein Wasserrad zu installieren, um das in einen Wasserturm gehobene Nass über Rohre in den Garten einzuspeisen.[66] Die zweite suggeriert, das Wasserrad bei der Hannoveraner Neustadt aufzustellen, um auch diesen Stadtteil mit Wasser versorgen zu können.[67] Gegen beide Pläne wendet Leibniz jedoch erneut ein, dass keine hinreichende Wasserhöhe für die Erzeugung des nötigen Wasserdrucks zu erreichen sei; zudem bedeuteten die langen Wege der Rohre, die von der Leine zum Garten verlegt werden müssten, einen erheblichen Schwachpunkt.[68]

Sein eigenes Konzept eines von der Stadt oder aus der Nähe Hannovers zum Garten führenden Kanals, vom dem das Wasser für den Garten zu beziehen sei, entwickelt Leibniz als dritten Plan, und er lässt keinen Zweifel daran, dass es der von ihm favorisierte sei. In Bezug auf die vorhandenen Mittel biete sich dieser schon aus dem Grund an, dass seine Herstellung flexibel auf die zur Verfügung stehenden Gelder reagieren könne. Wenn nur geringe Mittel bereitstünden, könne man sich auf einen kleinen Kanal beschränken, um mit ihm Mühlen zu betätigen und damit den Nutzeffekt einzusetzen. Wenn es jedoch um den »darüber hinausgehenden Nutzen für die Schönheit und das Angenehme von Herrenhausen gehen würde«, könne man den Kanal sofort oder auch später erweitern und vertiefen.[69]

Sein bereits im Memorandum vom Mai geäußertes Argument, Soldaten die Arbeiten durchführen zu lassen, führt dann zum Gesamtkonzept, einen Abflusskanal zum Dorf Limmer an der südlich vorbeifließenden Leine zu ziehen.[70] Auf diesem Kanal sei die Gefahr der Beschädigung der Werke geringer als auf dem sich permanent verändernden Strom. Und mit Worten, denen anzumerken ist, wie oft sie bereits abgewogen wurden, nimmt Leibniz das im Mai vorgelegte Konzept auf, um die zwei Übertragungsweisen des Wasserdrucks in den Garten auszuführen: das Wasser entweder direkt einzuleiten oder es über einen Aquädukt in die Reservoirs zu führen, von denen aus mit dem dort angesammelten Wasser ein gemeinschaftlich erzeugter Druck weitergegeben werden könne.[71]

In zuvor nicht geäußerter Ausführlichkeit preist Leibniz in der Folge die Inszenierungen, die durch den Kanal ermöglicht würden: »Und man könnte sogar Wasserstrahlgarben und andere Verschönerungen erhalten, von denen man weit entfernt ist, wenn man sich nicht des Mittels eines Kanals bedient, der überdies Gondelfahrten, Becken für den Garten, die Beförderung der notwendigen Dinge nach Herrenhausen, Beleuchtungen und andere Zerstreuungen und Verwendungen ermöglichte.«[72] Auch die folgende Passage, die nochmals auf den Nutzen des Kanals als Verkehrsweg und als Standort möglicher Mühlen eingeht, endet mit dem Hinweis auf zuvor erwähnte »andere Vorteile«.[73]

Du Mont antwortet umgehend in der Hoffnung, den Inhalt seines Schreibens mit Leibniz vor Ort diskutieren zu können.[74] Zunächst betont er, immer dem ersten von Leibniz' Punkten angehangen zu haben. Das Wasser sei von einem direkt gegenüber dem Garten liegenden Punkt der Leine her zu ziehen, um es über einen Kanal zu den Wasserbassins zu lenken, die den Garten versorgen würden.[75] Den zweiten Vorschlag, das Wasser mit herkömmlichen Rohren aus der Stadt zu transportieren, verwirft er, hierin Leibniz unterstützend, mit nur wenigen Worten.

Umso stärker sticht die Ausführlichkeit ab, in der Du Mont den dritten, von Leibniz favorisierten Plan befürwortet: »Ich würde ihn vollständig unterstützen, weil er fraglos der schönste und dem Hof am angemessenste sein würde, um mit den Gondeln zu fahren.«[76] Seiner Verwirklichung stünden allerdings die Schwierigkeiten entgegen, dass der Boden extrem porös und sandig sei, und dasselbe gelte für die Böschung des Kanals, weshalb dieser mit Steinen, Planen oder auf andere Weise abgedichtet werden müsste. Zudem bedürfe der Eingang des Kanals der Sicherung und Festigung, da der Fluss jeden Winter seinen Lauf verändere und den Punkt des Eintritts folglich zu zerstören drohe. Schließlich nennt Du Mont die aus seiner Sicht erforderlichen Maße. Die Breite von insgesamt 45 Metern sollte sich aus dem Kanal von 15 Metern, beidseitigen Alleen von je 10,5 Metern und den ebenfalls rahmenden Deichen von je 4,5 Metern zusammensetzen.[77]

Dieser Briefwechsel offenbart in der Person des Militäringenieurs Du Mont einen einflussreichen Fürsprecher für Leibniz' Plan, den nötigen Wasserdruck über den vom Jägerhof herangeführten Kanal zu erzeugen und mit ihm zusätzlich sowohl ein nützliches Transportmittel wie auch ein Medium des Vergnügens zu erhalten. Wäre es auf Du Monts Stimme allein angekommen, hätte sich Leibniz mit seinem Kanalplan wohl durchsetzen können.

Beratungen mit Schotanus und van Poelwijk, August 1696

Neben Du Mont wandte sich Leibniz mit Bernard Schotanus van Steringa aus Leeuwarden und Balthasar van Poelwijk aus Amsterdam an zwei weitere Spezialisten für Fragen des Wassertransports und der Hydraulik, die sich in Holland durch die Konstruktion effizienter Paternosterwerke einen Namen gemacht hatten.[78] Möglicherweise war eine in vier Punkten notierte Kurzfassung seines Projekts zur Grundinformation der beiden niederländischen Spezialisten gedacht.[79]

Über das Treffen mit diesen Fachleuten unterrichtet Leibniz' Tagebuch, das er am Tag seiner Ernennung zum Geheimen Justizrat und damit zu einem der höchsten Amtsträger des Landes begann. An diesem ersten Datum, dem 13. August,[80] notiert er die Erkundung des Geländes und die hieraus resultierenden Vorschläge. Zunächst habe er den Kammerpräsidenten Friedrich Wilhelm von Görtz aufgesucht, um mit ihm über den Vorschlag der Holländer zu sprechen, mit Hilfe geräuscharmer Windmühlen gewaltige Mengen von Wasser auf eine Höhe von knapp 5 Meter zu heben.[81] Die gemeinsame Besichtigung des Geländes von Herrenhausen habe das Ergebnis erbracht, dass Wassermühlen eingesetzt werden sollten: »Ihr Vorschlag war, das

Wasser mit dem Wind 15 Schuh hoch in einen Graben zu heben [und] so um Garten und Haus von Herrnhausen zu führen; von dort sollte es [auf] die übrige Höhe bis in das Reservoir mit Pferden durch Druckwerke gebracht werden.«[82]

Die Schwächen dieses Planes lagen darin, dass der Hebeantrieb auf Wind und im Pumpwerk des Gartens auf Pferde angewiesen war. In zwei Schriftstücken kommentierte Leibniz, dass der Wind kaum praktikabel und die Nutzung von Pferden zu kostspielig sei.[83]

Am folgenden Tag legten Schotanus und van Poelwijk das modifizierte Konzept vor, auf die Hebekraft des Windes zu verzichten und allein mit Wassermühlen auf eine Leistung von rund 100000 Eimern Wasser pro Tag zu kommen. Dieses Wasservolumen sollte über einen niedrigen Aquädukt zum Garten gelenkt werden, um dort über ein Gefälle von 4 bis 5 Fuß den nötigen Druck zu erzeugen.[84] Da Leibniz dieser Zweischritt, das Wasser der Leine zunächst zu heben, um es nach der Überführung in den Garten wieder fallen zu lassen, jedoch als zu kompliziert erschien, kam er auf seinen Plan vom Mai 1696 zurück. Es sei besser, »das Wasser nicht mit Maschinen, sondern einen Canal auf das Rad zu bringen, das bei Herrenhausen die Pumpen treiben soll. Ich bin von dem Gedanken erfüllt, dass man vom Kanal einen Arm längst des Gartens zu Herrnhausen bis ins Dorf treiben solle, und den Fall dort ganz nahe am Reservoir [zu] verrichten: so geht der Aquaedukt ab, und [es] bleibt nur ein kleines Gerenne.«[85]

Diese Idee hatte zudem den Vorteil, die von Leibniz im Folgenden lakonisch aufgezählten Kosten für die an der Leine gelegene Mühle zu vermeiden. All dies, so berichtet Leibniz in seinem Tagebuch, habe er am selben Tag mit den beiden holländischen Experten vor dem Kammerpräsidenten und dem Kurprinzen vorgebracht, der seine Meinung offenkundig teile.[86]

Die Unterlagen zu dieser Unterredung des 14. August liegen in drei in Schönschrift verfassten Schriftstücken vor, die jeweils in acht Punkten die durch Leibniz vorgebrachten Vorschläge und Fragen aufnehmen. Der erste, *Unvorgreifliche Meinung wegen des Herrenhausischen Wasserwerks* betitelte Text[87] stellt eine kürzere Fassung der im zweiten Schreiben unter dem Titel *Unmaßgebliches Bedenken das Herrenhausische Wasserwerk betreffend* dargestellten Überlegungen dar.[88] Im Einklang mit dem Memorandum vom Mai 1696 führen die beiden Texte Leibniz' Grundidee in acht numerisch bezeichneten Punkten zusammen: Während die Wasserzufuhr durch Rohre nicht praktikabel sei, biete ein von der Leine zum Garten führender Kanal alle Vorteile, zu denen auch gehöre, dass er »zu Illuminationen und dergleichen Lust zu gebrauchen« sei. Langfristig käme er zudem kostengünstiger. Mit Hilfe eines Wasserrades könne das Wasser in einen

Behälter gehoben werden, und das solcherart in einen Wasserkasten geliftete Wasser wäre über einen Aquädukt in das Wasserreservoir zu leiten. An jeder Stelle des Kanals könnten zudem Mühlen angelegt werden. Zu technischen Fragen der Gesamtanlage sollten Spezialisten des Harz befragt werden, weitere Fachleute seien für die Erörterung technischer Einzelfragen wie der Hebung von Wasser hinzuzuziehen.

Als drittes Dokument beginnt das Punkt für Punkt vorgehende Protokoll dieser Unterredung damit, dass über die grundsätzliche Bereitschaft, einen Kanal zu errichten, Einigkeit bestünde. Er müsse nicht unbedingt geradlinig sein, sondern könne auch abknicken, aber es komme darauf an, dass etwas Dauerhaftes entstünde. Es müsse noch erörtert werden, ob das Wasser durch Schöpfräder, Eimer oder andere Mittel gehoben werden solle, aber dass vom Wasserturm aus einzelne Wasserkünste direkt gespeist werden sollten, stehe außer Frage. Der Aquädukt, mit dem die zusätzliche Zufuhr zum Reservoir bewerkstelligt werden könne, solle künstlerisch ansprechend gestaltet und bemalt werden. Für die Errichtung von Mühlen könnten Lizenzen mit Blick auf deren Standorte erteilt werden, aber dies sei kein drängendes Problem. Die Hinzuziehung von Fachleuten solle bald geschehen, um das Gesamtprojekt desto zügiger verabschieden zu können.[89]

Diese Punkte entsprechen grob dem im Tagebuch festgehaltenen Ergebnis.[90] Leibniz war sich seines Planes nach der Unterredung so sicher, dass er, wie er weiterhin in seinem Tagebuch festhielt, einen Modellversuch starten wollte. Seine über Jahre in den Bergwerken des Harz gewonnenen Erfahrungen[91] sollten endlich Früchte tragen; wenn nicht in den Stollen, so doch unter freiem Himmel im Garten.

Das Scheitern des Kanalprojekts

Nach diesem für Leibniz zufriedenstellenden Austausch muss es ihn umso mehr geschmerzt haben, dass in der folgenden Woche ein alternatives Konzept zum Zuge kam. In seinem Tagebuch vermerkt er am 20. August: »Habe auch geschrieben an den Hern. Generalleutnant Du Mont wegen des Wasserwerks zu Herrenhausen«.[92] Dieser im Konvolut 735 erhaltene Brief enthält seinen mit unverhohlener Bitterkeit erfüllten, für die Geschichte des Herrenhäuser Gartens höchst bedeutsamen Bericht.

Nach dem Bedauern darüber, dass er Du Mont während dessen Besuch in Herrenhausen nicht habe treffen können,[93] berichtet Leibniz über die Entscheidung, das Alternativkonzept des Jahres 1686 zum Zuge kommen zu lassen. Das Wasser solle im Süden des Gartens aus der Leine gehoben werden, um von dort her die nötige Pumpkraft zu gewinnen; im Fluss solle ein Rad von 15 Metern Durchmesser gebaut werden, um mit dessen Hilfe das Wasser in Rohre zu pumpen, die bis zu den Bassins reichen würden. Man habe zwar anerkannt, dass der Kanal einen größeren Effekt gehabt hätte, aber die Mittel zu seiner Herstellung seien zurzeit nicht verfügbar.[94]

Mit knappen Worten vermerkt Leibniz zudem, dass sein Vorschlag nicht berücksichtigt worden sei, »weil man den Garten vergrößern will und glaubt, dass der Kanal hierbei ein gewisses Hindernis darstelle.«[95] Diese Mitteilung ist spektakulär. Sie verdeutlicht, dass Leibniz' Kanal dem Ziel geopfert wurde, den Garten nach Süden hin zu erweitern. Es klingt geradezu verzweifelt, wenn Leibniz gegen Ende des Briefes betont, dass sein Kanalprojekt der Süderweiterung des Gartens keineswegs geopfert werden müsse, weil man den Verlauf des künstlichen Flusses dem in jedem Fall geplanten Graben anpassen könne.[96]

Die Entscheidung aber war gefallen. Vermutlich ist sie zugunsten der Gartenerweiterung getroffen worden, weil Kurfürst Ernst August, wie bereits erwähnt, dem riesigen Garten seines Konkurrenten Anton Ulrich von Braunschweig in Salzdahlum etwas Ebenbürtiges entgegenzusetzen suchte. Der künstliche Fluss aber hätte den nach Süden hin vergrößerten Garten in zwei Teile zerschnitten, und hierin muss der Hauptgrund gelegen haben, dass der in seinen Grundzügen bereits approbierte Kanalplan in der Zeitspanne zwischen dem 13. und 20. August beiseitegelegt wurde.

Damit aber war Leibniz' Befürchtung eingetreten, dass die nun getroffene Entscheidung das Problem selbst nicht lösen würde. Das Projekt, so Leibniz, sei an sich nicht schlecht überlegt, aber es werde an den Umständen scheitern, derentwegen er die Idee des Kanals vertreten habe; gegen den Wasserhochstand und den Eisgang des Winters sowie den Lauf des Flusses in seiner »natürlichen Freiheit« könne sich das Wasserrad nicht behaupten.[97] Wenn man eines Tages daher auf den Kanal »wegen der schönen und großen Effekte, die er produzieren würde« zurückkommen werde, seien die Ausgaben für das nun avisierte Projekt verschwendet.[98] Es werde zwar nur ein Viertel des Kanals kosten, sei aber mittelfristig eine verlorene Investition.[99] Die Vergrößerung des Gartens solle daher nicht im Widerspruch zum Kanal stehen, zumal ein Graben vorgesehen sei, den der Kanal ersetzen könne, und zudem würde er, obgleich teurer, durch die Einnahmen der Mühlen erheblich mehr Mittel einbringen.[100]

In seiner postwendenden Antwort von Ende August äußerte Du Mont die Befürchtung, dass er seitens des Kurprinzen abweichende Informationen über die Kosten erhalten habe; er werde sich diesbezüglich bei der Kurfürstin wie auch beim Fontänenmeister Denis erkundigen.[101] Du Monts Bewertung dieses seiner Meinung nach unerfahrenen »armen Jungen« fällt so negativ aus, dass sein Brief keinen Zweifel an seiner Favorisierung von Leibniz' Kanalprojekt lässt.[102] Es war aber der von Du Mont erwähnte, im Jahr 1694 als Fontänenmeister berufene Denis selbst, der den bereits 1686 vorgeschlagenen Alternativplan neu aufgenommen hatte. Denis hatte ein Modell vorgelegt, das durch den Mühlenmeister Hans Linßen sowie den Wasseringenieur Schmidt bewertet wurde.[103] Schmidt kam in seinem an die Kammer gerichteten Gutachten zum selben negativen Urteil wie Leibniz und Du Mont, um nochmals auf seinen bereits 1686 geäußerten Plan eines Kanalbaues zu verweisen, der sich in seinem Grundzug mit Leibniz' späterem Plan deckte.[104]

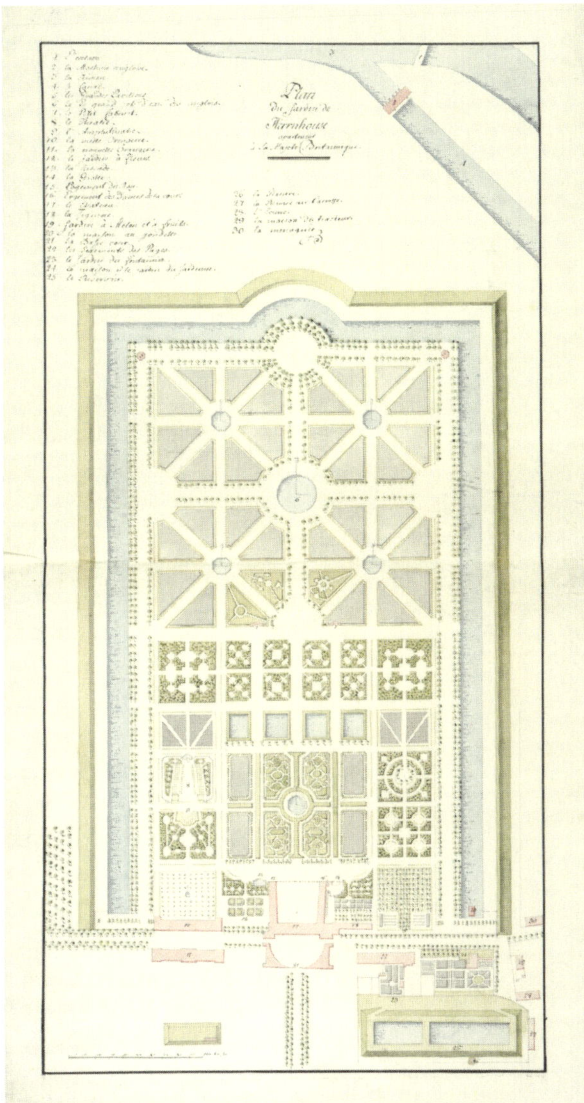

42 *Anonym, Plan von Schloss und Garten Herrenhausen, Zeichnung, Bleistift und graue Tinte, grüne, rote und graue Aquarellfarbe, um 1720*

Trotz der ablehnenden Stimmen von Leibniz, Du Mont und Schmidt erhielt Denis im Winter 1696/97 den Auftrag, im Süden des Großen Gartens mittels eines riesigen Wasserrades die nötigen Wassermassen aus der Leine zu pumpen und über Rohre in die Bassins zu drücken.[105] Vermutlich war die Aussicht ausschlaggebend, in relativ kurzer Zeit eine Lösung des Wasserdruckproblems zu erreichen. Zwar konnte dieses Projekt bis zum Ableben des Kurfürsten im Januar 1698 nicht vollendet werden, aber da mit ihm die Erweiterung des Gartens verbunden war, bedeutete es das faktische Aus von Leibniz' Kanalplan.

Die indirekte Verwirklichung des Kanalplans

Die Süderweiterung des Herrenhäuser Gartens war zwar der Auslöser dafür, dass Leibniz' Konzept nicht zum Zuge kam, aber zugleich bedeutete sie, dass seine Überlegungen keinesfalls ins Leere liefen. Denn sein Kanalprojekt wurde zwar nicht mit Blick auf dessen Funktion als

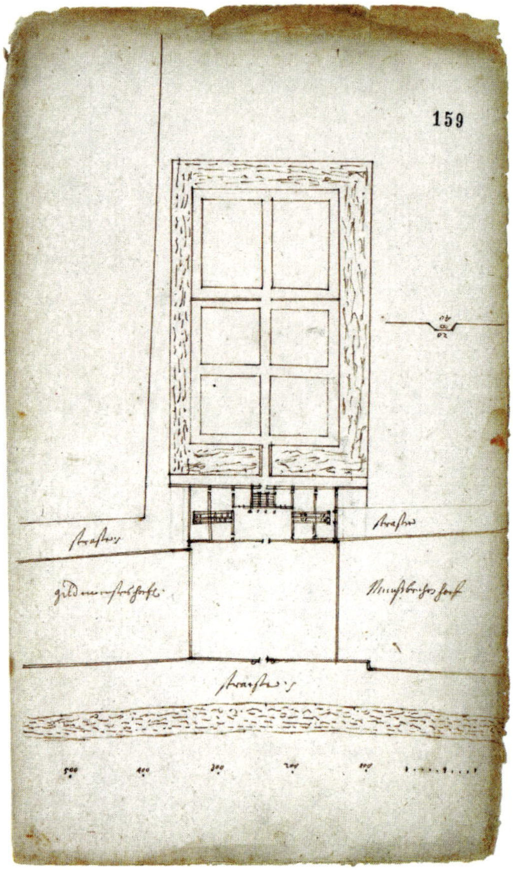

43 *Grundriss des Schlosses und Gartens am Neuen Graben, Osnabrück, Zeichnung, Tinte auf Papier, um 1668*

Wasserdruckerzeuger, wohl aber in seiner Bestimmung als Ort geselliger, fließender Bewegung realisiert. Bereits im Sommer 1697 wurde begonnen, mit Hilfe von Soldaten eine Graft ausheben zu lassen, welche, wie es ein dritter Stockholmer Plan besonders hervorhebt (Abb. 42, S. 63), das gesamte, neu konzipierte Areal nun im Osten, Süden und Westen umfing (Tafel vorn).[106] Der Hauptgrund, dass der künstliche Fluss zu einem wesentlichen Motiv des gesamten Gartens wurde, dürfte darin bestanden haben, dass er an jenen Osnabrücker Garten erinnerte, den die Herzogin Sophie als eine an das Schloss angefügte Insel hatte errichten lassen (Abb. 43).[107] Herrenhausen war auf diese Art zu einer erweiterten Form jenes Gartens geworden, mit dem Sophie die glückliche Zeit ihrer frühen Ehejahre verband. Sein Inselcharakter spielte auf Motive italienischer Gärten wie den *Isolotto* der Boboli-Gärten von Florenz an.[108] Im Bezug zu Osnabrück könnte auch die Entscheidung begründet gewesen sein, den Grundplan des Herrenhäuser Gartens an Mollets Idealgarten des Jahres 1651 zu orientieren (Abb. 10, S. 20). Auch dieser war von künstlich angelegten Wasserarmen umgeben, auf die im Gegensatz zu Herrenhausen außen allerdings noch von Doppelbaumreihen flankierte Alleen folgten.

Der riesige Aushub an Landmassen wurde zu umlaufenden Dämmen aufgeschüttet, die zugleich als Deiche gegen mögliche Hochfluten der Leine dienen sollten. Auf der Vogelsicht von Süden sind diese durch ihre Schattenbildung besonders deutlich zu erkennen (Tafel hinten). Links oben erscheint das am Schloss gelegene Gondelhaus, und an der südlichen Konche des Gartens zieht eine einzelne Gondel vorbei. Durch die Aufwerfungen der Deiche war ein erhöhter Blick in den Garten ermöglicht, der seine vorherige Abschirmung durch Holzwände ersetzte (Abb. 41, S. 54). Die Begrenzung des Gartens bot damit im Sinne einer Augenkommunion eine visuelle Grenzaufhebung. Wenn im Landschaftsgarten später Gräben gezogen wurden, um eine Begrenzung zu ermöglichen, die nicht auf Mauern angewiesen war, so war dieses Motiv hier in großem Stil vorformuliert.

3. Symbolik und Antrieb der großen Fontäne (1701–1720)

Der Anspruch auf Höhe

Die Aussichtslosigkeit, mit der Größe des Gartens von Salzdahlum oder der Kasseler Umformung eines natürlichen Amphitheaters am Karlsberg konkurrieren zu können, ließ den Sohn von Ernst August, Georg Ludwig, zusätzlich auf die Unübertreffbarkeit einer einzigen Fontäne setzen. Mit ihr suchte er, wie es Leibniz in Aussicht gestellt hatte, Versailles zu überbieten, dessen höchster Strahl aus dem Drachenbassin auf 27 Meter zu steigen vermochte.[109]

Nach jahrelangen, vergeblichen Bemühungen war dies im Jahr 1720 endlich gelungen. Die Vogelsicht von um 1725 zeigt, wie dieser aufsteigende Riesenstrahl die südliche Gartenhälfte beherrscht (Tafel hinten). Ein etwa zur selben Zeit dargestellter Blick aus der entgegengesetzten Richtung befreit diese Wassersäule von aller Konkurrenz, indem sie, in gebührendem Abstand von den Eckpavillons begleitet, isoliert in den Himmel ragt (Abb. 44).[110]

Damit wurde ein Plan realisiert, der mindestens bis auf das Jahr 1701 zurückging. In diesem Jahr erschien das Idealbild einer Fontäne auf der Rückseite einer Medaille, die anlässlich der Volljährigkeit des

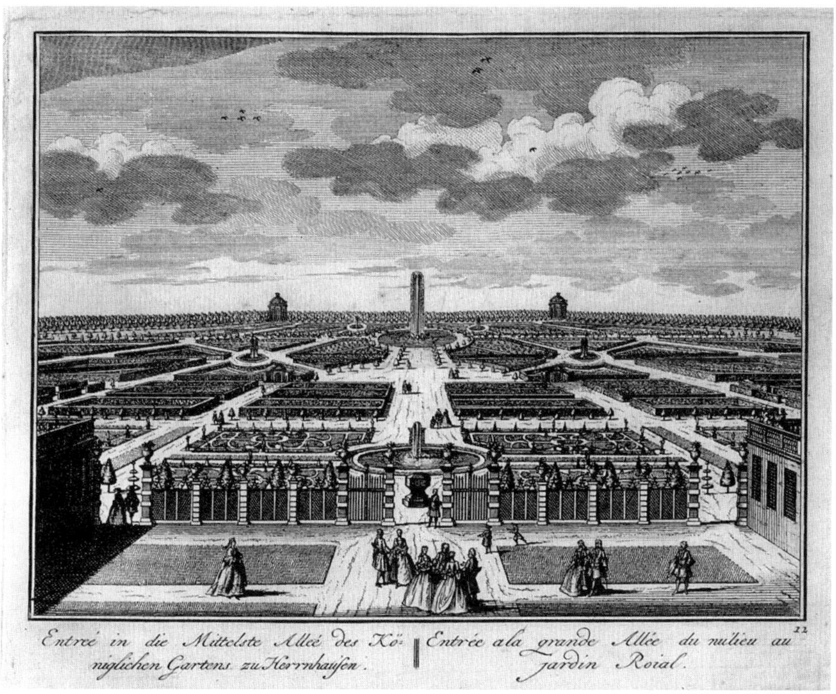

44 *Joost van Sasse nach einer Zeichnung von J. J. Müller, Blick von der Freitreppe des Schlosses nach Süden auf den Großen Garten, Kupferstich, um 1725*

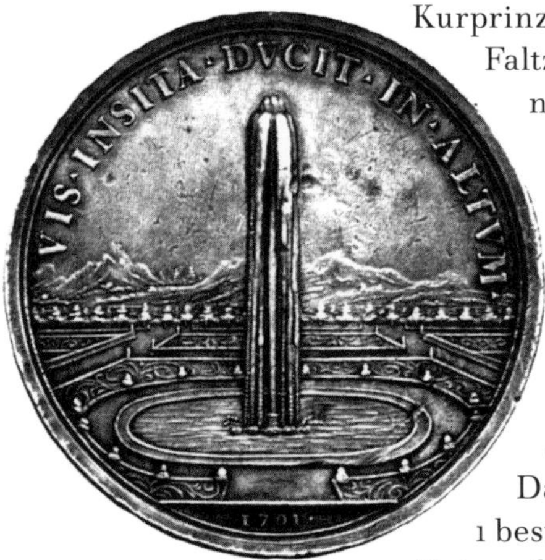

Kurprinzen Georg August durch den Medailleur Raimund Faltz geprägt wurde (Abb. 45).[111] Erneut ist hier von Leibniz' Autorschaft auszugehen,[112] zumal er hier offenbar abermals eigene Überlegungen zur Ikonographie der Medaillen aufgenommen hat. Pierre Le Moynes hatte 1666 in seinem Buch der Devisen mit dem Motto *Mihi sufficit unus* (Mir genügt einer) und der die Erde bescheinenden Sonne ein einprägsames Motiv der Sonnenherrschaft im Stil Ludwigs XIV. geschaffen (Abb. 46).[113] Leibniz adaptierte diese Bildformel im Jahr 1697, um sie zur Darstellung seiner allein aus dem binären Code 0 und 1 bestehenden Rechenart der Dyadik zu verwenden. Sein Entwurf variiert den Schriftzug in OMNIBVS.EX.NIHILO. DVCENDIS SUFFICIT.VNVM (Um Alles aus dem Nichts zu führen, genügt Eins) (Abb. 47).[114] Hier bestrahlt nicht die Sonne das Dunkel der Erde, sondern die beiden Tafeln der Dyadik ragen, wie die mosaischen Gesetzestafeln mit autoritativer Kraft versehen, als IMAGO CREATIONIS (Bild der Schöpfung) über das schwarze Nichts, um durch das Licht ihrer selbst mit der Sonne zu korrespondieren.[115] Die Medaille des Kurprinzen Georg August verschärft diese Idee (Abb. 45). Die Eins ist hier nicht die Zahl, sondern die Fontäne des Wassers, die sich dem Licht der Sonne entgegenstellt. Markant verdeutlicht die Umschrift, dass hier nicht die Sonnenstrahlen von oben, sondern eine innere Kraft in die Himmelsregion drängt: VIS INSITA DUCIT IN ALTVM (Die investierte Kraft führt in die Höhe).

45 *Raimund Faltz, Die große Fontaine des Großen Gartens von Herrenhausen, Medaille aus Anlass der Volljährigkeit des Kurprinzen Georg August, 1701, Rückseite*

46 *Pierre Le Moynes, Devise auf Ludwig XIV., Stich, 1666*

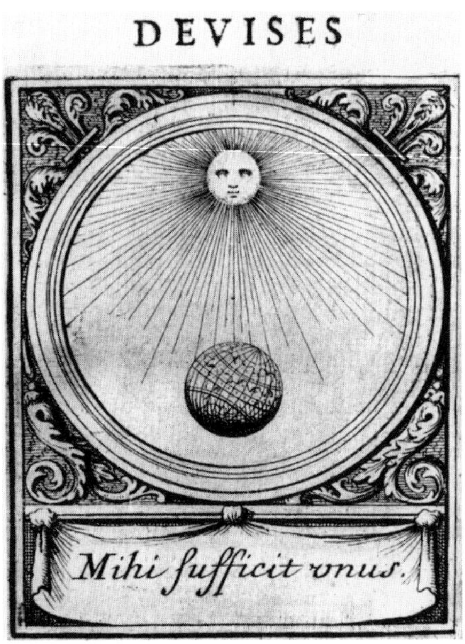

Dieses Motto besaß eine politische Dimension, weil es als ein Symbol des Hannoveraner Anspruchs auf den englischen Thron verstanden werden konnte. Da die Hydraulik dieser ingenieurtechnischen Großtat unsichtbar blieb, schienen die Welfen offenbar mühelos über die tellurischen Kräfte in ihrem Boden zu gebieten. Die feste Säule des hochschießenden Wassers sollte offenkundig mit den ätherischen Strahlen des Sonnenkönigs kontrastieren.

Leibniz war maßgeblich an der historischen und diplomatischen Absicherung der englischen Sukzession der Hannoveraner Welfenlinie beteiligt. Die Bereitschaft zur Annahme der englischen Krone war bei Sophie wie auch bei ihrem Sohn Georg Ludwig jedoch zunächst begrenzt, weil beide wussten, dass diese den Hannoveraner Welfen allein in Aussicht gestellt wurde, um die drohende Rekatholisierung Englands abzuwenden; schwere Konflikte schienen programmiert. In dieser Situation setzte die Medaille ein Zeichen aus eigener Kraft. Als höchstes bekanntes Springwasser sollte die Fontäne das Symbol einer Alleinstellung bilden, und die Devise unterstrich den Aufstieg, der mit ihm verbunden war. Damit hatte das Projekt der im Bild bereits realisierten Fontäne den Charakter eines Vorscheins, der die Bedenken gleichsam wegschäumen sollte.[116]

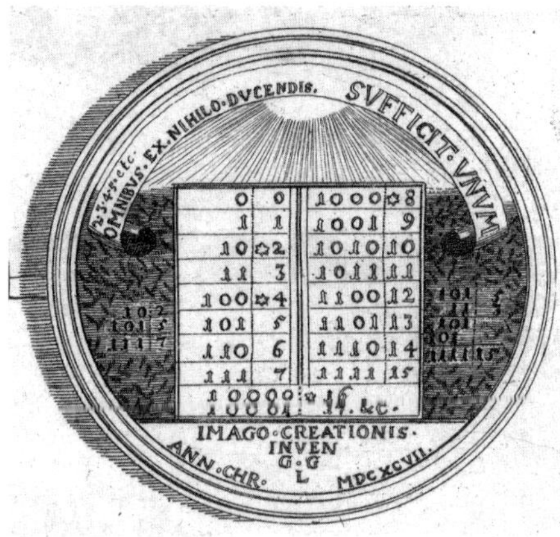

47 *Rudolf August Nolte nach Leibniz, Sinnbild der Dyadik, Stich, 1734*

So wenig Leibniz mit Georg Ludwig verband, so kamen beide doch darin zusammen, die Technik zur Erzeugung von Wasserdruck weiterzuentwickeln. Der Kurfürst suchte sein Ziel, im Großen Garten einen alles überragenden Springstrahl aufführen zu können, nicht durch die Umlenkung von Gefälledruck allein, sondern zusätzlich mit Hilfe neuer Maschinen der Krafterzeugung und -übertragung zu erreichen.[117]

Interimsversuche (1704–1706)

In Kenntnis dieser Vorhaben bot sich zunächst der in Kassel tätige französische Ingenieur Denis Papin an, das Ziel unter Einsatz von Dampfpumpen umzusetzen. Er wandte sich hierzu in einem Schreiben vom 24. Dezember 1704 an Leibniz.[118] Mit Verweis auf die Bemühungen, aus der Leine die nötigen Wassermengen zu gewinnen, antwortete dieser jedoch zurückhaltend, und auch die anschließende, sich bis in den September 1707 hinziehende Korrespondenz um die Möglichkeiten einer mit Feuer betriebenen Maschine führte nicht zu einer Anstellung Papins, zumal die Konstruktion einer Dampfpumpmaschine im selben Jahr scheiterte.[119] Dass dem genialen, aber glücklosen Papin der Weg nach Herrenhausen versperrt blieb, lag an der Befürchtung, dass er die Reihe seiner Misserfolge im Großen Garten fortsetzen würde. Gleichwohl ist seine Korrespondenz mit Leibniz zu einer Hauptquelle zur Frühgeschichte der Dampfmaschine geworden.

Mit dem Engländer Thomas Savery suchte Georg Ludwig anstelle von Papin einen der ersten Konstrukteure der Dampfmaschine nach Herrenhausen zu holen, der auch praktische Erfolge vorzuweisen vermochte. Doch auch dieser Wunsch zerschlug sich im Jahr 1705.[120]

Angesichts dieser Schwierigkeiten musste auf die konventionellere Möglichkeit zurückgegriffen werden, die nötige Kraft auf die Wasserstrahlen durch Gefälledruck auszuüben. Da das in den Jahren

1696 und 1697 begonnene Vorhaben des Fontänenmeisters Denis, im Süden des Gartens ein Wasserrad in der Leine zu bauen und direkt aus dem Fluss den nötigen Wasserdruck zu erzielen, nicht vollendet worden war, bot sich die Alternative an, das nötige Wasser von Hannover her längs der Herrenhäuser Allee nördlich um das Schloss herumzuleiten und in die Reservoirs zu führen.

Der Ingenieurmajor Maillet de Fourton arbeitete diese Lösung bis in alle Einzelheiten der Technik und der Finanzierung aus. Von diesen Überlegungen zeugt Leibniz' Kritik der hierfür notwendigen überlangen Rohrzüge vom Januar 1706 sowie sein Anfang Februar verfasster Bericht, der nicht nur die Details von de Fourtons Plänen aufführt, sondern diese auch einer ungewöhnlich kritischen Bewertung unterzieht.[121]

Leibniz berichtet, dass de Fourton unterhalb der Stadt zwischen Kanzlei und Stall den gesamten Fluss der Leine durch ein Stauwehr einengen und hochdrücken wolle, um durch den hierdurch entstehenden Wasserfall einen Druck zu erzeugen, der das Wasser über ein Wasserrad in Rohre lenken könne. Neben dem Strom solle ein Wasserturm errichtet werden, in dessen zwei Bassins acht Stangenpumpen das Wasser im Wechselrhythmus gießen sollten. Eines von ihnen solle den Neustädter Brunnen, das andere das Herrenhäuser Reservoir über Rohre speisen, wobei ein Rohr in die Neustadt und zwei Rohre zum Großen Garten gehen würden.[122] Das Wasser solle nicht aus dem Strom, sondern dem Stadtgraben entnommen werden, weil dieses im Vergleich klarere Wasser die Leitungen aus Blei und anderen Materialien nicht schädigen würde. Über verschiedene Rohre wären dann auch der Parnassbrunnen des Neustädter Marktes, die Adelsgärten an der Herrenhäuser Allee sowie die beiden Bassins des Herrenhäuser Schlosses zu versorgen.

Nach dieser Darlegung des Plans folgt Leibniz' Kritik, die mit der Bezahlung und der Vertragsverpflichtung beginnt,[123] um dann die Einzelelemente des Vorhabens in Frage zu stellen. Zunächst müsse de Fourton erläutern, wo das Wasserwerk angelegt werden solle: in der Stadt am Mühlengraben oder außerhalb am Zusammenschluss der Leine-Arme. Zudem sei durch Fachleute zu klären, ob die beabsichtigte Stauung den bereits vorhandenen Mühlen Wasser entziehen würde. Vor allem ergebe sich das Problem, dass das Holzwerk des Staus bei starkem Strom und Eisgang weggerissen werden könne. Obwohl alles auf Risiko des Unternehmers geschehen solle, sei es doch nötig, Stauwerkfachleute hinzuzuziehen. Auch eine Person mit Erfahrung im Umgang mit schnellem Strom müsse befragt werden, und falls eine solche nicht zur Verfügung stehe, solle auf den Bau verzichtet werden. Dies gelte auch für den Fall, dass die in Sicht gestellten Wassermengen einer Überprüfung nicht standhielten.[124] Leibniz schließt mit Betrachtungen zur möglichen Menge des zum Großen Garten potentiell herangeführten Wassers, um de Fourton nachzuweisen, dass nicht einmal seine Maßangaben verifiziert werden könnten.[125]

Trotz dieser Fundamentalkritik konnte sich Leibniz nicht durchsetzen. Der Grund wird darin gelegen haben, dass seine Alternative, die Zuführung von Wasser über einen vom Jägerhof kommenden Kanal, wegen der Süderweiterung des Gartens nicht mehr aktuell war. Damit aber blieb zunächst nur mehr die von de Fourton vorgeschlagene Lösung. Im Jahr 1706 wurde sie umgesetzt. Wie es sein Plan vorgesehen hatte, führten Doppelrohre von jenem Wasserturm, der über ein in die Leine gesetztes Wasserrad versorgt wurde, längs der Herrenhäuser Allee zu den von Cadart angelegten Hochbassins. Unten rechts auf der Stockholmer Planzeichnung (Abb. 42, S. 63) und auf dem in Gegenrichtung von Süden her gerichteten Vogelblick unter der Horizontlinie sind sie besonders deutlich zu erkennen (Tafel hinten).

Der verlagerte Kanal

Auch in diesem Punkt haben sich Leibniz' Einwände als berechtigt erwiesen, denn de Fourtons Maßnahmen konnten die mangelnde Wasserzufuhr nicht entscheidend verbessern.[126] Erneut sprangen die Überlegungen daher auf die entgegengesetzte Seite des erweiterten Gartens. An jenem Punkt, der 1696/97 bestimmt worden war, um mit Hilfe eines in die Leine gesetzten riesigen Wasserrades die nötigen Mengen an Wasser zu heben und dann mit dem erreichten Druck die Fontänen zu versorgen, setzten die Pläne neu an. Jene strömungstechnischen Überlegungen, die Leibniz im Jahr 1696 für seinen vom Jägerhof herführenden Kanal angestellt hatte, wurden nun auf die neue Situation angewandt.

Um zu vermeiden, dass die Leine durch ihr immer wieder auftretendes Hochwasser und durch ihren im Winter zu befürchtenden Eisgang das unmittelbar im Strom stehende Stauwehr mitsamt dem Wasserrad zerstören werde, wurde vom Juni 1718 bis zum Oktober 1720 ein Kanal ausgehoben; über diesen künstlichen Nebenarm der Leine sollte das Wasser besser kontrolliert werden. Die wohl früheste Darstellung entstammt einem Kupferstich des Jahres 1717, der das Areal zwischen dem links unten gelegenen Hannover und dem rechts oben situierten Herrenhausen zeigt (Abb. 48).[127] Die gewaltige Breite des Kanals verdeutlicht, welches Aufsehen die Planung und Fertigstellung dieses künstlichen, knapp einen Kilometer langen Wasserarms erregt haben muss. Geographisch präziser, zeigt der Plan von

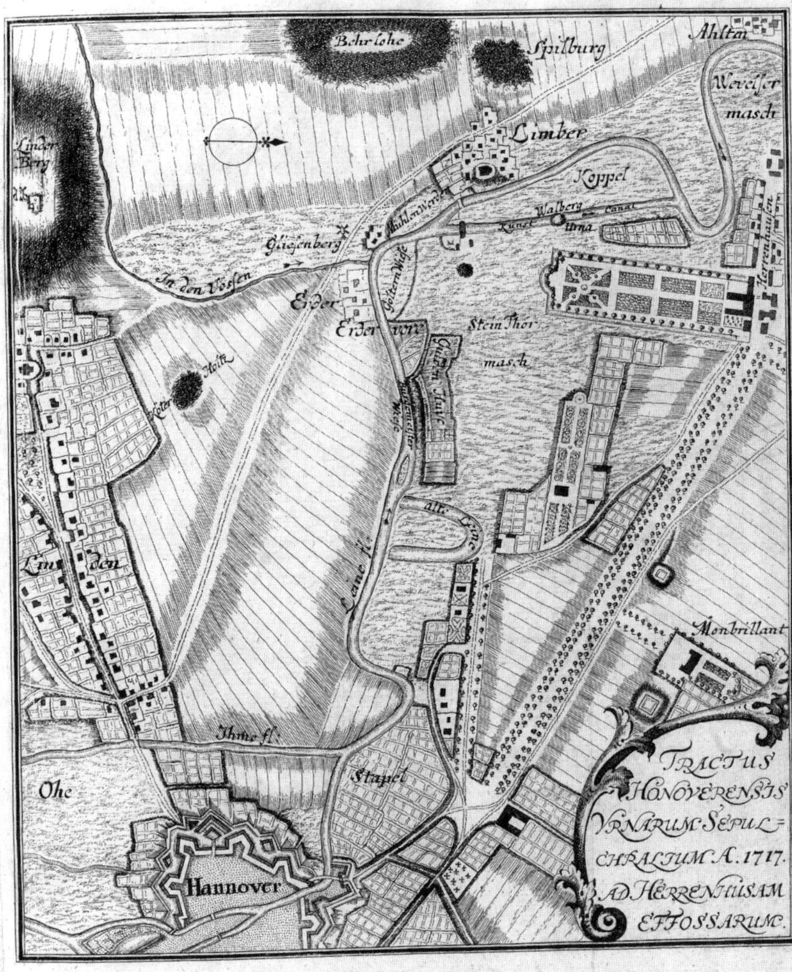

48 *Anonym, Lageplan des Geländes zwischen Hannover und Limber: »Tractus Honoverensis Urnarum Sepulchralium A. 1717. Ad Herenhusam Effossarum«, Radierung, 1717*

vor 1856 den wie mit einem Lineal gezogenen, an der Südwestecke des Großen Gartens vorbeigehenden künstlichen Fluss, an dessen südlichem Anfang das mächtige Stauwerk in rötlicher Farbe eingetragen ist (Abb. 30, S. 39). Das starke Gefälle war in der Lage, eine in ihren Dimensionen und ihrer Technik neuartige Kehrschloss-Wassermaschine zu speisen, von der aus, fein angedeutet, Rohre zur großen Fontäne der südlichen Gartenhälfte gingen. Der Stockholmer Plan hebt das Stauwehr mit seinem aufsehenerregenden Pumpwerk in ebenfalls rötlicher Farbe über dem künstlich angelegten Kanal hervor (Abb. 42, S. 63). Trotz mehrerer Fehlschläge gelang es nach der Vollendung im September 1720, einen so ungeheuren Druck zu entfalten, dass mit 35 Metern die bis dahin größte Höhe einer europäischen Fontäne erreicht wurde.[128]

Damit war Leibniz' Motto für die Rückseite der Ehrenmedaille des Kurfürsten Georg Ludwig IN RECTO DECVS (Im Aufrechten ist Zier und Ehre), das vermutlich auf die große Fontäne gemünzt war (Abb. 45, S. 66), realisiert. Ihn hätte mit Genugtuung erfüllt, dass mit Hilfe eines Kanals, wie er ihn 1695/96 vorgeschlagen hatte, gelungen war, den Herrenhäuser Garten in seiner Wasserkunst zu einem einzigartigen Ort zu machen. Selbst sein Vorschlag, den Kanal unter Einsatz von Tausenden von Soldaten ausheben zu lassen, war aufgenommen worden.[129] Versailles war in diesem Moment mit Hilfe seiner ortsversetzt verwirklichten Kanalidee tatsächlich übertrumpft.[130]

4. Leibniz' Anteil an der Gartengestaltung

Von 1695 an war Leibniz in die Konstruktion der Wasserkunst von Herrenhausen eingebunden. Wenn seine Grundidee, vom Jägerhof her einen Kanal nach Westen auf das Gelände des Gartens zu führen, auch nicht realisiert wurde, so war er doch an den entscheidenden Etappen der Planung beteiligt. Seine Überlegungen bezeugen, dass er einen klaren Begriff der unterschiedlichen Bestimmungen des Gartens und seiner stilistischen Ausprägungen besaß. In all seinen Plänen sticht das Miteinander des repräsentativen Wertes und der kunsttechnologischen Einzigartigkeit der durch das Kanalprojekt gespeisten Wasserspiele hervor. Durch seine Forschungen zur Entwicklung des Bergbaus war Leibniz mit Fragen der Hydraulik und des Wasserdrucks vertraut, so dass seine Pläne für den Großen Garten aus seiner Sicht die Spitze der technischen Entwicklung repräsentierten. Angesichts des Maßstabs, den er mit den genannten Vorbildern gesetzt hatte, war es keine Frage, dass der von Leibniz gedanklich konzipierte Garten von Herrenhausen durch seine Wasserspiele einen überragenden Stellenwert in der europäischen Gartenkunst einnehmen sollte.

In der schäumenden Qualität des so konzipierten Gartens lag jener Gestus einer »Kunst der Verschwendung«, ohne die im Selbstverständnis des Barock keine Kultur zu denken war.[131] Mit dem gigantischen Kanalprojekt, das eine eigene kunsttechnologische Leistung darstellte, mit den hierdurch angelegten Durchkreuzungen von Erdflächen und Wasserarmen, die Inseln und Teiche ermöglichen sollten, und mit den Fontänen, Kaskaden sowie anderen Wasserspielen sollte ein Ensemble geschaffen werden, das alle anderen Gärten ausstechen würde. Zu diesem verschwenderischen Einsatz der Erde, des Wassers und der Kunsttechnologie kam die Nutzung des Kanals durch festliche Schifffahrten und nächtliche Illuminationen hinzu.

Der von Leibniz konzipierte Kanal hätte eine weitaus effizientere Durchführung des Warenverkehrs zwischen Hannover und Herrenhausen ermöglicht, und durch die Lizenzvergabe an Mühlen hätten beträchtliche Summen in Aussicht gestanden. Aber nicht hierin lag die vornehmliche Bestimmung des Kanals; der Nutzgedanke bezog sich primär auf seinen Vorschlag, im Berggarten Maulbeerbäume zu pflanzen, um die Seidenverarbeitung in Gang bringen zu können. Im Großen Garten dagegen dominierte jene höhere Bestimmung, die aus der Nutzlosigkeit des Spiels die höchste Freude wie auch die souveränste Form der Repräsentation gewann. Diese Rahmenbestimmung machte das markanteste Element von Leibniz' Plänen für den Garten von Herrenhausen aus.

Die um den Garten führende Graft war das erste Element, durch das Leibniz' Idee eines Kanals in einer anderen Bestimmung und in erweiterter Form verwirklicht wurde. Mit diesem künstlichen Fluss wurden jene Formen der Geselligkeit, die Leibniz mit den Fahrten von Gondeln verband, realisiert, und damit hat er dem Großen Garten ein wesentliches Gestaltelement vermittelt. Hiermit war verbunden, dass die Graften den Außenstehenden eine visuelle Teilnahme ermöglichten. Die Begrenzung des Gartens bestand nicht aus Mauern oder Holzwänden, sondern aus Wasserflächen, in denen sich der Garten und die Besucher spiegelten.

Unmittelbarer noch wurde Leibniz' Kanalplan in Form jenes künstlich angelegten Wasserarms der Leine umgesetzt, der nach seinem Tod realisiert wurde, um das Pumpwerk der großen Fontäne antreiben zu können. Die Drosselung und damit Beherrschung des natürlichen Stromes durch das Ausheben eines Nebenarmes war seine Grundidee, die nun jene Möglichkeit bot, die höchste Fontäne ihrer Zeit emporschießen zu lassen.

Wassertechnik, Schönheit und epikureische Geselligkeit waren die Hauptelemente, die Leibniz dem Garten zu vermitteln versuchte, und obgleich sein Plan des Kanalbaues scheiterte, so hat dieses Vorhaben den Großen Garten von Herrenhausen doch in entscheidenden Zügen geprägt. Auf der Grundlage all dieser Planungen und Einsätze hat Leibniz den Großen Garten als Reflexionsraum seiner Philosophie genutzt.

III
LEIBNIZ' HERRENHÄUSER PHILOSOPHIE

1. Das Indiszernibilienprinzip

Leibniz hat durch eine mehrfach berichtete Anekdote selbst dafür gesorgt, dass der Herrenhäuser Große Garten einen eigenen Status in der Geschichte der Philosophie errang. Sie besagt, dass er eine seiner philosophischen Grunderkenntnisse aus der Erfahrung dieses Gartens gewonnen hat. Es handelt sich um das Indiszernibilienprinzip, dem zufolge alle Dinge, die voneinander ununterscheidbar seien, identisch sein müssten. Da die geschaffene Welt aber dadurch ausgezeichnet sei, dass alle Dinge den ihnen gemäßen Ort hätten und folglich nur mit sich und nicht mit anderen Dingen identisch sein könnten, müsse von der durchgehenden Unterscheidbarkeit aller Dinge und Körper ausgegangen werden.[1]

In einem der Gespräche, die Leibniz während seiner Spaziergänge mit der Kurfürstin Sophie im Herbst 1692 im Garten von Herrenhausen führte, kam diese auf die Frage der Individualität zu sprechen, und diese Szene hält einer der Leibniz gewidmeten Stiche fest (Abb. 22, S. 34). Die neben der sitzenden Sophie postierte Hofdame blickt gebannt auf Leibniz' linken Zeigefinger. Dieser weist auf eines der beiden Blätter, die von Carl August von Alvensleben hochgehalten werden (Abb. 49).[2] Von diesem Ereignis hat Leibniz in seinen *Nouveaux Essais* aus der Distanz des Beobachters berichtet: »Ich erinnere mich, dass eine hohe Fürstin von feiner Geistigkeit eines Tages bei einem Spaziergang in ihrem Garten sagte, sie glaube nicht, dass es zwei vollkommen gleiche Blätter gäbe. Ein geistvoller Edelmann, der an dem Spaziergang teilnahm, glaubte, es würde leicht sein, solche zu finden; obwohl er aber angestrengt danach suchte, musste er sich durch seine Augen davon überzeugen, dass man immer einen Unterschied daran bemerken konnte.«[3] Offenbar hat Leibniz die Formen und die Struktur der Blätter untersucht, um herauszufinden, dass, ähnlich wie dies später im Fall des Fingerabdrucks erkannt wurde, kein Blatt dem anderen glich.

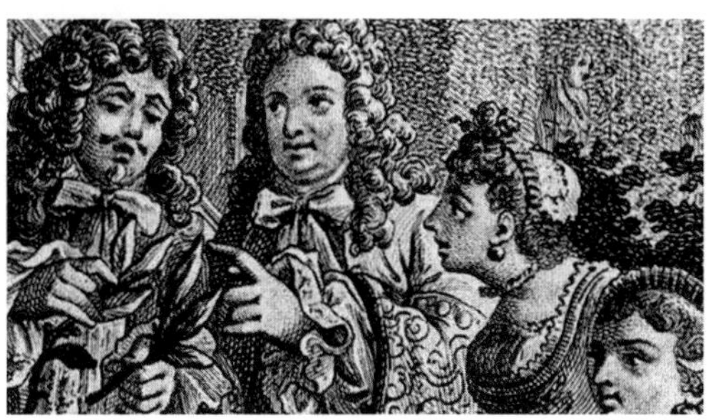

49 *Carl August von Alvensleben, Leibniz, Hofdame, Detail aus Abb. 22*

Die Bedeutung dieser Einsicht wird auch darin deutlich, dass Leibniz auf die Blattepisode bei anderen Gelegenheiten zurückkam. So hat er die Kurfürstin Sophie an diese

Szene im Jahr 1705 erinnert, um zu schließen: »Es gibt folglich immerwährend aktuelle Unterscheidungen und Variationen in den Massen der existierenden Körper.«[4] Die weitreichendste Erläuterung aber hat Leibniz kurz vor seinem Tod am 2. Juni 1716 seinem Briefpartner Samuel Clark gegeben, der in der erbitterten Auseinandersetzung zwischen Leibniz und Newton die Position Newtons vertrat: »Es gibt nicht so etwas wie zwei ununterscheidbare Individuen. Ein geistvoller Edelmann unter meinen Freunden glaubte, als er in Gegenwart der Kurfürstin im Garten von Herrenhausen mit mir diskutierte, dass er zwei vollkommen gleichartige Blätter finden könne. Die Kurfürstin sagte ihm, dass er dies tun solle, und lange Zeit lief er vergeblich herum, um solche zu finden.«[5]

Was hier als ein beiläufiger Bericht über eine Episode beginnt, entwickelt sich im Folgenden in atemberaubend zügigen Schritten zur Kosmologie. Zunächst ergänzt Leibniz das Beispiel der durchgängig unterschiedlichen Blätter um zwei Wasser- und Milchtropfen, die scheinbar gleich anmuten, unter dem Mikroskop aber ihre Unterschiedlichkeit offenbaren. Mit dieser Distinktion der Dinge, die sich in unendliche Tiefenschichten hin fortsetzt, verneint Leibniz den Glauben an letztgültige, unteilbare Atome ebenso wie die Annahme des Vakuums und eines außerhalb des Kosmos denkbaren Raumes. Die Überlegung von Clark, dass die Welt, wie sie ist, auch früher

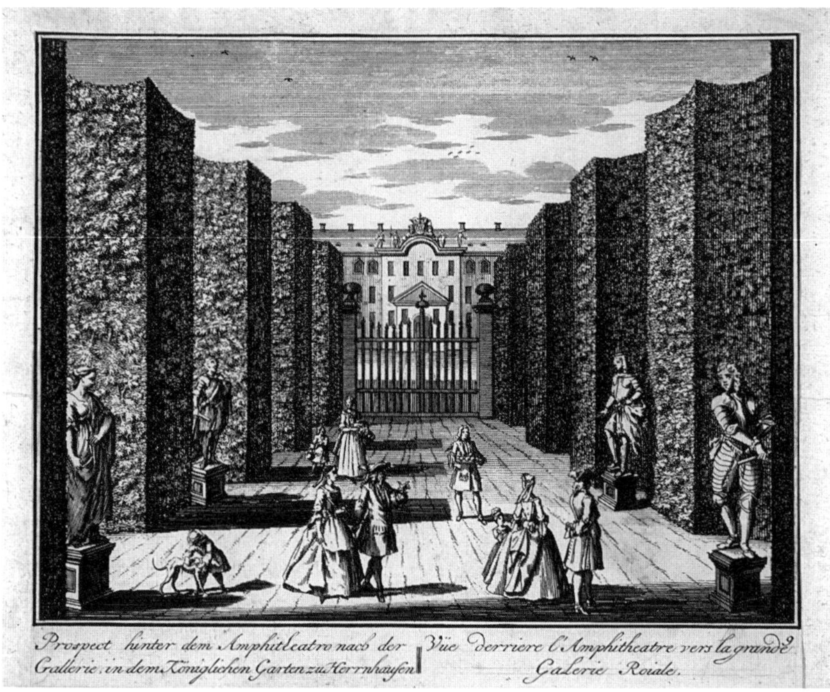

50 *Joost van Sasse nach einer Zeichnung von J. J. Müller, Königsbusch und Galeriegebäude, Kupferstich, um 1725*

hätte entstehen können, sei abzulehnen, weil eine zeitliche Distanz zwischen zwei identischen Größen absurd sei. Die permanente Unterscheidbarkeit aller Dinge sei die Konsequenz ihres Seins.[6]

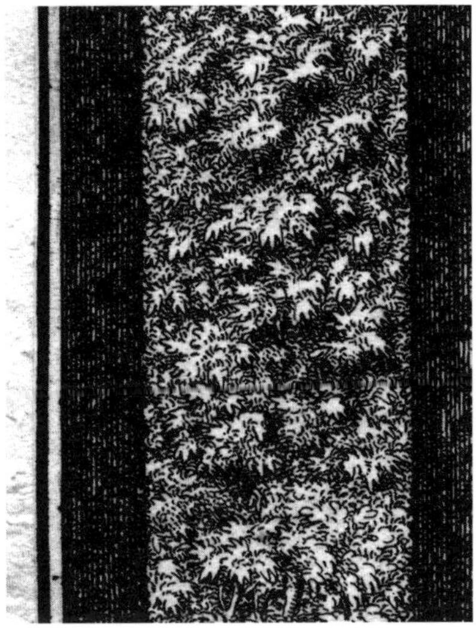

51 *Blätter der Hecke des Königsbusches, Detail aus Abb. 50*

Die Blätter des Großen Gartens sind der Ausgangspunkt dieser verdeckt gegen Newton gerichteten Überlegungen zur Grundbestimmung von Raum und Zeit. Hier ist bereits jene auf die Botanik bauende Suche nach der Individualität der Spezies und deren Einzelformen in Szene gesetzt, die Rousseau auf der St. Petersinsel träumen lässt, bis zum Ende aller Tage allein Pflanzen zu erfassen.[7] Als wäre ihnen das Prinzip der unendlichen Unterscheidbarkeit der Dinge ein besonderes Anliegen, sind die Kupferstecher des Herrenhäuser Gartens Leibniz in diesem Punkt gefolgt. Eine besonders eindrucksvolle Visualisierung dieses Ungleichheitsprinzips gibt der um 1725 geschaffene Stich des Königsbusches vor dem Galeriegebäude (Abb. 50).[8] Wie gemauert ragen diese Gebilde auf, aber der Blick in deren Wände offenbart eine durchgehende Kontingenz der Form (Abb. 51). Dem Stecher ist es mit nicht nachlassender Konsequenz gelungen, jede Art der Wiederholung zu vermeiden. Bereits hier zeigt sich, dass eine Rückführung der Bildsprache des Barock auf Symmetrie und Geometrie allein nicht greift. Im Detail entfaltet sich vielmehr eine freie Variabilität, die umso stärker wirkt, je markanter sie durch gerade Linien begrenzt wird. Die Regelmäßigkeit des geometrisch definierten Feldes besteht im Kontinuum der Variation, so dass der Mikrokosmos der beschnittenen Hecken ein Zusammenspiel von Regel und infiniter Autonomie ergibt.[9]

Angesichts der individuellen Gestalt aller Natur verstand Leibniz die Fülle der Formen als Momentaufnahmen einer dynamisch sich gestaltenden Welt, und die unendlich sich differenzierenden Unterscheidungen waren für ihn die Funktion einer allgemeinen *dynamis*. Die spezielle Frage, ob die Erkenntnis der dynamischen Tiefenstruktur der gesamten Natur zufällig oder eher notwendig auf einen Garten bezogen war, hat er in der *Monadologie* eindringlich beantwortet. Diese auf Bitten von Prinz Eugen von Savoyen, der von Sophie Charlotte in die Philosophie von Leibniz eingeführt worden war, verfasste Schrift bildet insofern eine Summe der Diskussionen zwischen Leibniz, Sophie und Sophie Charlotte, als zahlreiche Passagen ihrer Korrespondenz in die einzelnen Paragraphen eingegangen sind.[10]

Der Garten nimmt in Leibniz' Begriff der Natur nicht etwa die Peripherie, sondern das Zentrum ein. In Paragraph 65 hat er zunächst das Prinzip der unendlichen, dynamisch sich ereignenden

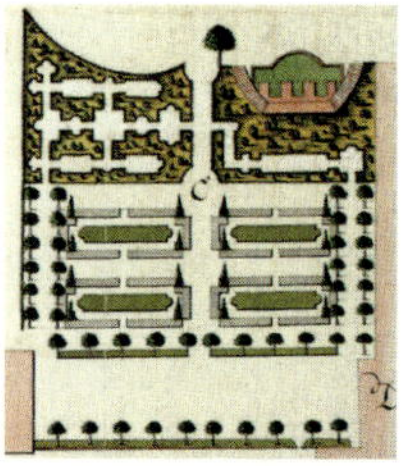

52 *Johann Wilhelm Tatter, Fürstlicher Privatgarten neben dem östlichen Schlossflügel, Feder und Tusche, 1767 (Ausschnitt)*

Unterteilbarkeit der Materie aufgeführt: »Der Urheber der Natur konnte dieses göttliche und unendliche wunderbare Kunstwerk ausführen, weil jeder Anteil an Materie nicht allein unendlich teilbar ist, wie bereits die Alten anerkannten, sondern auch wirklich ohne Ende unterteilt ist, jeder Teil in Teile, von denen ein jeder eigene Bewegung hat. Es wäre sonst unmöglich, dass jeder Anteil an Materie das ganze Universum ausdrücken könnte«.[11] Angesichts des zentralen Charakters dieser Aussage für Leibniz' Begriff der Natur ist es umso bezeichnender, dass die beiden folgenden Paragraphen den Garten als Beleg dieser Erkenntnis aufführen: »Von daher sieht man, dass es eine Welt an Geschöpfen, an Lebendigen, an Lebewesen, Entelechien, Seelen in dem geringsten Materieanteil gibt. / Und jeder Anteil der Materie kann als ein Garten voller Pflanzen wie ein Teich voller Fische begriffen werden. Jeder Zweig der Pflanze, jedes Glied der Lebewesen, jeder Tropfen seiner Säfte ist jedoch wiederum ein solcher Garten oder ein solcher Teich.«[12]

Wenn Leibniz hier Blätter und Fischteiche erwähnt, kann dies als Reflex der Gespräche mit der Kürfürstin Sophie in dem Großen Garten von Herrenhausen gewertet werden. Das Prinzip der Unterscheidbarkeit aller Dinge, das die Herrenhäuser Szene der Untersuchung von Blättern berühmt gemacht hat, wird hier auf weitere Beispiele angewendet, von denen der Fischteich auf die vier Teiche des Großen Garten anspielen dürfte.[13] Damit aber ergibt sich nicht nur, dass dieser Garten ein Ort der Bestimmung von Leibniz' lebendigem Begriff der Wesen war; vielmehr zeigen diese Paragraphen, dass er die Struktur der Natur in Begriffen der Gartenkunst beschrieb.[14] Und wenn Leibniz die individuelle Form aller Gebilde in der Natur mit sich gleichsam ins Unendliche vervielfältigenden Gärten vergleicht, dann können sie nicht nach den geometrischen Regeln der Mechanik gewertet werden, sondern als Medien der Dynamik alles Natürlichen.

Dieser Prozesscharakter aller Mechanik verdeutlicht, dass die topographische Struktur des Großen Gartens von Herrenhausen für Leibniz weniger mit dem Prinzip einer mathematischen Geometrie als vielmehr einem dynamischen Begriff des Faltentheorems verbunden gewesen sein muss. Schon die Privatgärten, die sich im Osten wie im Westen neben dem Schlossgebäude befinden, vertreten dieses Prinzip, indem sie *en miniature* die Idee des Gartens vollgültig erfüllen (Abb. 52).[15] Im Vergleich mit der von Norden genommenen Vogelsicht aus der Zeit um 1708 ist dies gut zu erkennen (Tafel vorn). Auf den unten von je einer Baumreihe gerahmten Weg folgen das Parterre als mittlerer Bereich und darauf die Boskettzone dichten Bewuchses. Auf diese Weise war wiederum der gesamte Garten gespiegelt.[16]

Insbesondere dürfte sich Leibniz auf die von den Hecken umschlossenen Kleinräume der Boskettzone des nördlichen Gartenbereichs wie auch vor allem auf die 32 Triangel des südlichen Gartens bezogen haben, die zwar sämtlich geometrisch gegliedert sind, längs der nördlichen Mittelachse aber eine Individualität entfalten, die über alle Gleichförmigkeit und Geradlinigkeit der Gestaltung triumphiert (Tafeln vorn und hinten). Diese Variabilität wird auch durch das Lichttheater bewirkt worden sein, das von der gleißend öffentlichen Helligkeit des Parterre bis zur intimen Verschattung der in der Boskettzone sich eröffnenden Innenräume reichte.[17] Nicht minder wird ihn das Spiel der Blicköffnungen beeindruckt haben, das die drei Naturräume des Königsbusches sowie des Heckentheaters mit seinen beiden Bestandteilen des Amphitheaters und des Figurentheaters ermöglichten.[18] Wenn Leibniz im Garten das Prinzip der unendlichen Einschachtelung angelegt sah, dann sagt dies zugleich, dass er im geometrischen Garten das fand, was spätere Interpreten erst im Landschaftsgarten zu erkennen meinten: die Freiheit des Individuellen.

Die Neugestaltung des Parterre, die nach den Kriegszerstörungen in den Jahren 1959 bis 1966 durchgeführt wurde, hat Leibniz' Grundidee zutiefst widersprochen. In Verkennung des Barock als einer alles Individuelle tilgenden Geste »restloser autoritärer Bedingtheit«[19] suchte der von 1946 bis 1968 amtierende Leiter der Herrenhäuser Gärten, Karl Heinrich Meyer, Blumenbeete einzusetzen, die ihre Einzelwirkung komplett an den Eindruck eines je unifarbenen Teppichs abgaben. Die Unterdrückung aller Einzelmotive hatte sich hier mit dem Prinzip einer minimalistischen Abstraktion versöhnt. Diese Verbindung des Antiindividuellen mit dem Ruf nach abstrakten Farbfeldern ist der Deutung des Barock als eines überpersönlich geometrischen Stils bis zur Parodie gefolgt.[20]

2. Versailles und die intrinsische Unendlichkeit

Wie weit sich die landschaftliche Konzeption des Gartens von der Essenz entfernt hat, die Leibniz in ihm gesehen haben muss, verdeutlicht ein weiteres Motiv, das im Widerspruch zur üblichen Bewertung des geometrischen Gartens steht. Die gerade gezogenen und ausstrahlenden Linien des Barockgartens gelten gemeinhin als Anzeiger der imaginär auszuziehenden Unendlichkeit.[21] Auch der Herrenhäuser Große Garten ist als Kürzel für die Unendlichkeit gedeutet worden.[22]

Das unerreichte Vorbild dieser Sicht war Versailles (Abb. 53). Auf Adam Perelles Radierung, die den Zustand vor 1699 zeigt, geht der Blick vom Paradeplatz und dem Eingangshof über die Gebäude zum

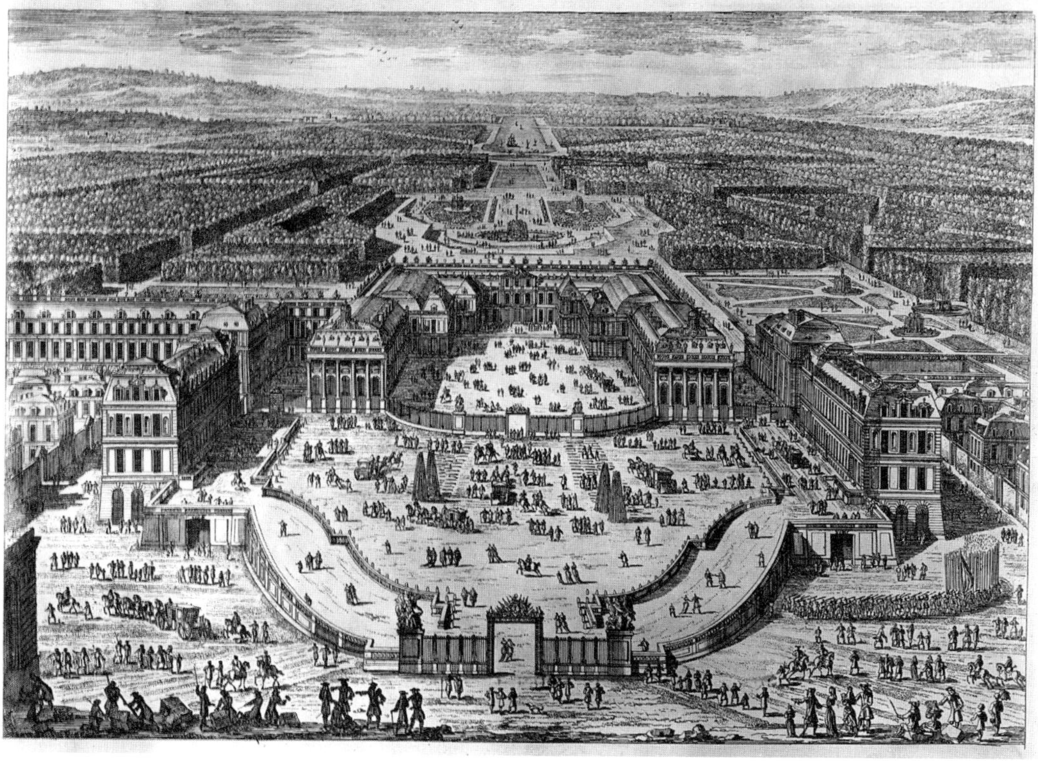

53 *Adam Perelle, Vogelsicht auf Schloss und Garten von Versailles, Radierung, vor 1699*

im Westen gelegenen Garten.[23] Dort trifft er auf das abgesenkte Gartenparterre mit seinen breiten Flächen und dann auf den weit sich hinziehenden Kanal. Links und rechts neben dem Mitteltrakt erstreckt sich die Boskettzone der Wälder, deren Teilbereiche wie vom Reißbrett auf die Erde übertragen wirken. Besonders beim rechten Waldstück, wo sich am Kreuzpunkt der Diagonalen ein Areal im Inneren auftut, gibt eine scharfe Geometrie die Gestalt und Begrenzung vor.

Dieses geometrische Muster ermöglicht mit seinen geraden Blickfluchten den allumfassenden *coup d'œil*, in dem idealiter das gesamte Areal in einem Augenblick erfasst wird. Diese Vorstellung wurde von Beginn an politisiert. Vom Schloss aus gelang der Blick als konstruktiver Kraftakt des absoluten Fürsten. Seine Sonnenstrahlen konnten ungehindert die Tiefe des Gartenraums im Sinne des *coup d'œil* erhellen.[24] Durch diese Politisierung wurde der barocke Garten im 18. Jahrhundert zum Symbol des *Ancien Régime*. Die geometrische Ordnung wurde als Verhüllung der Sonnenkönige attackiert, und damit verlagerte sich die Welt der Freiheit in die der ungebundenen Natur.

Aber diese Gegenüberstellung beruhte bereits im Ansatz auf einem Missverständnis des Barockgartens. Keinesfalls ist in der

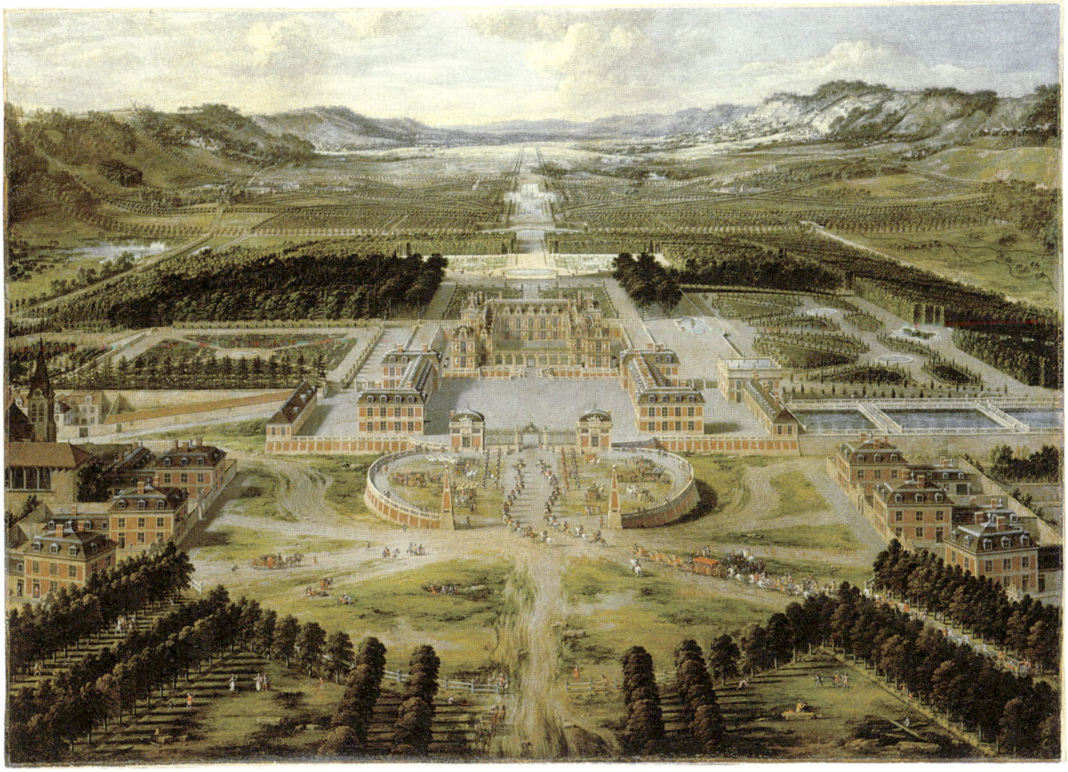

54 *Pierre Patel, Ansicht von Schloss und Garten von Versailles, Öl auf Leinwand, 1668*

Geometrie des barocken Gartens ein Anspruch auf die unendlich sich fortentwickelnde absolute Macht gemeint, weil die zentralen Achsen niemals imaginär in die Unendlichkeit auszuziehen sind; vielmehr münden sie in einem jeweils unverrückbaren Endpunkt.[25] So ist in Pierre Patels Blick auf Versailles von 1668 das Areal an den Seiten von zwei Hügelketten flankiert (Abb. 54). Die Mittelachse geht zwar in eine weite Ferne, aber es bleibt kein Zweifel, dass eine potentielle Ausdehnung in die Unendlichkeit durch Berge versperrt ist.[26]

Die Begrenzung wird noch deutlicher in einem Kupferstich von 1685 (Abb. 55), bei dem der Gartenbezirk von Versailles von den seitlichen Bergen eingepfercht wird.[27] Vor allem aber erhebt sich im zentralen Horizont exakt dort, wo sich das große Wasserbecken mit einem Schiff in ein imaginäres Meer öffnen könnte, die Barriere einer Erhebung.[28] Es handelt sich um jene elementar wichtige Beschränkung, die den Sonnenkönig von Gott selbst unterscheidet. Der Monarch, so lautete die Herrschaftstheorie, sei unbeschränkt handlungsbefugt nur in dem eingegrenzten Bereich seiner Verfügung. Einen universalen Anspruch erhebe er nur um den Preis, dass seine Monarchie in eine imperiale Diktatur umschlage. Als Gleichnis der politischen Ikonographie könne die Ausdehnung des Ozeans gelten, der niemals

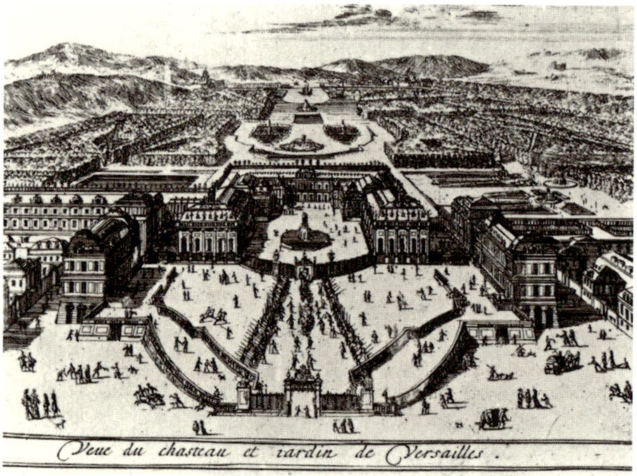

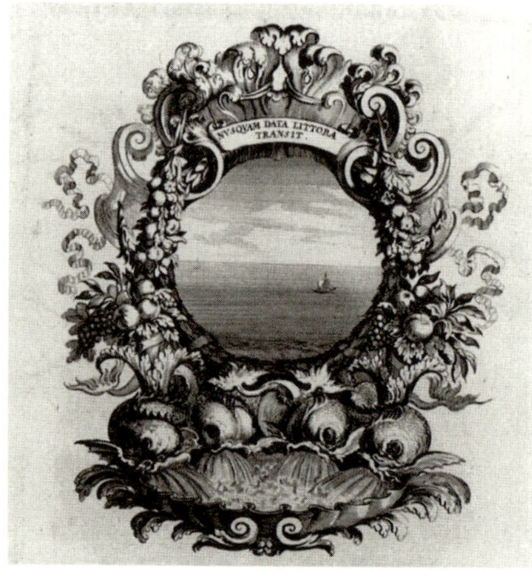

55 *Anonym, »Vue du chasteau et iardin de Versailles«, Blick auf Ehrenhof, Schloss und Garten von Versailles, Kupferstich, 1685 (links)*

56 *Kartusche, »Pour la Pietré / Auf die Gottseeligkeit« (Ausschnitt), aus: Johann Ulrich Krauß, Tapisserie du roy, Augsburg 1687 (rechts)*

in das Unendliche diffundieren würde, sondern an die Grenzen des Natürlichen gebunden bleibe; dies entspräche der Theorie weiser Herrschaft (Abb. 56).[29]

Ein solches Verständnis der geometrischen Linien des Barockgartens als Zeichen einer begrenzten Ausdehnung wird durch den Großen Garten von Herrenhausen gestützt. Die von Norden, also vom Schloss her entwickelte Vogelsicht des kolorierten Kupferstichs von 1708 (Tafel vorn) zeigt weniger die Ausgrenzung in eine imaginierte Unendlichkeit als vielmehr die Umhegung eines in sich geschlossenen, geschützten Areals. Dem Topos der unendlichen Ausdehnung zufolge müsste die jenseits der südlichen Außenkonche sich fortziehende Linie zumindest imaginär weitergehen. Sie ist aber dreifach gebremst (Abb. 57). Zunächst wird sie von einem großen Waldstück geschluckt, hinter dem sich eine große, von zwei Baumlinien gerahmte

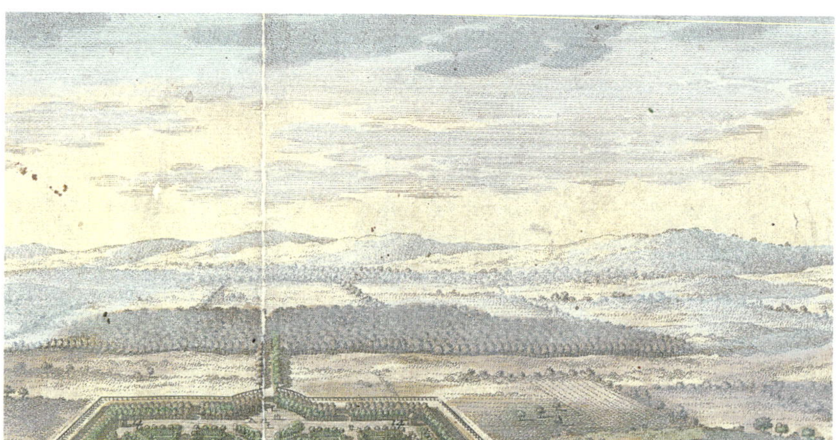

57 *Südliche Begrenzung und Umgebung des Großen Gartens von Herrenhausen, 1708 (Ausschnitt aus Tafel vorn)*

Freifläche auftut, die ihrerseits von einem neuen Wald begrenzt wird, und schließlich wirkt der folgende Bergzug als eine repulsive Barriere. Die Begrenzung ist umso wichtiger, als damit die Metaphorik des Gartens als *hortus conclusus* eines erneuerten Paradieses sinnfällig werden konnte.

Dem Blick bietet sich eine nach allen Seiten hin abgeschlossene Zone, in der sich eine interne Verschachtelung umso raffinierter entfalten kann (Tafel vorn, Tafel hinten). Der Große Garten von Herrenhausen stellt eine nach innen gewendete Unendlichkeit dar, die nicht etwa nach außen in eine unbestimmte Ferne ausgreift, sondern in der internen Organisation eine größtmögliche Vielfalt von Varianten aufbietet. Hierin ist er als Großform jenen Blättern strukturverwandt, die Leibniz in ihrer Individualität erkannte. Die Geometrie dient nicht vorwiegend der Stiftung einer euklidischen Ordnung, sondern der Überprüfung einer denkmöglich großen Variabilität der in der Fläche entwickelten Einfaltung.

Das Prinzip der nach innen gebogenen Unendlichkeit sollte in Versailles einen besonderen, programmatischen Ort in Form jenes Parterre erhalten, das sich zwischen den Spiegelsaal und die weit sich aufspannenden Waldflügel des Gartens geschoben hätte. Israel Sylvestres Gesamtplan von Versailles zeigt dieses Areal des westlichen Gartens als ein ausgegrenztes Quadrat, dessen Ecken durch vier kreisförmige Wasserbecken bestimmt sind. Indem sich diese in der Mitte zu einem großen, ebenfalls runden Wasserbecken zusammenschließen (Abb. 58), entsteht eine Art Kleeblatt aus Wasser.[30]

Eine Zeichnung aus der Werkstatt von Charles Le Brun vermittelt mit ihrem Blickpunkt im ersten Stock des Schlosses einen Überblick über dieses Parterre-Quadrat (Abb. 60).[31] Im Zentrum des mittleren Kreises erheben sich mit dem Parnass der Gott Apoll und die Musen. Die vier untergeordneten Becken hätten sich durch ihre Skulpturen, die auf der Zeichnung zumindest andeutungsweise zu sehen sind, auf komplexe Weise zu einem umfassenden Programm zusammengefügt, dessen einzelne Elemente jeweils ihrerseits aus vier Bestimmungsgrößen bestanden hätten.

Auf die vier Wasserbassins wären verschiedene Fassungen quadrigischer Ensembles verteilt gewesen. Hierzu gehörten die Elemente Luft, Feuer, Erde und Wasser, die Temperamente des Sanguinischen, Cholerischen, Melancholischen und Phlegmatischen, die Jahreszeiten Frühling, Sommer, Herbst und Winter, die Tageszeiten Morgen, Mittag, Abend und Nacht, die Erdteile Europa, Asien, Afrika und Amerika sowie die poetischen Gattungen des Lyrischen, des Heroischen, des Pastoralen und des Satirischen. Innen wie außen hätten sich je zwei Verfolgungsszenen wie etwa der Raub der Europa oder die Jagd

58 *Israel Sylvestre, Gesamtplan von Versailles, Zeichnung, um 1680*

→ *Abb. S. 82*

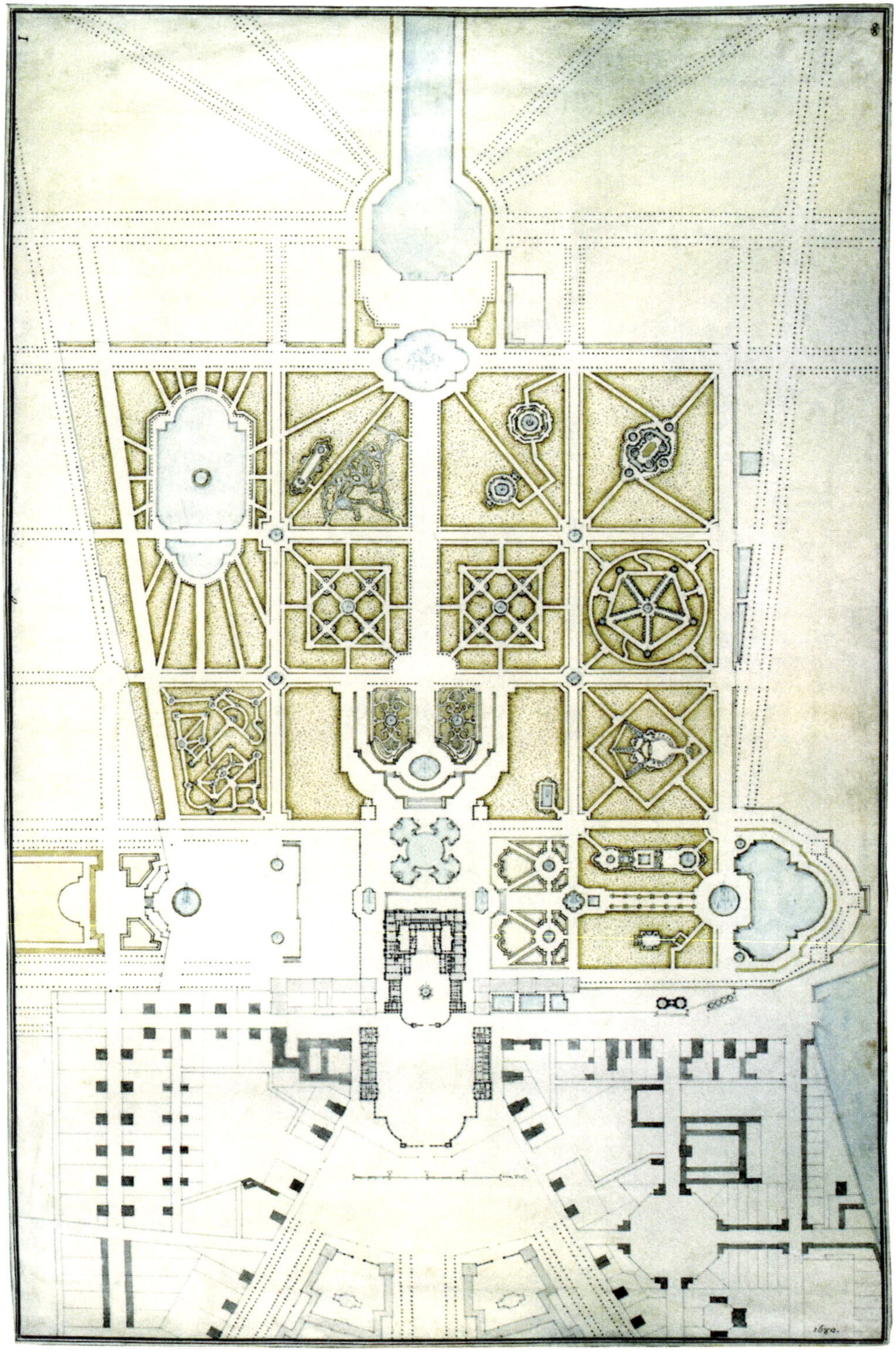

des Pluto nach der Proserpina aus den Metamorphosen des Ovid dargeboten. Diese Beispiele roher, aber fruchtbarer Verführungen sollten vermutlich die gewollte und wilde Grundlage aller chemischen und physikalischen Prozesse verdeutlichen, die in einem zweiten Schritt zu beruhigten Transformationen führen würden.[32]

Die Basis all dieser vielfältigen Beziehungen bestand in der Lehre von den Wechselbeziehungen der vier Elemente und deren Temperamente.[33] René Descartes hatte diese Naturlehre jedoch dadurch außer Kraft gesetzt, dass er deren Elemente als mechanisch agierende Massen erläuterte. Als Symbole einer herrschaftlich durchwirkten Welt waren sie damit obsolet geworden, und hierin lag offenbar der Grund, dass die Anlage des *Parterre d'Eau* nicht verwirklicht wurde.[34] An die Stelle des wässrigen Kleeblatts, das der großartige Grundriss von Israel Sylvestre aus der Zeit um 1680 noch imaginiert hatte (Abb. 58), traten ab 1683 zwei Bassins in der Form von Wasserspiegeln, die dem Ort seine zentrale Botschaft nahmen (Abb. 59).[35] Ein Rationalisierungsschub hatte über die Ikonographie des Herrscherlobes gesiegt.

Damit aber ergibt sich das Phänomen, dass im Parterre von Herrenhausen einem Konzept gefolgt wurde, das in Versailles nicht mehr zum Tragen kam. Der Vergleich zwischen Sylvestres Plan von Versailles (Abb. 58) und der um 1708 gewonnenen Vogelschau von Herrenhausen (Tafel vorn) zeigt in diesem Bereich eine Abweichung lediglich darin, dass um den zentralen Kreis des Wasserbeckens nicht etwa weitere Wasserbassins, sondern vier angeschnittene Rechtecke gelegt sind, die durch vier äußere Rechtecke komplettiert werden (Abb. 61). Die Grundstrukturen aber sind dieselben. Zudem wird deutlich, dass in Herrenhausen eine Fülle von Skulpturen das Areal besetzt, wie sie in Versailles konzipiert, aber dort nicht mehr ausgeführt wurden.[36] Indem das Herrenhäuser Programm weitgehend dem unausgeführten Plan von Versailles entlehnt ist, erweist sich das Parterre des Großen Gartens als eine zeitverschobene Umsetzung des Vorhabens von Le Brun (Abb. 60 und 61).

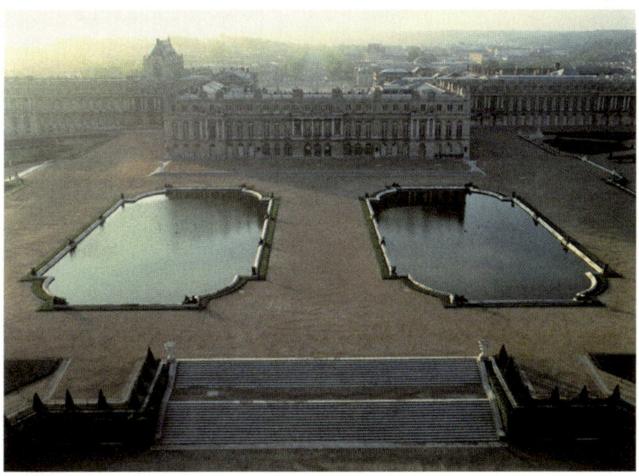

59 *Heutige Ansicht des Parterre d'Eau, Versailles, Photographie*

Die Ecken des Areals werden durch die vier Erdteile fixiert, und die Querachse sowie die westliche Kreuzung sind durch die vier Elemente Wasser, Luft, Feuer und Erde bestimmt. Bei

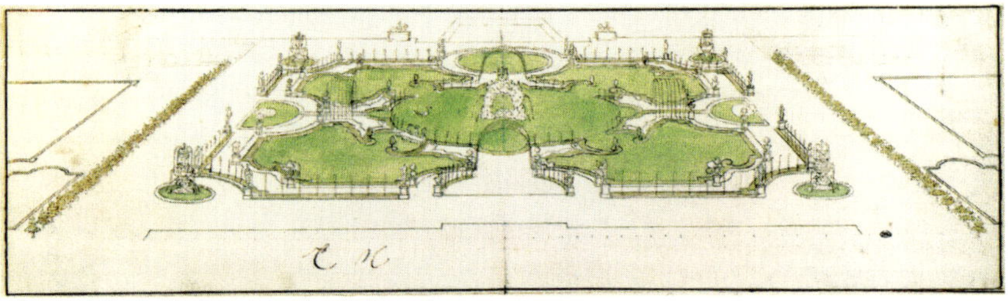

60 *Werkstatt Le Brun, Perspektivische Ansicht des Parterre d'Eau (Versailles), 1672*

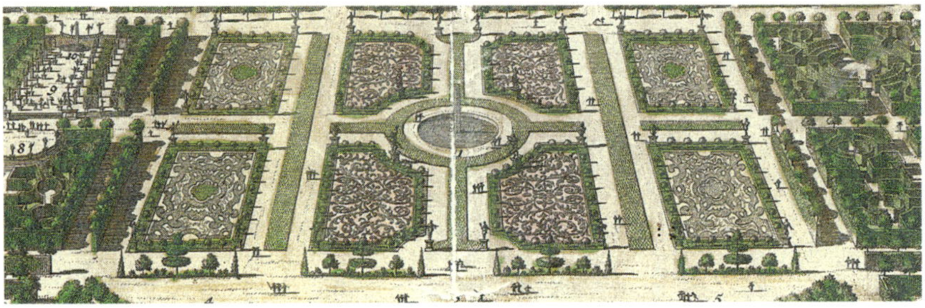

61 *Das Parterre von Herrenhausen (Detail aus Tafel vorn)*

den vier Jahreszeiten kann der Sommer nicht rekonstruiert werden, aber Winter und Frühling erscheinen am oberen, südlichen Rand, während der Herbst an der unteren, nördlichen Begrenzung platziert ist. Die östliche Kreuzung ist ebenfalls durch die vier Jahreszeiten bestimmt, und hier sind diese vollständig rekonstruierbar. Auch die Dichtkunst ist wie in Versailles präsent; so erscheinen die Tragödie und die Komödie in ihren Personifikationen in der Nähe der Jahreszeiten, und gleichfalls an den äußeren Begrenzungen treten Einzelfiguren der Mythologie wie Venus und Herkules in Form des Eros und der Stärke auf. Den Bezug zu Versailles machen schließlich die vier Verfolgungsszenen am Rand des inneren Wasserbeckens unabweisbar: Hermes und Psyche, Apoll und Daphne, Pan und Syrinx sowie Pluto und Proserpina. Gegenüber dem Konzept von Versailles fehlen allein die vier Tageszeiten.[37] Das universal-kosmologische Prinzip, das in Versailles konzipiert, aber nicht realisiert wurde, ist in Herrenhausen verwirklicht worden, wie um Ludwig XIV. einen Spiegel der verpassten Möglichkeiten vorzuhalten.[38]

Dem Parterre von Herrenhausen aber hätte auch der Vorwurf gemacht werden können, dass der französische König mit einem Programm übertrumpft worden wäre, das er selbst als nicht mehr zeitgemäß erachtet hätte. Leibniz wäre dem jedoch entgegengetreten. Das Diagramm seiner im Jahre 1666 publizierten *Ars combinatoria* zeigt mit den vier Elementen sowie den Verbindungen und Gegensätzen ihrer Eigenschaften das Grundmuster jenes universalen Prinzips, auf welches sich das Konzept des Parterre von Versailles wie dessen Realisierung in Herrenhausen bezog (Abb. 62).[39] Es hätte in die westliche

Wegkreuzung gepasst, die dem Schema der vier Elemente verpflichtet war. Für Kurfürstin Sophie wie für Leibniz lag offenbar kein Hinderungsgrund vor, dem Garten im Parterre ein universales Prinzip zu geben, das sich aus dem Zusammenspiel der vier Elemente ergab. Hierin dürfte eine Bekräftigung des Prinzips der intrinsischen Universalität gelegen haben, das Leibniz in seiner Monadologie als ineinander verschachteltes Gartenprinzip definierte.

62 *Leibniz, Elementeschema, 1666*

3. Die Kunst der Abweichung

Über die ikonographischen Zeichen der Universalität hinaus bezog sich die hortensische Zusammenziehung des Makrokosmos auf Leibniz' in der *Theodizee* entwickelte Überzeugung, dass eine übergreifende Harmonie nicht aus der additiven Zusammenstellung zueinander passender Elemente entsteht, sondern aus dem Umsprung von Störung in Fügung und von Unordnung in Stimmigkeit.[40]

Jener Leibniz, der seit seiner Zeit im Paris der 1670er Jahre dieses Prinzip der Störung und der Überraschung als ein entscheidendes Moment der denkanregenden Bildung gewertet hat, dürfte im Großen Garten von Herrenhausen eine Absonderlichkeit begrüßt haben, die ihn von allen anderen Barockgärten seiner Dimension unterscheidet: Er ist nicht rechtwinklig (Abb. 63). Seine Winkel weichen um 2,8 Grad vom lotgerechten Abgang der Achsen vom Schlossgebäude ab.[41] Es bedeutet einen beträchtlichen Aufwand, diese Parallaxe gartentechnisch beim Setzen und Beschneiden der Bäume und Hecken zu verfolgen (Abb. 64), so dass ein starker Wille vonnöten gewesen sein muss, dieses Prinzip trotz aller zusätzlichen Kosten durchzusetzen.

Aus diesem Grund ist vermutet worden, dass ein solch aufwendiges Vorgehen im Zusammenspiel von Kurfürstin Sophie und Leibniz konzipiert oder zumindest gebilligt wurde.[42] Da diese Achsverschiebung bereits mit dem nördlichen Teil des Gartens beginnt, kann zumindest die Initiative aus Gründen der Chronologie kaum von Leibniz ausgegangen sein. Mit einiger Sicherheit aber ist anzunehmen, dass er an dieser Art von schräger Gestaltung seine ureigensten Ideen bestätigt fand.

Sein furioser, im Paris des Jahres 1675 gefasster Text *Drôle de Pensée*, der ihn bis an sein Lebensende begleiten sollte,[43] enthielt auch die Idee eines Schattentheaters, wie es Samuel Hoogstraten dargestellt

63 *Konfrontation des auf dem Kopf stehenden Gesamtplans des Großen Gartens von Herrenhausen, 1735 (Abb. 12) mit der Rekonstruktion der Winkelabweichung durch Hans Georg Preißel, 2003*

→ *Abb. S. 86/87*

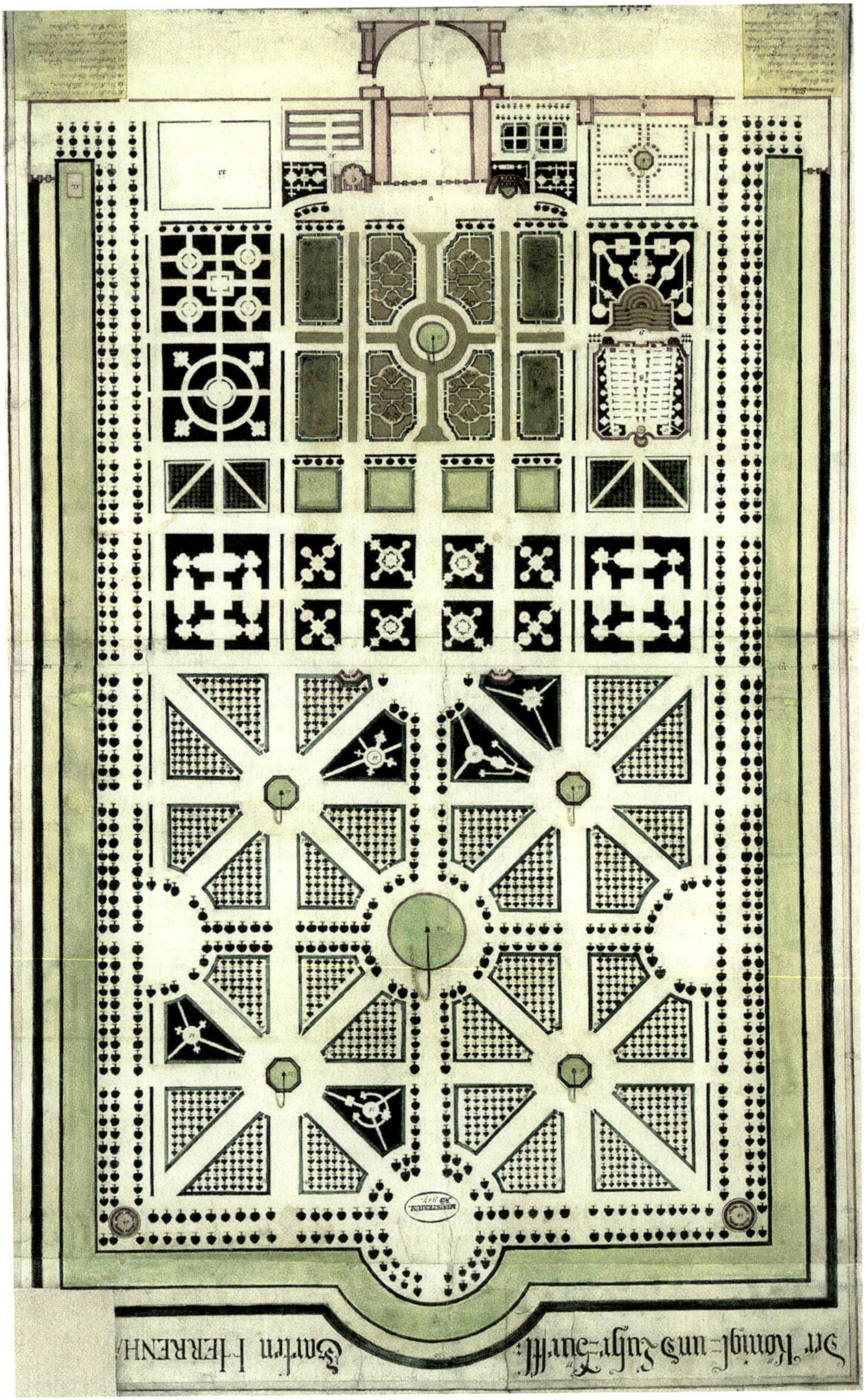

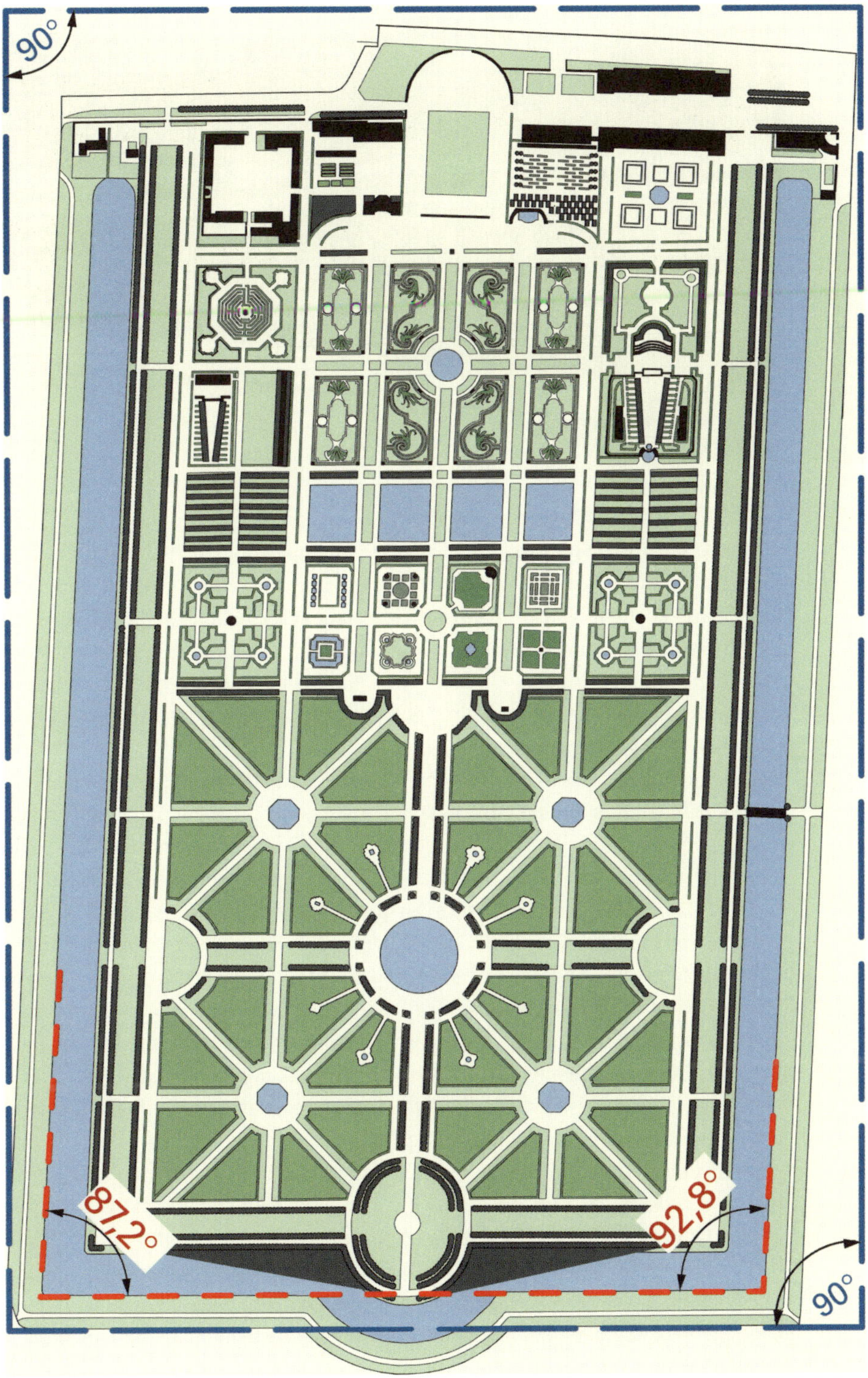
90°
87,2°
92,8°
90°

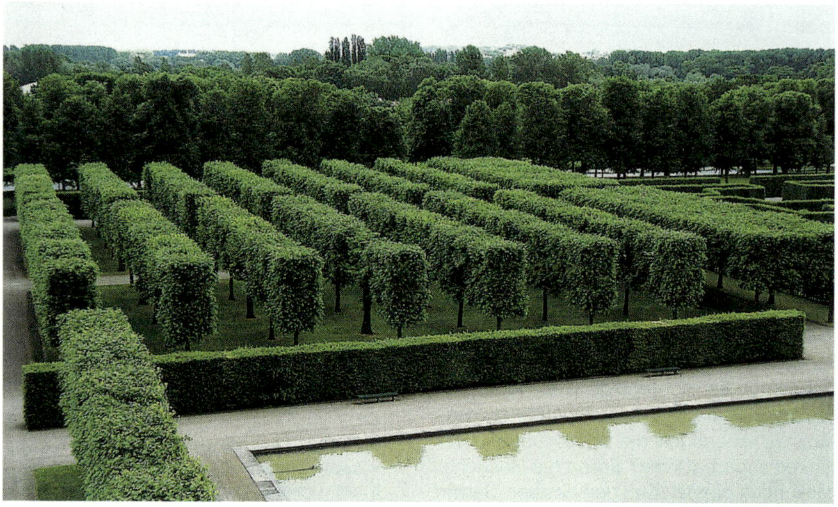

64 *Hecken-ausrichtung im Großen Garten von Herrenhausen*

hat (Abb. 65).[44] Es lebt von den Verzerrungen der Schattengebilde, die sich durch die Bewegungen der Akteure auf der Bühne ergeben. Zudem hat Leibniz an Anamorphosen gedacht, die als aus der Überraschung kommende Denkanstöße eingesetzt wurden.[45] Aus diesem Rahmen heraus muss Leibniz die Achsverschiebung begeistert haben: als *stupor* einer Natur, die sich als Summe verschachtelter Gärten darstellt. Unter dem Eindruck geometrischer Gleichförmigkeit liegt die sinnlich wahrnehmbare, aber nur durch das Abschreiten, Nachmessen und gedankliche Durchdringen rekonstruierbare Störung.

Wenn dieses Gestaltprinzip eine literarische Form als Symbol des permanenten Zitterns und des beweglich Diffusen aller Materie gefunden hat, dann ist es in Lukrez' unvergänglichem Lehrgedicht *De rerum natura*, das im Rahmen der Atomistik eine Alternative zur Zweckbestimmung, zur Mechanik und zum Wechselprinzip von *actio* und *reactio* entwickelt. Sie verkörpert sich in der winzigen Abweichung des fallenden Atoms, die in ihrer willkürlichen Spontaneität ein Moment des Lebens darstellt: das *clinamen*. Es hat eine unablässige Geltungsgeschichte bis in die Quantenphysik erfahren.[46] Als »winzige Beugung« umfasst es den unregelmäßigen Fall der Atome und damit das Prinzip allen Lebens und aller Schöpfung, das sich aus dem Eigenwillen und der Abweichung ergibt.[47] Ohne dass die Körper leicht von der Bahn abspringen, könnte, so Lukrez, die Natur niemals etwas hervorbringen.[48] Die »winzige Abweichung« ist ihm jene Regel des Zufalls, die alle Lebendigkeit und alle Schöpfung bedingt.

Leibniz war ein Gegner des Atomismus, und er hat die Idee des Zufalls abgelehnt, weil sie ihm zufolge die Existenz des göttlichen Willens verneinte.[49] Aber er hat mit dem *appetit* und der hiervon abgeleiteten *appetition* einen Begriff geprägt, der darin Lukrez' *clinamen* nahekam, dass er die Ruhelosigkeit und den Drang der Materie, abweichend über sich selbst hinauszugehen, zu begreifen versucht. Die *appetition* und das von ihr beschriebene Phänomen eines antizipierenden Außenimpulses war für Leibniz nicht weniger essentiell als das *clinamen* für Lukrez.[50] Dasselbe gilt für den Begriff des *conatus* als der unendlich kleinen Bewegungskraft aller Stoffe, die eine aktivierende, über die pure Mechanik hinausgehende Richtung vorzugeben vermag.[51] Alle unkörperlich-geistigen Formen sind organischen Stoffen verbunden, von denen sie niemals getrennt werden können, und ihnen wohnt eine intern wirkende Energie inne.[52] In der Abweichung vom rechten Winkel, wie sie der Große Garten von Herrenhausen verkörpert, wird Leibniz dieses Prinzip der geistvollen Richtungskraft erkannt haben, das dem *clinamen* seines Antipoden Lukrez verwandt war.

Dass hierin mehr als nur ein Zufall liegt, verdeutlicht der zweite Begriff, der Lukrez' Prinzip der winzigen Abweichung gefasst hat: die aus dem *inclinare* gebildete *inclinatio*.[53] Dieser Begriff war durch Ciceros Darstellung von Lukrez' Kosmologie bekannt, und in dieser Form hat Leibniz ihn in zahlreichen Überlegungen aufgenommen.[54] Fundamental ist er für Leibniz' Bestimmung der Zeit, insofern er die *inclination* als ein Element der Vergangenheit definiert hat, das die Zukunft produziert.[55] Wenn, wie bereits angeführt, die Vergangenheit

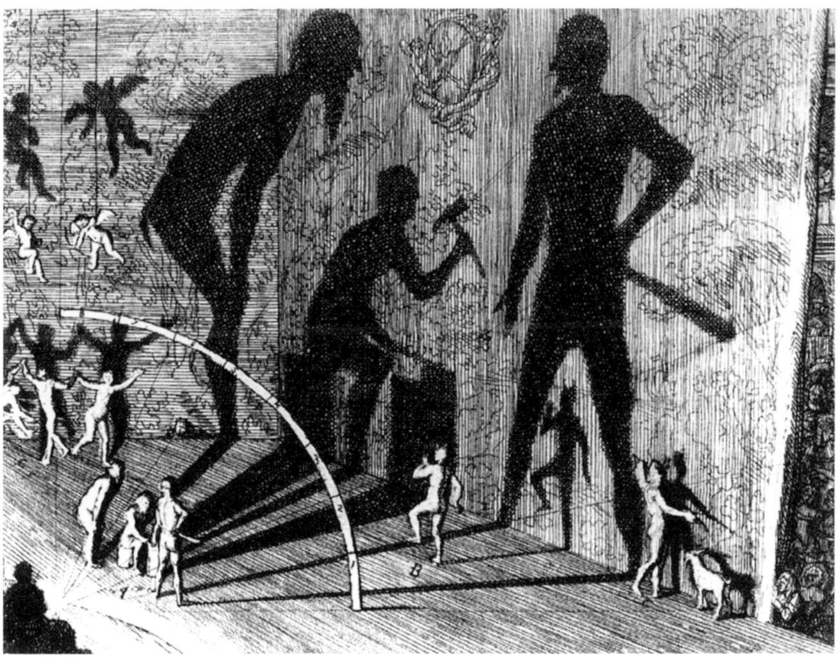

65 *Samuel Hoogstraten, Schattentheater, Radierung, 1678*

in sich selbst gleich und daher identisch sei, könne es keine zeitliche Entwicklung geben.[56] Die Abfolge der Zeit ist daher für ihn auf die *inclination* als Instanz der abweichenden Nicht-Identität angewiesen. Damit aber ruft Leibniz erneut jenes Prinzip der unendlichen Unterscheidbarkeit auf, das er anhand der Blätter im Großen Garten von Herrenhausen entwickelt hat. In ihm regiert die *inclination*.

Die fundamentale Bedeutung dieses Begriffs wird vor allem darin deutlich, dass er sie mit dem vielleicht großartigsten Element seiner Philosophie überhaupt, dem Prinzip der »kleinen Perzeptionen« verglichen und gar gleichgesetzt hat. Es handelt sich um Impulse, die den Sinnen zugänglich sind, ohne dass sie wahrgenommen werden, wie etwa das die Aufmerksamkeit durch Gewöhnung unterlaufende Meeresrauschen.[57] Das Unnachahmliche von Leibniz' Perzeptionstheorie liegt darin, dass sie auch den unbewusst auftreffenden Phänomenen einen begrifflichen Effekt zuspricht. Der Sinnesreiz wirkt intellektuell, selbst wo er durch Kleinheit oder Dauer dem Fokus der bewussten Aufmerksamkeit versperrt ist. Die Seele, so hat Leibniz im November 1715 ausgeführt, denkt, selbst wenn sie sich der Gedanken nicht bewusst ist: »Denn unsere großen Perzeptionen und unsere Appetitionen (*appetits*), deren wir uns bewusst sind, sind aus unendlich vielen kleinen Perzeptionen oder kleinen Neigungen (*inclinations*) zusammengesetzt, deren man sich nicht bewusst sein könnte.«[58] In diesen Zeilen hat Leibniz ein bis heute loderndes Feuer an eine papierene Philosophie gelegt, die in der Bewusstheit der Gedanken und der begrifflichen Reinheit den Grund allen geistigen Seins gesehen hat.

Die vielleicht eindringlichste Formulierung dieses Gedankens stammt aus jener Auseinandersetzung mit John Locke, die Leibniz in seinen *Nouveaux Essais* niedergelegt hat. Es handelt sich um dessen wohl farbigste, metaphernreichste und in ihrem Denk- und Sprachstil sinnlichste philosophische Abhandlung. Umso bezeichnender erscheint Leibniz' gegenüber Sophie Charlotte geäußerte Bemerkung, dass er den Text auf Reisen und in den Wartezeiten in Herrenhausen verfasst habe.[59]

In dieser Schrift hat Leibniz die kleinen Perzeptionen als Quelle aller begrifflichen Klarheit bestimmt. Diese sei nicht dem bewussten Geist, sondern dem Körper zugänglich, »weil die Betrachtung des Körpers und nicht der Seele etwas deutlich und erklärbar macht.«[60] Dies wirkt, als hätte Leibniz seine Theorie der *petites perceptions* wie auch der produktiven *inclination* angesichts der Abweichung des Grundrisses von 2,8 Grad verfasst, die nicht sofort erkannt wird, gleichwohl aber spürbar ist: »So gibt es unmerkliche Neigungen, deren man sich nicht bewusst wird.«[61] Leibniz entwickelt in diesem Zusammenhang eine Theorie von zwischen Schmerz und Lust changierenden

Gemütsbewegungen, die auf die unterschiedlichen Arten der Abweichungen und deren Harmonisierung reagieren.

4. Die gezeichnete Monadologie

Die Zeichnung des Juli 1696

Das Prinzip, dass nicht etwa aus der geradlinigen Komposition, sondern aus der Abweichung der Phänomene das kosmische Zusammenspiel erschlossen werden muss, bestimmt auch eine merkwürdige Zeichnung, die Leibniz unter den an Andreas Du Mont gerichteten Brief vom 21. Juli 1696 gesetzt hat (Abb. 66).[62] Ihre Bedeutung erschließt sich nicht unmittelbar. Da sie in keinem direkten Zusammenhang zum Inhalt des Briefes steht, stellt sich die Frage, ob Leibniz den freien Raum des Blattes zu einem späteren Zeitpunkt genutzt hat, um Überlegungen zu skizzieren, die aus einem anderen Denkrahmen stammten. Für eine solche Deutung würde sprechen, dass die Tinte eine kräftigere Farbe aufweist. Offenbar ist für die Zeichnung eine andere Feder wie auch eine andere Tinte verwendet worden. Dies könnte jedoch auch daran liegen, dass Leibniz für diese Grafik andere Mittel als für das Schreiben einsetzte. Daher muss die Zeichnung selbst befragt werden, ob sie mit dem Großen Garten von Herrenhausen in Verbindung zu bringen ist, wie es ihre Beigabe zum Brief an Du Mont suggeriert.

66 *Leibniz, letzte Seite des Briefkonzeptes an Andreas Du Mont, 21. Juli 1696*

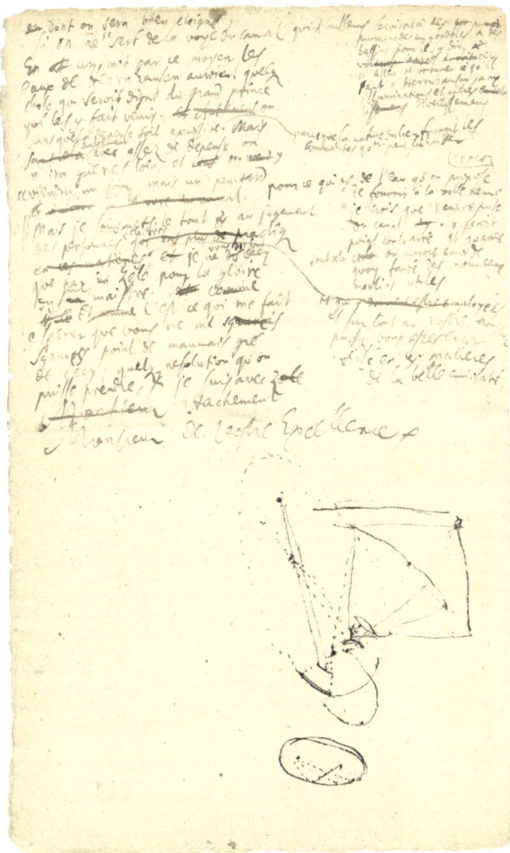

Die Darstellung zeigt unten eine leicht nach links oben geneigte Ellipse sowie den Ansatz einer zweiten, stärker aufgerichteten Ellipse, die nach oben hin offen bleibt (Abb. 67). Darüber liegt eine unten ausgezogene, dann aber in Strichpunkten ausgeführte größere Ellipse, deren zwei Brennpunkte mit einer Fülle von Linien und Strichlinien verbunden sind. Nach rechts geht ein Viereck ab, dessen Inneres ein Kreissegment ausfüllt und über dem eine nach links überstehende Parallellinie liegt.

Diese Zeichnung ist kürzlich mitsamt dem Brief in der Akademie-Ausgabe von Leibniz' Werken publiziert worden, um

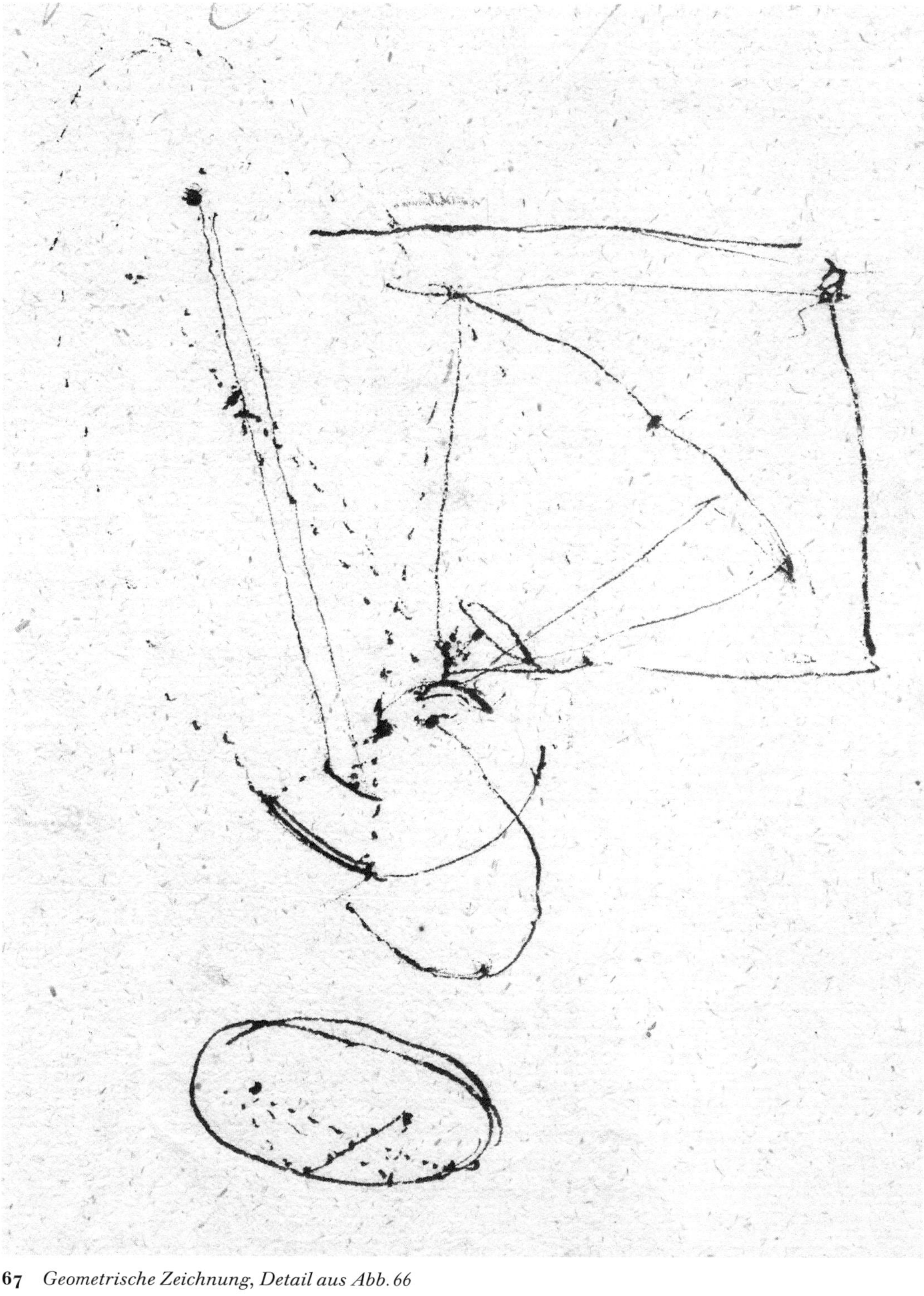

67 *Geometrische Zeichnung, Detail aus Abb. 66*

dort lediglich mit den Worten kommentiert zu werden, es handle sich um eine »Skizze der geplanten Herrenhäuser Fontänenanlage«.[63] In dem an Du Mont gerichteten Brief, dem die Zeichnung angefügt ist, erläutert Leibniz sein Kanalprojekt, ohne jedoch auf derartige Wasserkünste einzugehen,[64] und daher ist zu vermuten, dass sich diese Deutung von den sprühenden Punkten und dem Kreissegment inspirieren ließ, das möglicherweise als Symbol einer Wassergarbeninstallation gedeutet wurde. Weitere Indizien aber ergeben sich für diese Deutung nicht, und daher bleibt sie vage.

Die Frage einer näheren Bestimmung ist umso drängender, als Leibniz sein Leben lang ähnliche Zeichnungen genutzt hat, um die in der Monade sich vollziehenden Verschränkungen von Makro- und Mikrokosmos grafisch zu komprimieren. So hat er noch als Student im Jahr 1663 ein vergleichbares Schema gezeichnet, das als »Initialschema der Monadologie« zu deuten ist (Abb. 68).[65] Das pythagoräische Pentagramm bietet mit seinen fünf Seiten die Gesamtheit der fünf Sinne, die durch äußere Einwirkungen jene inneren Lebensgeister anregen, die sich ihrerseits dem inneren, gepunkteten Fünfeck vermitteln. Der folgende Kreis der *sphaera intellectus* erkennt diese Informationen als inneres Ereignis, und hierauf wird sich die spätere Aussage beziehen, dass die Monaden keine Fenster besäßen (Abb. 69).[66] Tatsächlich aber zeigen nicht nur das äußere Sinnespentagramm, sondern auch die nach rechts unten gehenden Linien des Visus, dass die Lichtstrahlen nach ihrer Brechung über die Punkte f, g, h und i zum Mittelpunkt der intellektuellen Sphäre e gelangen. Im Rahmen dieses nichtlinearen, vermittelten Bezuges zwischen Außen und Innen hat Leibniz bei der Erläuterung seines Schemas ausdrücklich von durchlässigen Fenstern und Toren gesprochen.[67] Es ist das Licht, das indirekt zwischen Außen- und Innenwelt vermittelt und damit die Doppelbestimmtheit der Monade, rein geistig und dennoch auf einen Körper angewiesen zu sein, verbindet.[68]

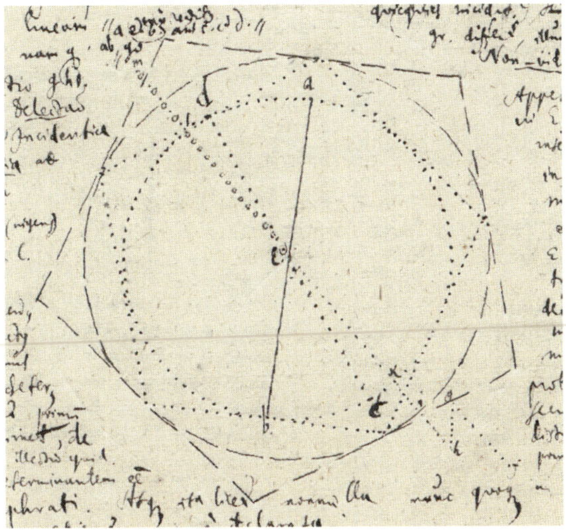

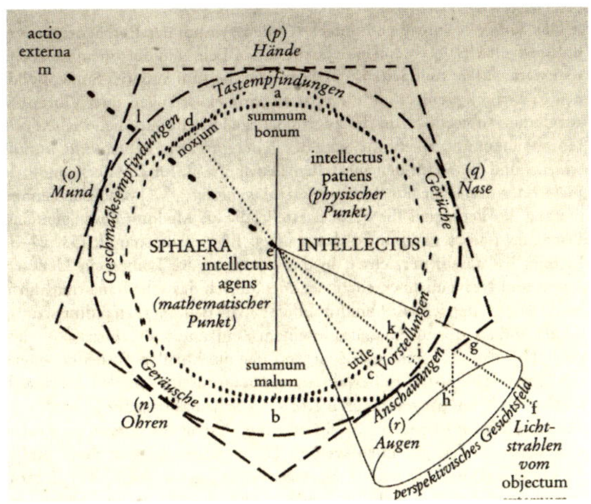

68 *Leibniz, Leib-Seele-Pentagramm, Zeichnung, ca. 1663*

69 *Hubertus Busche, Reinzeichnung mit Erläuterungen von Leibniz' Leib-Seele-Pentagramm*

Gut dreißig Jahre später liegt eine Zeichnung auf dem Papier, die bereits in ihrer Technik darin vergleichbar ist, dass sie gepunktete und gezogene Linien miteinander verbindet (Abb. 67, S. 92). Vergleichbar sind auch die sich öffnenden Schenkel, die in der Zeichnung von um 1663 vom Mittelpunkt und in der Skizze von 1696 von der großen Ellipse ausgehen. Der entscheidende Unterschied liegt darin, dass nicht Fünfeck und Kreis, sondern Ellipse, Viereck und Kreissegment die Hauptelemente ausmachen. Der Grundzug aber scheint über die Distanz von gut dreißig Jahren hinweg vergleichbar. Schon in dieser formalen Verwandtschaft ist das Gebot begründet, die Zeichnung aus dem Jahr 1696 so ernst zu nehmen wie das Pentagramm der Beziehung Leib und Seele von um 1663.

Das Zusammenspiel der Figuren

Die untere Ellipse (Abb. 70) zeigt mit den beiden Brennpunkten, von denen die Spitzen von Dreiecken zum anderen Rand weisen, auf das Prinzip ihrer Fadenkonstruktion: Um die beiden Punkte wird ein Faden geknotet, der mit Hilfe eines Instrumentes so weit wie möglich nach außen gezogen und in dieser Spannung einmal im Uhrzeigersinn um 360 Grad herumgeführt wurde. Die im 17. Jahrhundert bekannteste Darstellung stammt aus der Dioptrik von René Descartes (Abb. 71).[69]

Die derart hergestellte Form figurierte unter dem Titel »Gärtner-Ellipse«, weil Descartes ihr Konstruktionsprinzip bei Gärtnern seiner Zeit kennengelernt hatte: »Die Ellipse oder das Oval ist eine Linie, welche die Mathematiker uns nach ihrer Gewohnheit durch einen Schnitt durch einen Kegel oder einen Zylinder zeigen und die ich bisweilen auch durch die Gärtner in den Kompartimenten ihrer Parterre ausgeführt gesehen habe, wo sie diese auf eine Weise beschreiben, die wahrhaftig sehr grob und wenig exakt ist, die aber, dies ist mein

70 *Untere Ellipse, Detail aus Abb. 66 (links)*

71 *Frans van Schooten Jr., Konstruktion der Gärtner-Ellipse, Holzschnitt (rechts)*

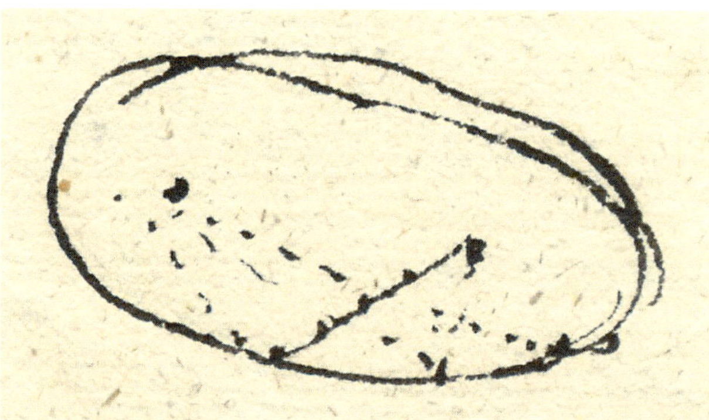

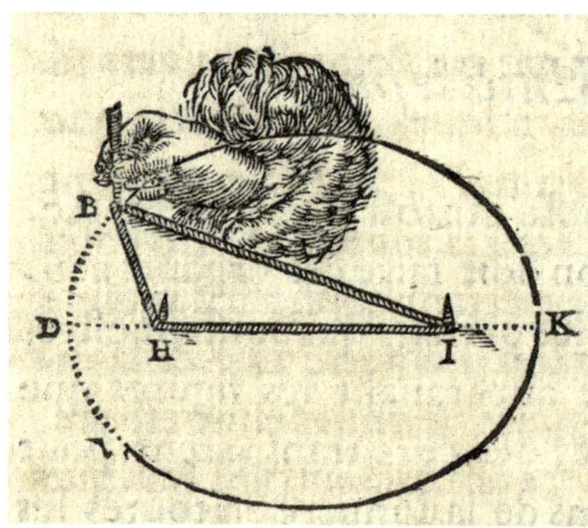

Eindruck, ihre Natur mehr verständlich macht als der Schnitt des Zylinders oder des Kegels.«[70] Die Gärtner-Ellipse behielt über das 17. und 18. Jahrhundert einen signifikanten Stellenwert als eine Kurzformel der im Garten eingesetzten Geometrie. Im Jahr 1695 hatte Ehrenfried Walther von Tschirnhaus sie in der zweiten Auflage seiner *Medizin des Geistes* publiziert, die Leibniz im selben Jahr gelesen und kommentiert hat,[71] und auch Alain Manesson-Mallets *La géometrie pratique* aus dem Jahr 1702 zeigte das Motto der Gärtner-Ellipse auf ähnliche Weise wie Leibniz' Zeichnung (Abb. 72).[72]

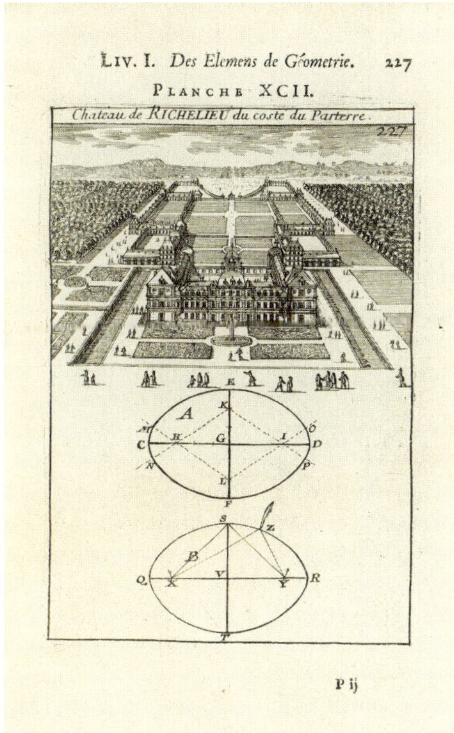

72 *Das Parterre des Schlosses von Richelieu mit Gärtner-Ellipse, Kupferstich, 1702*

Leibniz, der durch das Studium der Schriften von Girard Desargues und Blaise Pascal gelernt hatte, die Kegelschnitte von rotierenden Scheiben als Grundlage einer multiplen Perspektive zu werten, und der gleichzeitig darauf bedacht war, auch die schwierigsten Erkenntnisse spielerisch in praktischer Umsetzung darzustellen,[73] dürfte durch diese Wertschätzung der Gärtner-Ellipse beeindruckt gewesen sein. Wenn er sie in der Folge von Descartes durch die Darstellung ihres Konstruktionsprinzips unter einen Brief setzt, der einen Garten zum Inhalt hat, erscheint es naheliegend, dass auch die Ellipsen der ausgeführten Zeichnung auf einen Garten bezogen sind. Elemente der darüberliegenden Zeichnung verstärken diese Annahme.

Rechts über der Gärtner-Ellipse setzt eine zweite, stärker nach links oben geneigte Ellipse an, die Leibniz im oberen Teil aber nicht ausgeführt hat, vermutlich weil sich diese zu stark mit den weiteren Elementen überlagert hätte. Gleichwohl ist diese gegenüber der unteren Ellipse nur unmerklich größere Form zumindest so weit umgesetzt, dass ihre Verzahnung mit den weiteren Gebilden sichtbar wird. Bei der Betrachtung ihres Zusammenspiels ist zu berücksichtigen, dass Leibniz aus freier Hand gezeichnet hat, so dass kein Detail der gezeichneten Linien und Punkte das Gebot der euklidischen Präzision erfüllt. So liegen die Brennpunkte der Ellipsen und deren Kurvenverlauf nicht exakt, und dasselbe gilt für das aus freier Hand gezogene Kreissegment des Vierecks. Gleichwohl erfüllen sämtliche Punkte und Linien ihre Funktion, als Zeichen der intendierten Konstruktion verständlich zu werden; in diesem Sinn ist die Zeichnung durchaus präzise. Zur Orientierung sollen im Folgenden die Figuren mit Zahlen und deren Charakteristika mit Buchstaben belegt werden.

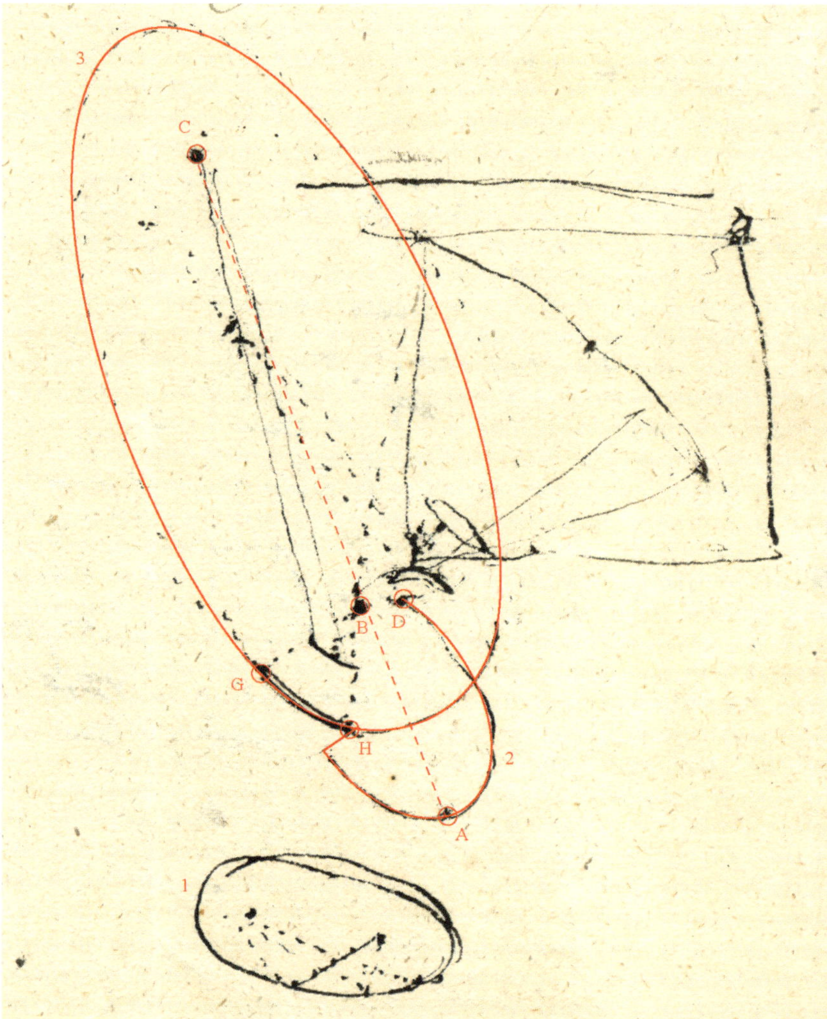

73 *Beziehung des unteren Ellipsenfragments AD zum Horizont der äußeren Ellipse CB*

Am unteren Rand der Ellipse 2 ist ein Punkt eingetragen, der mit den beiden Brennpunkten der darüberliegenden Ellipse 3 in etwa auf einer Linie liegt (Abb. 73). Diese führt durch die Punkte A, B und C. Punkt A ist dadurch mit der verlängerten Horizontalachse von Ellipse 3 (CB) verbunden. Der obere Endpunkt D der unteren Ellipse 2 fällt schließlich mit dem unteren Brennpunkt einer vierten Ellipse zusammen, die in ihrer weitesten Ausdehnung den oberen Brennpunkt C von Ellipse 3 berührt (Abb. 74). Auf diese Weise verklammert die Ellipse 2 die beiden großen Ellipsen 3 und 4 über dem unteren Brennpunkt der Letzteren.

Der Sinn der intern gezogenen und gepunkteten Linien erschließt sich zunächst über die beiden jeweils links unten durchgezogenen

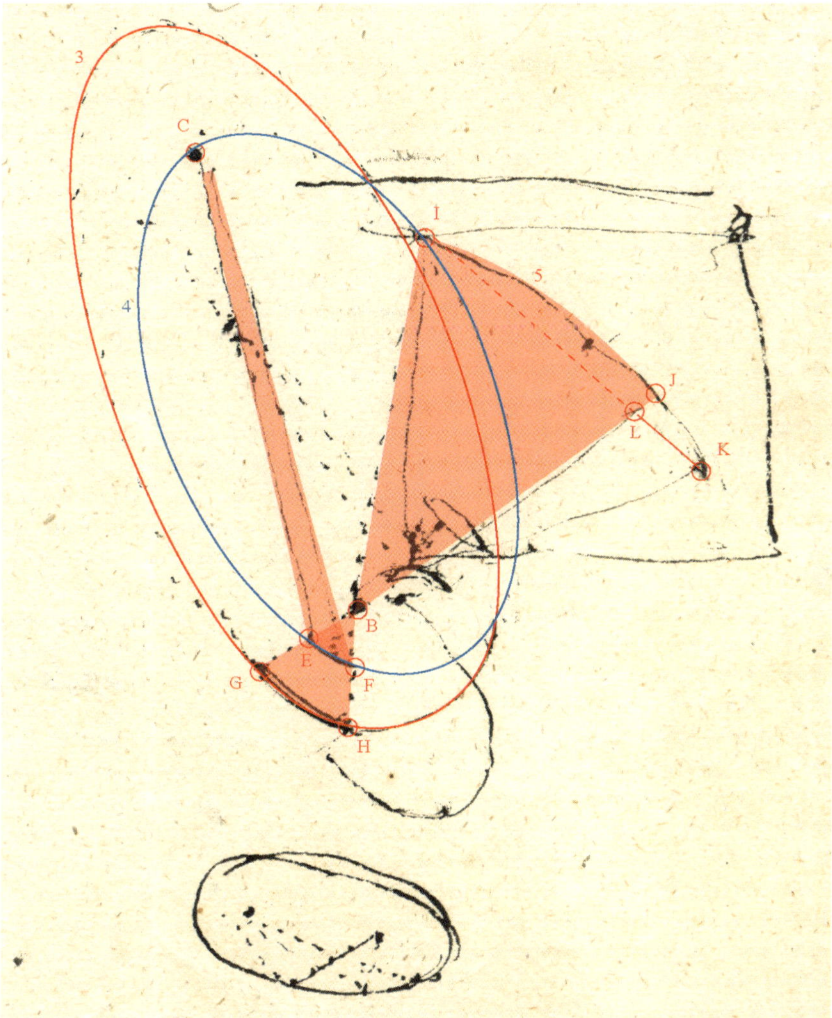

74 *Der Weg des vom Punkt C ausgehenden Strahlenbündels*

gekrümmten Linien der Ellipsen 3 (GH) und 4 (EF) (Abb. 74). In ihrer Funktion zunächst rätselhaft, ergeben sie für sich wie auch für die mit ihnen verbundenen Linien eine Logik, wenn sie als Spiegel gedeutet werden. Dies gilt zunächst für das schmale, von Punkt C ausgehende Strahlenbündel, das über den durchlässigen Spiegel EF auf den Spiegel GH gebrochen wird. Offenkundig ist dessen gekrümmte Fläche doppelt eingezeichnet, um deren vollständige Undurchlässigkeit anzuzeigen. Die Linien der Strahlenschenkel GJ und HI zeigen sodann, wie sich von dem Spiegel GH aus die Strahlen nach innen bündeln, um sich im Brennpunkt B der Ellipse 3 zu kreuzen und im weiteren Verlauf auf den linken Eckpunkt I des Vierecks sowie auf den Punkt J auf dem von hier abgehenden Kreissegment 5 zu treffen.

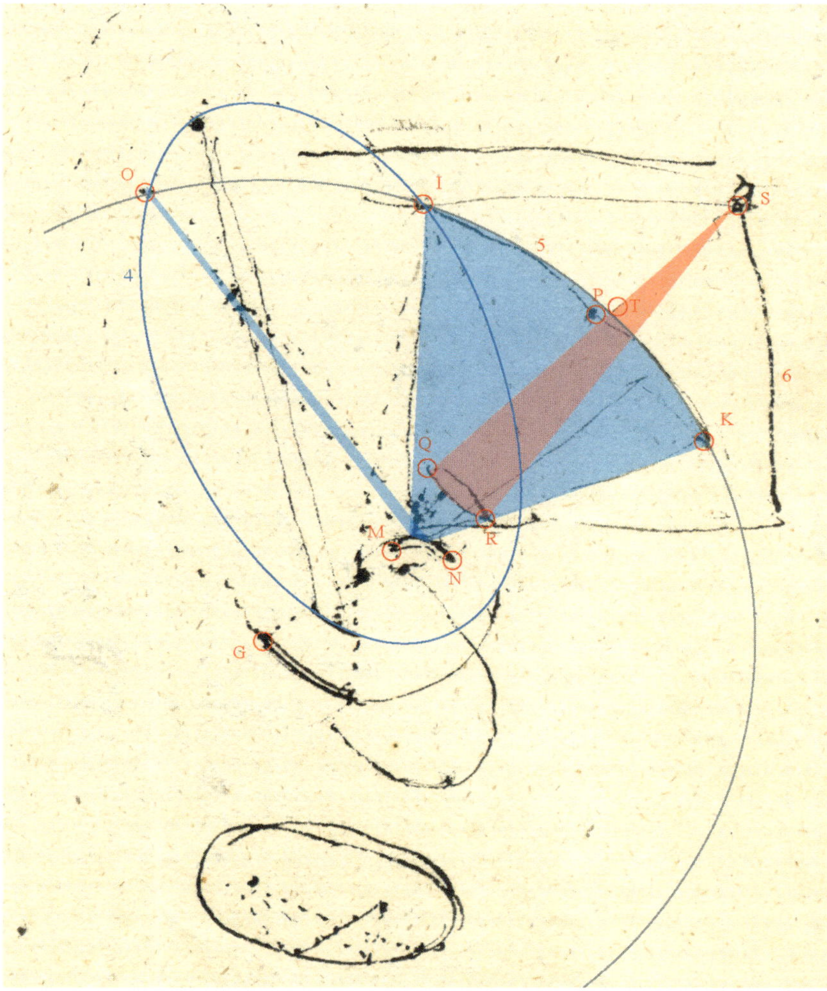

75 *Der Weg des vom Punkt O ausgehenden Strahlenbündels*

Von Punkt K, in dem dieser Kreisausschnitt endet, ist eine gerade Linie bis zur Schenkellinie GJ, bis zum Punkt L, geführt.

Auch die Kurve MN wird als Spiegel plausibel (Abb. 75). Es handelt sich um einen Konvexspiegel, der seine Strahlen von dem Punkt O der inneren Ellipse 4 erhält, um diese nach außen zu reflektieren. Der linke Schenkel endet erneut im linken Ausgangspunkt des Kreissegments 5, um dieses nach rechts hin bis zum Punkt K auszuziehen. Der Scheitelpunkt des imaginär zu vervollständigenden Kreises ist durch den Punkt P bezeichnet, während der Mittelpunkt des Kreissegments links unten im Punkt G des Konkavspiegels der äußeren Ellipse 3 liegt. Wird der Kreis um diesen Mittelpunkt gezogen, ergibt sich ein Schnittpunkt durch jenen Punkt O der inneren Ellipse 4, der den Ausgang der auf den Konvexspiegel MN fallenden Strahlen markierte.

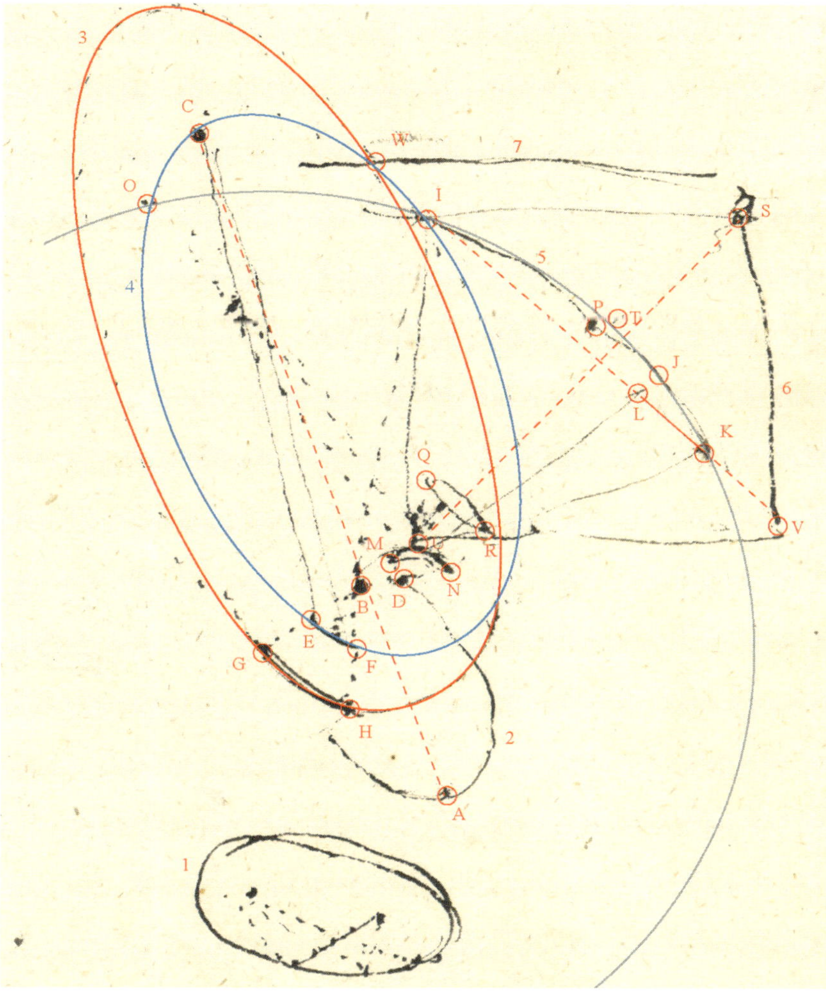

76 *Bezeichnung sämtlicher Figuren und Bezugspunkte in der Zeichnung LH, XXIII, 735, Bl. 9v*

Es verbleibt das im linken unteren Eck des Vierecks 6 situierte Gebilde QR, das sich seiner Form nach jedoch nicht als Spiegel, sondern als Linse zeigt. Durch den winzigen Strich T, der den linken Schenkel der von ihr ausgehenden Strahlenbündelung markiert, ist sie als Instrument charakterisiert, das die Strahlen auf den rechten oberen Eckpunkt S des Vierecks hin bündeln soll. Hierdurch wird zugleich das Viereck 6 definiert. Die Linse QR liegt lotrecht zur von links unten nach rechts oben gehenden Diagonale US (Abb. 76). Die reziprok von links oben nach rechts unten gehende Diagonale IV bestimmt jenen Kalottenschnitt des Kreissegments, der mit der Linie LK zu einem Teil ausgeführt ist. Die Beziehungen des Vierecks zur inneren Ellipse 3 ist durch die linke obere Ecke gegeben, insofern diese mit dem Punkt I zusammenfällt. Die über dem Viereck liegende

Parallellinie 7 läuft schließlich durch jenen Punkt W, in dem sich die beiden Ellipsen 3 und 4 kreuzen.

Die gesamte Zeichnung besteht in ihren Grundelementen damit aus fünf Figuren der Geometrie: der Geraden, der Kurve, dem Viereck, dem Kreis und der Ellipse. Wie die Ellipsen in ihren Horizontalachsen auseinanderpendeln, so scheinen auch Viereck, Kreissegment und Gerade auf den ersten Blick kaum oder gar nicht vereint. Wie ihre nähere Betrachtung gezeigt hat, ist jede dieser Figuren aber durch zumindest einen Punkt mit einer weiteren verbunden. Die untere Ellipse 2 bezieht sich mit ihrem Punkt A auf die beiden Brennpunkte BC der Ellipse 3 sowie den unteren Brennpunkt D der Ellipse 4. Die äußere Ellipse 3 ist über die Strahlenbrechung des Konkavspiegels EF mit der Ellipse 4 verbunden. Diese definiert mit der Reflexion der Strahlen das Kreissegment IJ. Über die Verlängerung des Kreises zum Strahlpunkt O und dessen auf den Konvexspiegel MN fallenden und nach rechts oben reflektierten Strahlen wird dieses Segment zur Linie IJK erweitert.

Zwei Scharnierpunkte verknüpfen nicht nur zwei, sondern drei der geometrischen Grundelemente; sie machen die Dreh- und Angelpunkte der gesamten Konstruktion aus. Der erste liegt in Punkt W, der die beiden großen Ellipsen 3 und 4 mit der Geraden 7 vereint. Der zweite ist durch Punkt I gegeben, der die innere Ellipse 4 mit dem Kreissegment 5 und dem Viereck 6 zusammenfallen lässt. Diese Punkte zeigen, dass die Figuren trotz ihrer Unabhängigkeit doch unauflösbar miteinander verbunden sind.

Die Frage der Lokalisierung

Dieser Umstand macht die Frage nach der weiteren Bestimmung der Zeichnung umso drängender, und hierzu gehört vor allem die Überprüfung, ob sie zu dem Text, dem sie beigegeben ist, in einer Beziehung steht. Diese Frage ist durch einen Vergleich mit der Zeichnung zu klären, die Leibniz weniger als zwei Monate zuvor zum Verständnis des Kanalprojektes angefertigt hatte. Bei der Überlagerung der Zeichnung des Du Mont-Briefes mit der Darstellung des Großen Gartens, die Leibniz seinem Memorandum des Mai 1696 beigegeben hat (Abb. 41, S. 54), ergibt sich eine Übereinstimmung des Vierecks mit dem Grundriss des Gartens, dies umso mehr, als die leichte Öffnung des Gartens nach Norden, also nach unten, auch in der Zeichnung des Briefes geschieht (Abb. 77). Die über dem Viereck liegende Parallellinie 7 erweist sich entsprechend als Signet des projektierten Kanals. Der summarisch angedeutete Aufbau in der rechten oberen Ecke T entspricht nicht exakt der in der Memorandum-Zeichnung

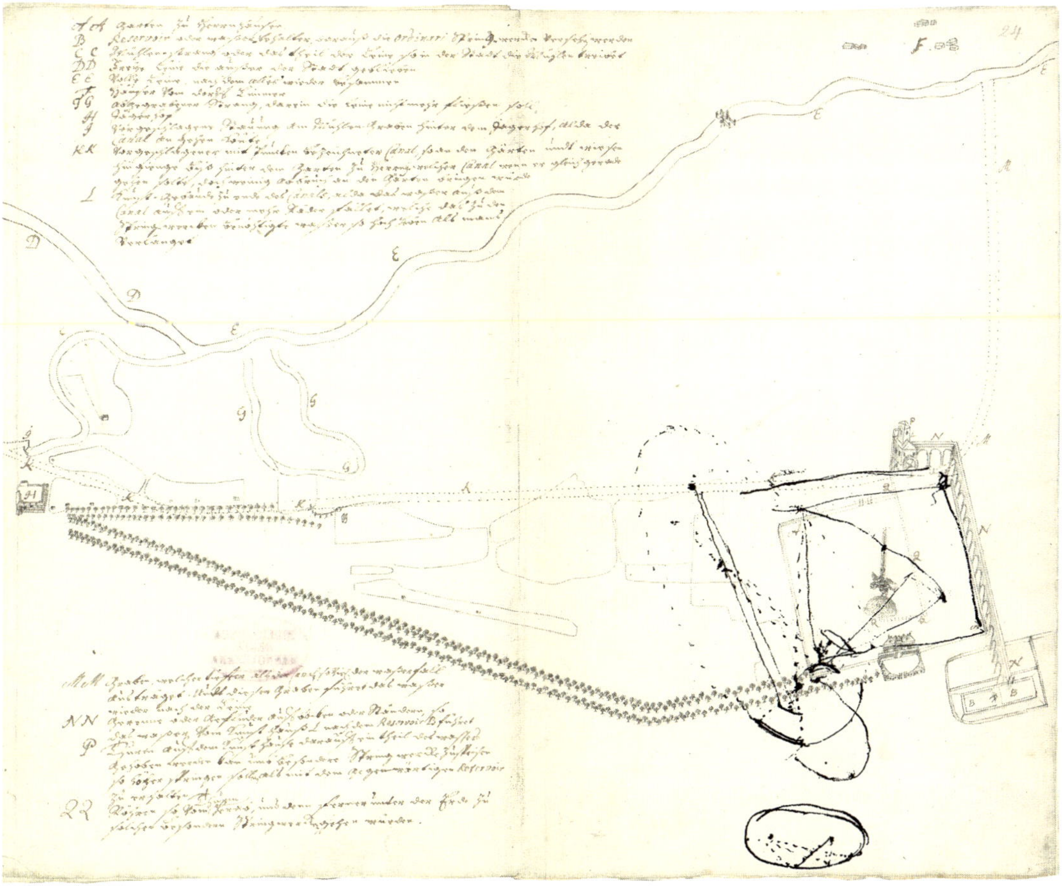

77 *Überlagerung der Darstellung des Kanalprojekts mit der Zeichnung in LH, XXIII, 735, Bl. 9v*

eingetragenen Position des Wasserturms, aber er ist doch nah genug, um dessen Funktion zu symbolisieren. Dies gilt auch für die von ihm ausgehende S-Linie, welche die in den Garten gehende Wasserzufuhr anzugeben scheint.

Hieraus ergibt sich, dass die Ellipsen Strahlpunkte definieren, die über die Spiegel und eine Linse ihr Licht in den Garten senden. Das obere, mit durchgezogenem Strich charakterisierte Strahlenbündel würde von einem auf dem Kanal schwimmenden Schiff oder einem der aufgeworfenen Dämme ausgehen, wohingegen die punktiert charakterisierten Strahlen von einem Landpunkt ausgesandt wären.

Gegen eine solche Anordnung könnte sprechen, dass die Konkavspiegel EF und GH jenseits der alten Herrenhäuser Allee situiert und somit durch Bäume verstellt gewesen wären. Zudem war unterhalb der imaginierten Linse QR das Galeriegebäude im Bau, so dass Leibniz hier das Licht hart an der Ostwand dieses Gebäudes hätte vorbeiführen müssen. Andererseits ist die Größe der Instrumente in das Irreale überzogen, um ihr Funktionsprinzip zu verdeutlichen, so dass hier mit Maßstabwechseln zu rechnen ist. Die in der Zeichnung angegebenen Größen werden in jedem Fall lediglich als Repräsentanten der kleiner zu denkenden optischen Instrumente zu verstehen sein, und dies begründet, warum sich ihre Lichtstrahlen teils überschneiden. Es handelt sich um ein Gedankenspiel, nicht um einen Grundriss zur Umsetzung einer Gebrauchsanleitung.

In sämtlichen Überlegungen zum Kanalprojekt hat Leibniz die Möglichkeit derartiger Lichtspiele angesprochen. So heißt es bereits in seinem ersten Konzeptentwurf für die Aushebung eines Kanals aus dem Jahr 1695: »Siebtens könnte der Kanal wohl zu Lustfahrten, als auch Nachts zu angenehmen Illuminationen dienen«.[74] Gleichlautend äußert er sich in dem Entwurf seines Memorandums vom Mai 1696 wie auch in der Reinschrift: »Es könnte auch ein Arm von dem Kanal in den Garten oder an dem selbigen geleitet, Behälter, Bassins und Teiche angelegt, und damit allerhand Annehmlichkeiten gepflegt werden. Der Illuminationen zu schweigen, so man auf dem Kanal bei Nachtzeit anstellen könnte.«[75] Bei der Unterredung des 14. August 1696 hat Leibniz ebenfalls angeführt, dass der Kanal bereits einen sich selbst genügenden Zweck besäße, wenn er »zu Illuminationen und dergleichen Lust« genutzt würde.[76] Schließlich hat Leibniz in jenem Brief an Du Mont vom 21. Juli 1696, dem die Zeichnung angefügt ist, von *illuminations* gesprochen, die der Kanal ermöglichen würde.[77]

78 *Jean Le Pautre, Fest Ludwigs XIV. 1674 in Versailles anlässlich der Rückeroberung der Franche-Comté, fünfter Tag: Feuerwerk, Radierung, um 1676*

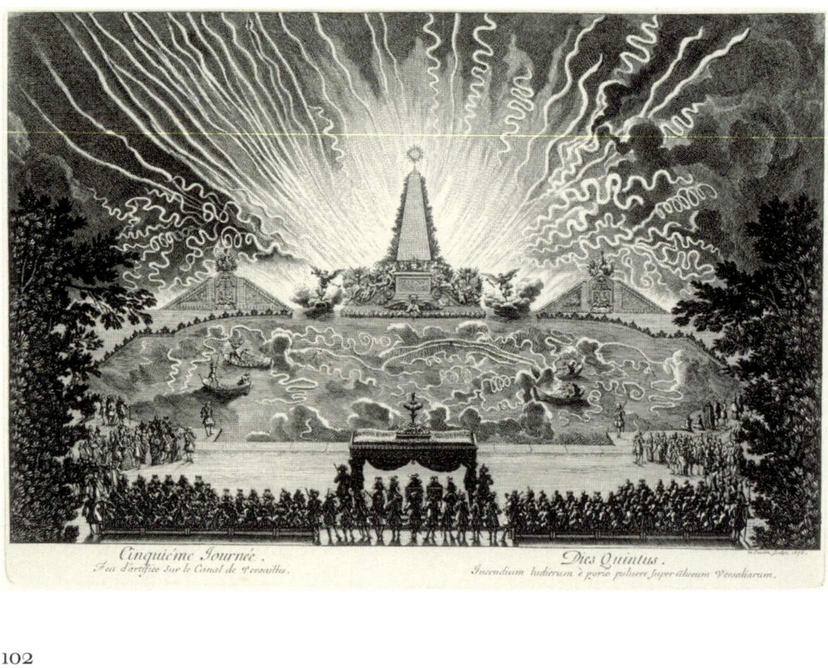

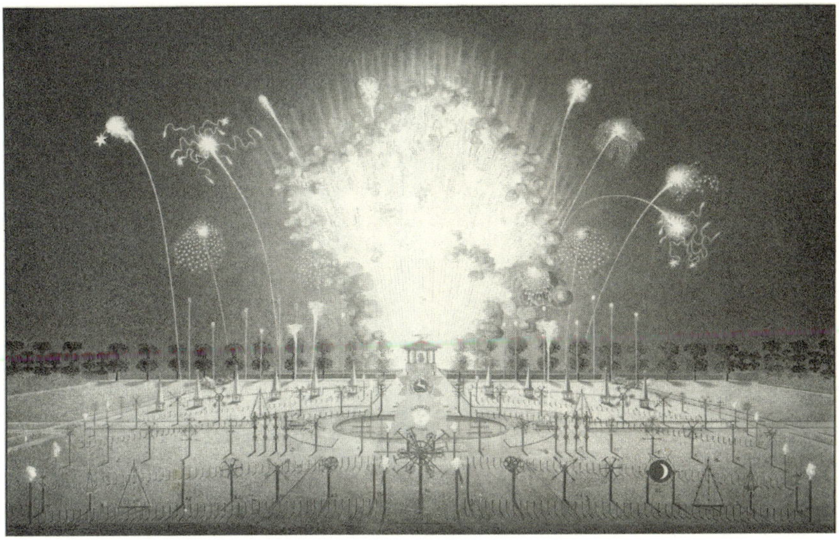

79 *G. H. Hoffmann, Ansicht des Feuerwerks vom 18. Oktober 1821, Kupferstich, um 1822*

Darstellungen zeitgenössischer Inszenierungen zeigen, dass sich derartige Lichtspiele in der Höhe vollzogen, jenseits von Bäumen und Gebäuden. So gibt eines der großen Feuerwerke, das Leibniz während seines Pariser Aufenthaltes gesehen haben könnte, einen Eindruck davon, dass Ereignisse dieser Art den bis heute üblichen Standards durchaus entsprochen haben (Abb. 78 und Abb. 80).[78] Spätestens seit dieser Zeit war es zudem üblich, Lichteffekte, die nicht wie ein nach kurzer Zeit verglimmender Blitzschock wirkten, von Stelzen und Masten aus zu erzeugen.[79] Vom Herrenhäuser Garten ist ein Feuerwerk

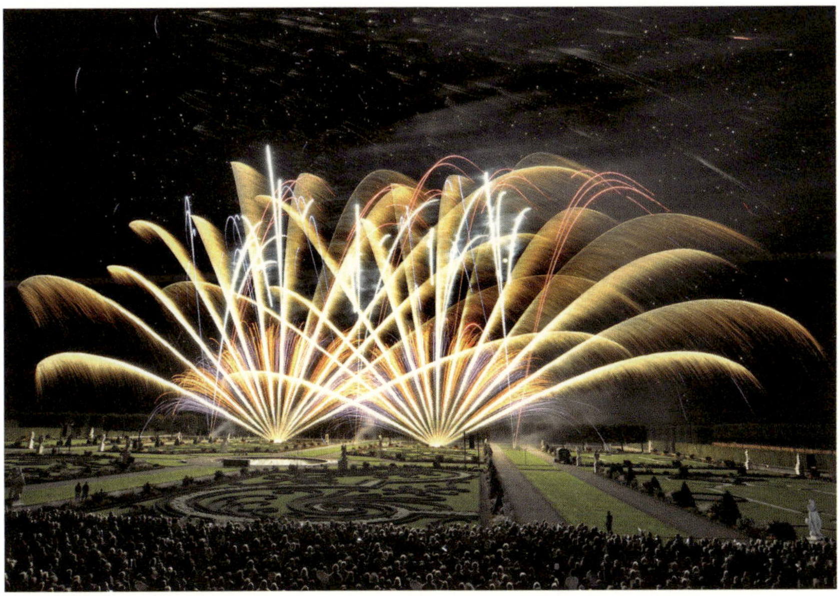

80 *Feuerwerk in den Herrenhäuser Gärten, Hannover, Photographie, 2011*

des Jahres 1821 aus Anlass des Besuches von George IV. überliefert (Abb. 79),[80] bei dem die auf Masten hochgesetzten optischen Geräte einen Eindruck von ihrer Höhenlage vermitteln. Rechts vorn ist ein Hohlspiegel zu erkennen, wie Leibniz ihn in seiner Zeichnung imaginiert hat. Die Praxis, die Geräte in der Höhe anzubringen und damit weithin sichtbar zu machen, dürfte dem entsprechen, was er im Kopf hatte.

Leibniz konnte zudem mit der Höhe der neben dem Kanal aufgeworfenen Dämme wie auch mit den Aufbauten der auf dem Wasser sich bewegenden Gondeln rechnen. Ausdrücklich hat er in seinem Konzept vom Mai 1696 davon gesprochen, dass die neben dem Kanal angelegten Alleen genutzt werden könnten: »Der illuminationen zu schweigen so man auf dem Kanal bei Nacht-Zeit anstellen könnte, wie dann auch die daran gepflanzten Alleen oder Spazierwege eine Zierde geben würden.«[81] Zudem steigt das Gelände dort, wo die Ellipsen über die alte Herrenhäuser Allee hinausgehen, durch eine langgezogene eiszeitliche Düne an; aus diesem Grund hatte Cadart im Westen dieser Erhebung die Wasserbassins eingerichtet (Tafel hinten). Die nach unten gehenden Ellipsen und deren Spiegel hätten sich diesen Anstieg des Geländes zunutze machen können, und fast scheint es, als habe Leibniz mit Hilfe der Ellipse 1 einen der dort sich abzeichnenden Hügel erfassen wollen. Der vom Schloss ausgehende Blick auf das Parterre zeigt, dass keine übermäßige Höhe hätte erreicht werden müssen, um die gewünschten Effekte erzielen zu können (Abb. 44, S. 65).

Der Zusammenhang mit dem Brief, das Muster der Gärtner-Ellipse, die Verbindung der Ellipsen mit einem Viereck, das dem des Gartens entsprach, sowie Leibniz' mehrmalige Erwähnung von Illuminationen bekräftigen die Annahme, dass die Zeichnung als ein Beitrag zur Reflexion der Möglichkeiten des Herrenhäuser Gartens gedacht war. Unter die Erläuterung seines Kanalprojekts gesetzt, entsprang Leibniz' Diagramm offenkundig einem Gedankenflug, wie ihn die Freiheit einer Zeichnung erlaubte. Leibniz hat mit seiner geometrischen Skizze offenkundig ein nächtliches, zwischen dem projektierten Kanal und dem Großen Garten sich ereignendes Lichttheater vor seinem inneren Auge aufblitzen lassen.

Performanz des Lichts

Die geometrischen Linien, zu denen die Lichtbewegungen zu vervollständigen waren, bildeten Ellipsen, und damit könnten sie an Johannes Keplers Planetenbahnen denken lassen, zumal kosmologische Botschaften zur üblichen Form der Aufwertung von Gärten und ihrer Umgebung gehörten.[82] Leibniz' Zeichnung aber liegt mehr im Bereich des Experimentellen. Die Praxis, mit Hilfe von Spiegeln und Linsen das Licht selbst über große Entfernungen zu bündeln, geht auf den Bericht zurück, dass Archimedes mit Hilfe von Brennspiegeln die Schiffe der feindlichen Flotte habe in Brand setzen können.[83] Athanasius Kircher hat diese Praxis in seiner Schrift zur Optik mehrfach dargestellt (Abb. 81).[84] Leibniz, ein Briefpartner von Kircher, könnte insbesondere dadurch beeindruckt worden sein, dass in diesen Ausführungen auch die nächtliche Verwendung derartiger Linsen und Spiegel zur Sprache kam. Diese wurden nicht nur zum auf große Entfernung bewirkten Verbrennen und Schmelzen fester Stoffe, sondern auch zum nächtlichen Projizieren von Licht im Freien genutzt.[85] Sie waren Teil der katropischen Experimente, bei denen konkave Spiegel zum Illusionieren schwebender, nicht auf der Reflexionsfläche erscheinender Bilder im Dunkel der Nacht genutzt wurden. Neben Kircher haben sich weitere Autoren wie Jean Leurechon und Giambattista della Porta mit den nächtlichen Lichtexperimenten beschäftigt.[86] Gaspar Schott erwähnt im Jahr 1657 ausdrücklich, dass durch Türen und Fenster von Häusern die Umgebung beleuchtet werden

81 *Athanasius Kircher, Versenken eines Schiffes mit Hilfe einer Brennlinse, 1646*

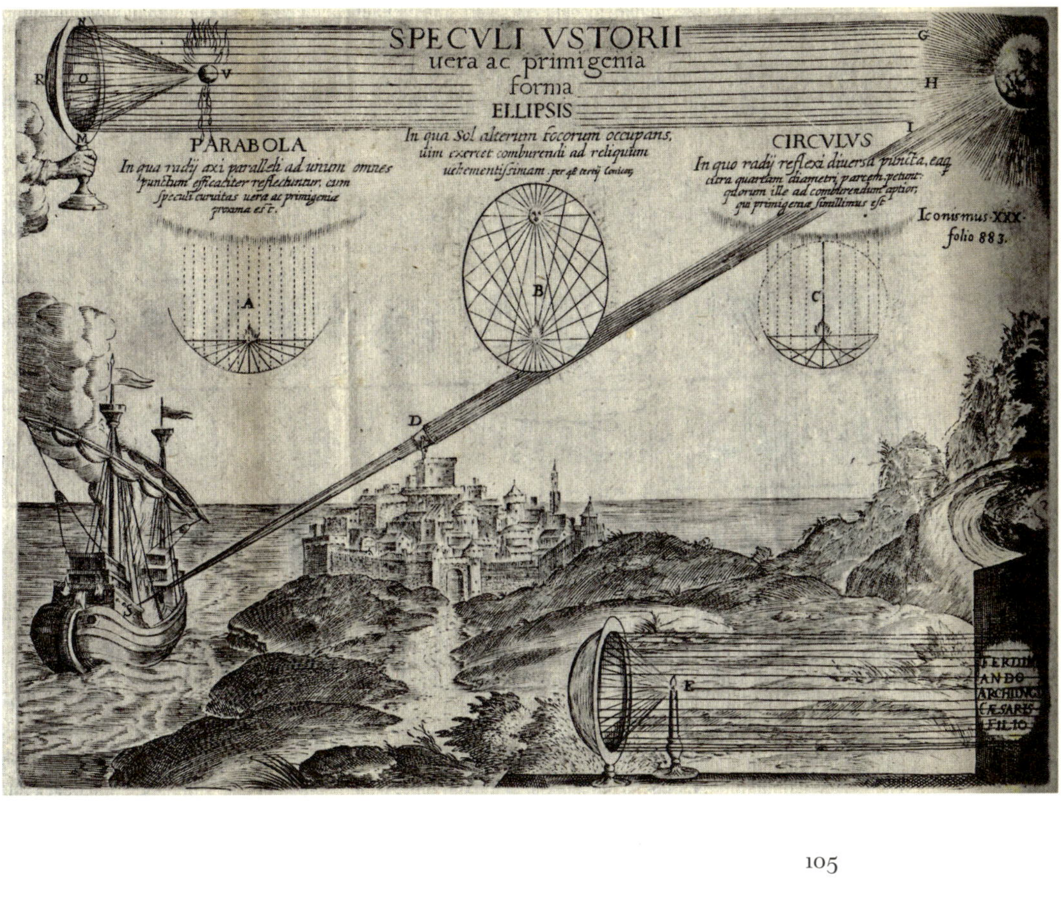

könne,[87] und Zacharias Traber hat im Jahr 1690 betont, dass selbst über große Entfernungen hinweg mit Hilfe von Konkavspiegeln große Effekte erzielt werden könnten; so sei es möglich, Bücher selbst bei einer Distanz der Lichtquelle von über 50 Metern in tiefer Nacht zu lesen: »Einigen wird es [fast] unglaubwürdig stark erscheinen, dass die ein oder andere kleine Kerze und die Nutzung eines Konkavspiegels so die Dunkelheit vertreiben könne, dass man mitten in der Nacht, selbst in der finstersten, auf eine Distanz von 30 *Orgyias* aus einem Brevier bequem lesen kann.«[88]

Vor allem aber wird es erneut Leibniz' Zeit in Paris gewesen sein, die ihm die Möglichkeiten der gekrümmten Großspiegel vor Augen geführt haben dürfte. Eine im Jahr 1671 publizierte, berühmt gewordene Radierung des Stechers Sébastien Le Clerc, die dem Besuch Ludwigs XIV. und seines Staatsministers Jean Baptiste Colbert in der Königlichen Akademie der Wissenschaften gewidmet ist, bringt in idealer Weise die im Hintergrund sichtbare Sternwarte, den botanischen Garten des *Jardin du Roi*, von dem Leibniz während seines Pariser Aufenthaltes beeindruckt war,[89] und die Instrumente der Akademie zusammen (Abb. 82). Suggestiv weist der im Vordergrund rechts aufgestellte, durch François Vilette in Lyon hergestellte sphärische Brennspiegel, der im Laufe von Sekunden Metall zu schmelzen vermochte, in Richtung der zum Garten geöffneten Fenster.[90] Tschirnhaus, ein begabter Mathematiker, der sich zu einem herausragenden Spezialisten in der Herstellung großformatiger Spiegel und Linsen entwickelte, hat die Wirkungen derartiger Spiegel in Paris studieren können.[91]

82 *Sébastien Le Clerc, Besuch Ludwigs XIV. und seines Staatsministers Jean Baptiste Colbert in einem imaginierten Gebäude der Akademie der Wissenschaften. Radierung, 1671*

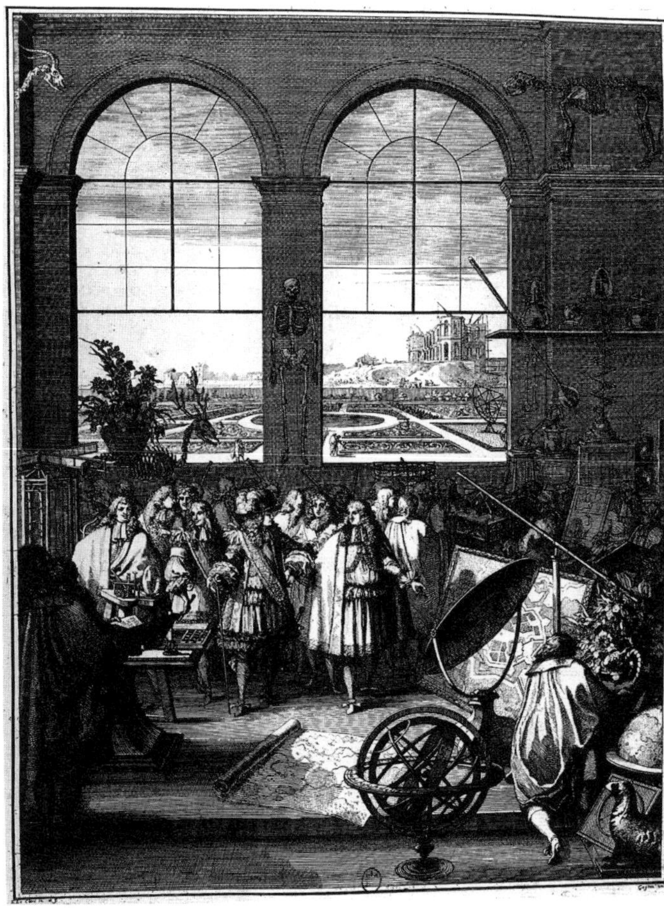

Dass dies auch für Leibniz galt, der sich in seiner Pariser Zeit eng mit Tschirnhaus anfreundete, bezeugt der Eintrag in seiner Ideenskizze zur

Errichtung eines »Theaters der Natur und Kunst«. Eines der Elemente dieses Wissenslabors lautete: »Kraft des Brennspiegels«.[92] Nach Zerwürfnissen über Prioritätsfragen wie auch darüber, dass Tschirnhaus unbeirrbar als ein dogmatischer Anhänger von Descartes auftrat, kam es später zu einer Wiederannäherung.[93] Tschirnhaus hatte sich zum anerkanntesten Produzenten von Riesenspiegeln und Linsen entwickelt, und daher standen diese Instrumente und deren Möglichkeiten im Mittelpunkt des neuerlichen Austausches. Einer von Tschirnhaus' größten, im Jahr 1686 produzierten Brennspiegel, mit dessen Hilfe er in kurzer Zeit alle Arten von Metallen und selbst Asbest zu schmelzen vermochte, besitzt einen Durchmesser von 158 Zentimetern (Abb. 83), und die Linsen erreichten Durchmesser von teils über einem halben Meter.[94] Tschirnhaus hat Leibniz Ende Februar 1694 in einem langen Brief seine Technik der Herstellung derartiger »lentes Optics von unglaublicher Größe« sowie »Perspective gläßer von unglaublicher länge« erläutert und deren Formate nochmals im März 1698 hervorgehoben.[95] Im Oktober 1694 hat Tschirnhaus, wie Leibniz aus Hannover berichtet, »allhier die admirablen Brennspiegel gezeiget«.[96] Leibniz' Interesse an Spiegeln wird auch daran deutlich, dass er sich im Jahr 1697 in Paris um einen Riesenspiegel für die Kurfürstin Sophie bemühte.[97]

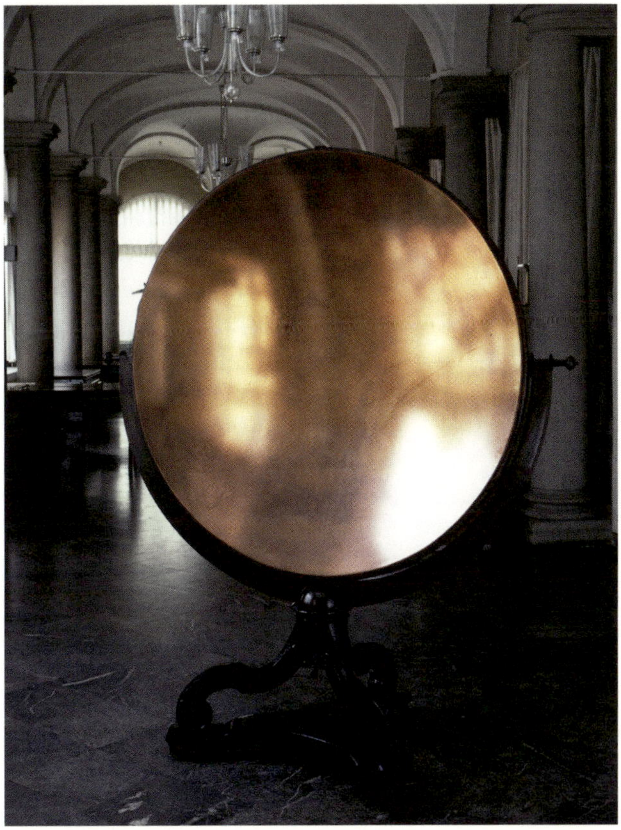

83 *Ehrenfried Walther von Tschirnhaus, Sphärischer Brennspiegel, Kupfer und Holz, 1686*

Bereits in einem früheren an Tschirnhaus gerichteten Schreiben vom 31. März 1694 hat Leibniz mit Blick auf derartige Spiegel und Linsen die Notwendigkeit einer Perfektionierung dieser Instrumente betont. Von besonderer Bedeutung ist, dass er nicht nur, worauf Tschirnhaus immer wieder abhebt, die Funktion dieser Gläser zum sekundenschnellen Schmelzen von Glas und Metall, sondern auch als Lichtmedium betont: »Die Perfektion der Spiegel oder vielmehr Linsen, sowohl zum Brennen wie auch Sehen, ist freilich von großer Wichtigkeit«.[98]

Leibniz' Hinweis, dass er nicht nur am Nutzen sphärischer Spiegel für die Erzeugung von Brennhitze, sondern auch an deren Lichteffekten interessiert war, ist von beträchtlicher Bedeutung, denn seine weitgehend unedierten Texte zu Refraktionen und Spiegelungen weisen ähnlich angelegte Zeichnungen wie die des Du Mont-Briefes auf.[99] Sein in dieser Hinsicht wichtigster Text, das *Tentamen anagogicum*, mit dessen Hilfe er die Lichttheorien von Descartes und Pierre de Fermat zu verbinden suchte, entstand nach dem Juni 1696, also etwa zum Zeitpunkt, als er seine Zeichnung unter den Du Mont-Brief setzte.[100]

In dieser Abhandlung hat Leibniz drei Figuren angefertigt, die sämtlich mit drei verschiedenen Spiegelformen operieren. In der ersten Abbildung (Abb. 84) sind die jeweils mit AB bezeichneten Spiegel konkav, eben und konvex gebündelt. Darüber imaginiert Leibniz die parallel zum planen Spiegel gelegte Linie ST, von der aus lotrechte Strahlen auf die Spiegel fallen (Abb. 85). Die Ordinaten Q und R bilden Beispiele dieser Strahlen, denen auf der gegenüberliegenden Seite die Strahlen q und r als »Zwillinge« entsprechen. Allein im Lot fallen die beiden Zwillingsstrahlen EC und ec zusammen. Die Zeichnung setzt um der Verdeutlichung willen eine Distanz zwischen EC und ec, um darzulegen, dass es sich um unterschiedliche Linien handelt; real aber fallen sie zusammen. Damit aber stellt der auf dem ebenen Spiegel liegende Punkt C den einzig möglichen Ort dar, in dem sich alle Zwillinge bündeln. Für den konvexen Spiegel bildet EC die kürzeste, für den konkaven Spiegel die längste Linie. Die Zeichnung wird zum Ausweis, dass nicht quantitative Größen wie der längste oder der kürzeste Weg über die Brechung des Lichts entscheiden, sondern das Kriterium der höchsten Determination: »Folglich ist die Basis des Arguments diese durch die Vereinigung der Zwillinge bewirkte Einzigartigkeit, ohne dass man sich darum sorge, ob die Ordinate die größte oder die schmalste ist.«[101]

Angesichts der etwa zeitgleichen Entstehung ist anzunehmen, dass die konkaven und konvexen Spiegel der Zeichnung aus dem Brief an Du Mont eine ähnliche Konjunktion darstellen. Zumindest wird deutlich, dass die Kurve EF (Abb. 74, S. 97) ebenso einen konkaven Spiegel darstellt wie AB in der Figur 1 des *Tentamen anagogicum* (Abb. 84). Die zu GF abgehenden Brechungen der Figur 1 entsprechen den zu GH gehenden Strahlen der Zeichnung des Du Mont-Briefes. Der reziproke Vorgang vollzieht sich bei dem Konvexspiegel MN (Abb. 75, S. 98), der die Strahlen nicht durchlässt, sondern diese reflektiert.[102]

Dies legt den Schluss nahe, dass Leibniz in der Zeichnung des Du Mont-Briefes die verschiedenen Spiegelversionen von Figur 1 des

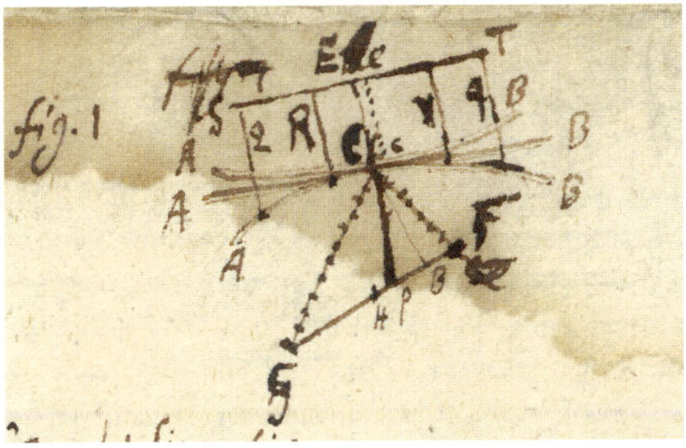

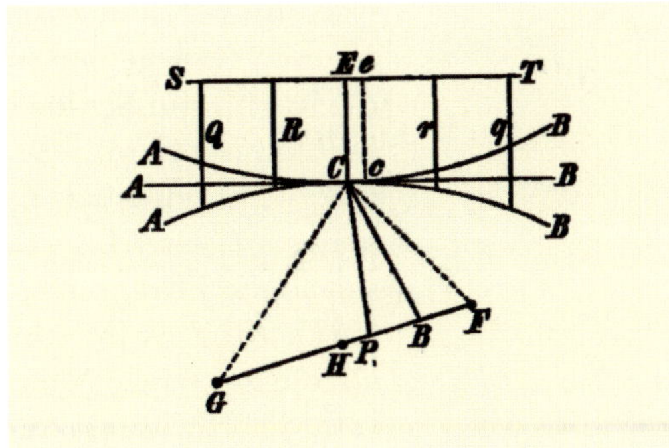

84 *Leibniz, Fig. 1 des Tentamen anagogicum, braune Federzeichnung (links)*

85 *Umzeichnung von Fig. 1 des Tentamen anagogicum (rechts)*

Tentamen anagogicum voneinander getrennt und jedem von ihnen einer unterschiedlichen Ellipse zugewiesen hat. Die Linie ST von Figur 1, welche die möglichen Strahlen als Parallelen darstellen, ist in zwei Lichtpunkte verwandelt worden, die auf verschiedenen Ellipsen liegen. Damit verdeutlicht Leibniz, dass sie das Produkt unterschiedlicher Perspektiven sind, von denen aus ein Kegel als Modell der Welt durchschnitten wird. Im Bild unterschiedlicher Ellipsen hat er immer wieder jenen Blick gefasst, der im selben Moment verschiedene Perspektiven und Blickpunkte einzunehmen vermag. Es ist der göttliche Visus, der wie eine Schnittfläche, die beweglich durch den Kegel geht, den Kosmos in jedem Moment aus jeder nur möglichen Perspektive zu betrachten vermag. Besonders eindringlich hat Leibniz diese Überlegung in seinem *Discours de Métaphysique* beschrieben: »Denn Gott dreht sozusagen das allgemeine System der Erscheinungen, das er zur Offenbarung seiner Herrlichkeit hervorzubringen gedenkt, nach allen Seiten und auf alle Weisen hin und her, und er betrachtet alle Seiten der Welt auf jede mögliche Art, weil es keine Beziehung gibt, die seiner Allwissenheit entgeht.«[103]

Für alle Menschen kommt es Leibniz zufolge darauf an, verschiedene Perspektiven zu gewärtigen und zugleich den Punkt der höchsten Determiniertheit zu finden, in dem die menschliche und die göttliche Perspektive zusammenfallen. In der Figur des *Tentamen anagogicum* ist es die Linie EC. In der Zeichnung des Du Mont-Briefes und entsprechend im Garten sind sie aus den durch die Spiegel reflektierten Strahlen IJ, IK und QRS auf die Quellen ihrer höchsten Determiniertheit noch zurückzuführen.

Das Licht war für Leibniz der innerste Bestandteil der Monade, insofern es immateriell und materiell zugleich war. In dieser Bestimmung gehörte das Licht zum bedeutendsten Medium von Leibniz' Philosophie.[104] Die nächtlichen Lichtspiele, die Leibniz im Großen Garten von Herrenhausen imaginierte, sind daher auch als Lichtblitze seiner Monadenlehre zu werten. Für nicht informierte Zeitgenossen wäre diese Illumination ein stilles Feuerwerk gewesen, das seinen eigenen Reiz gehabt hätte. Vermutlich aber hätten nur Leibniz und die Kurfürstin Sophie die gesamte Dimension verstehen können, die Leibniz mit dem, was unter seiner Hand auf das Papier gekommen war, verbunden hat. Leibniz' Inszenierung des Lichts stand im Einklang mit jener Lichtikonographie, mit der er die Kurfürstin Sophie seit seiner Ehrenmedaille von 1684 bis zu deren Tod bedachte (Abb. 4, S. 15). All dies mag mitschwingen, wenn Leibniz im August 1696, also in zeitlicher Nähe zur Zeichnung des Du Mont-Briefes vom 21. Juli, der Hoffnung Ausdruck gibt, »dass wir eines Tages dem wirklichen Gesichtspunkt der Dinge näher sein werden«: dem *point de vue*.[105]

Kosmischer Perspektivismus

Die Überlegungen des ebenfalls zeitnahen *Tentamen anagogicum* durchzieht die Idee, dass selbst die Physik eine Folge des metaphysischen Rahmens darstellt, Funktion eines dynamischen Universums zu sein, in dem jedes Phänomen gleichsam handelnd eintritt und nicht etwa passiv erduldet wird.[106] Indem sich Physik und Metaphysik vereinen, werden beide mit der Ethik der *Theodizee* verbunden, die das Gebot aufgibt, einen Perspektivpunkt zu finden, aus dem sich die Gefährdungen und Unglücke oder, um den Sprachgebrauch des *Tentamen anagogicum* aufzunehmen, die »Zwillinge« auflösen.[107]

Die Zeichnung des Du Mont-Briefes bringt diese Überzeugung in eine dynamische Form, indem die Ellipsen wie auch das Viereck und das Kreissegment unterschiedliche Rahmen besitzen, dennoch aber miteinander verbunden sind. Hierin zeigt sich Leibniz' assoziativer Dynamismus als Fähigkeit der augenblicklichen Zusammenziehung an sich unvereinbarer Sphären. In der Zeichnung offenbart sich sein Prinzip eines lichttheoretischen Verständnisses der Monade und zugleich die Struktur seines kosmischen Perspektivismus, dem zufolge selbst unterschiedliche und divergente Phänomene in der Konkretion ihrer Beziehung zu erschließen sind, wenn die unterschiedlichen Perspektiven, denen sie zugeordnet sind, erkannt werden. In der *Theodizee* ist diese Idee auf eine Weise formuliert, die wie eine Erinnerung an die Zeichnung des Du Mont-Briefes wirkt: »Die perspektivischen Darstellungen, die beim Kreis auf Kegelschnitte hinauslaufen, zeigen, dass ein und derselbe Kreis durch eine Ellipse, eine Parabel und eine Hyperbel und sogar durch einen anderen Kreis, eine gerade Linie und einen Punkt vorgestellt werden kann. Nichts erscheint verschiedener und unähnlicher als diese Figuren, und doch besteht eine bestimmte Beziehung jedes Punktes zu jedem Punkt.«[108]

Der Garten von Herrenhausen, dies scheint nicht zu hoch gegriffen, hat Leibniz zu einer Fassung der Monadologie angeregt, die ebenbürtig neben sein Leib-Seele-Diagramm (Abb. 68, S. 93) zu stellen ist. Gemeinsam mit dem Diagramm der Elementenlehre (Abb. 62, S. 85) bilden sie eine auf den Garten bezogene Trias. Während das Diagramm das Zusammenwirken der Naturkräfte im Parterre des Herrenhäuser Gartens im Sinne der überkommenen Lehre eines harmonischen Zusammenspiels von Makro- und Mikrokosmos verkörperte, markierte die Inklination der Gartenwege jene systematische Abweichung, ohne die keine Individualität zu denken war. Hier war geometrisch gefasst, was die Blätter des Gartens je für sich präsentierten: die Eigenform alles Existierenden. Diese Grundbestimmung wäre schließlich im nächtlichen Lichttheater durch die Dynamik wechselnder Augenpunkte in die Multiperspektivität des Universums überführt worden, und dies hätte die sinnliche Fassung der Monadenlehre gekrönt.

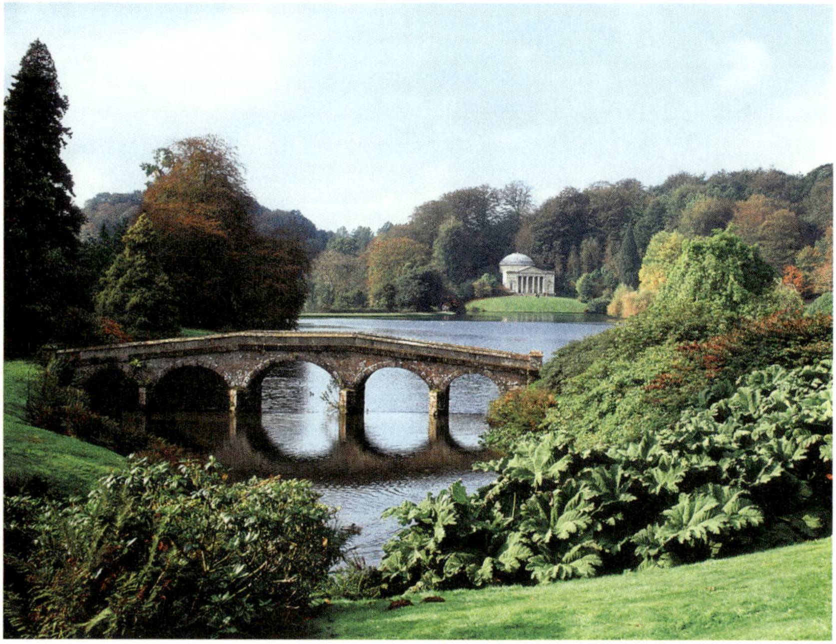

86 *Landschaftsgarten von Stourhead, Hauptsicht mit Blick auf das Pantheon*

IV
DIE MODERNITÄT DES BAROCKGARTENS

1. Paradoxien des Landschaftsgartens

Anspruch und Fiktion

Komplementär zur Komplexität des Barockgartens war der Landschaftsgarten von inneren Widersprüchen geprägt, die sein Bild poröser werden lassen, als es die malerischen Bilder seiner Selbstinszenierung suggerieren. Als liberaler Freiheitsraum entfaltet, in dem sich enttäuschte Whigs und traditionell oppositionelle Tories zur *Country-Party* zusammenschlossen,[1] besaß er zugleich den Charakter einer insulären Abschnürung.

Seine Stärke war der großartige Schein einer entgrenzenden Geltung, wie ihn etwa der Garten von Stourhead vorführt (Abb. 86). Das Fehlen sichtbarer Grenzen wirkte als Symbol eines universalen Anspruchs, im Landschaftsgarten die Natur in idealer Form begreifen zu können: grenzfrei und versöhnt mit sich und der Umgebung. Wenn die Landschaftsgärten das Prinzip individueller und gemeinschaftlicher Freiheit im Medium einer unbeschnittenen Natur zur Erscheinung bringen sollten, so geschah dies als eine scheinbare Aufhebung der Grenzen. Das Ideal lag in einem weichen, unmerklichen Übergang zur Umgebung, der den Garten als Natur selbst und die Natur als Garten erscheinen ließ. William Kent, so formulierte es der unermüdliche Verfechter des Landschaftsgartens Horace Walpole, »übersprang den Zaun und sah, dass alle Welt ein Garten war«.[2]

Der Zwiespalt begann jedoch bei den Besitzverhältnissen. Das Ideal der patriarchalisch-gemeinschaftlichen Nutzung, wie es etwa durch John Milton gefordert worden war,[3] hatte den Preis der *enclosure acts*, in denen Großflächen durch Enteignung entstanden. Diese Areale wurden durch so strenge Gesetze geschützt, dass sie eher wie Fallen denn als freie Gelände wirkten, und dieser Konflikt zwischen Gemeinschaftsideal und Besitzdenken zeigte sich auch und gerade in den Grenzmarkierungen.[4] *Prospects* erlaubten den optischen Bezug zur umgebenden Natur, und trockene Gräben, die ein Areal definierten, ohne eine optische Barriere darzustellen, erhielten die lautmalerische Bezeichnung »Ha-Ha«, um die Überraschung zu charakterisieren, wenn der Wanderer urplötzlich auf diese Markierungen stieß.

Reine »Ha-Ha«-Effekte gelangen aber vor allem im Inneren der Gärten, während nach außen die Grenzziehungen bestenfalls überspielt wurden.[5] Von Beginn an kamen sie zumeist nicht ohne Lanzenreihen, verdeckte, nach außen gewendete Spießpalisaden oder auch Baumgürtel aus. Die aufgestellten Inschriften zeugten davon, dass sich niemand über den fiktiven Charakter dieses freien Arkadien täuschen sollte. Ein Schild, das im Jahr 1823 in einem Park von Kent aufgestellt war, vermochte die paradoxe Distinktionsmaschinerie des Landschaftsgartens geradezu realsatirisch zu verdeutlichen: »Paradies-Ort. Selbstschussanlagen und eiserne Fußfallen.«[6] Der Landschaftsgarten lebte im Widerspruch, einerseits als ein unbegrenztes Modell aufzutreten, andererseits aber die Distanz gegenüber dem außerhalb Gegebenen wahren und damit ein Inseldasein behaupten zu müssen. Die Vielfalt der englischen Landschaft spaltete sich im 18. Jahrhundert in die kurvigen Formen der Landschaftsgärtner und die Linienzüge der Landwirtschaft.[7]

Zur Kehrseite der Utopie scheinbar grenzfreier Gärten gehörte auch die imperiale Überzeugung der Mehrzahl ihrer Anhänger. Während der Gegner der Country-Partei, Premierminister Robert Walpole, als Merkantilist grundsätzlich auf Frieden bedacht war, drängte die im Landschaftsgarten vereinte Opposition auf eine militärische Sicherung der britischen Handelswege. Jene Entgrenzung, die dem Barockgarten als Gestus der Universalherrschaft untergeschoben worden ist, war im Landschaftsgarten real: als bellizistische Übereinkunft seiner Protagonisten.[8]

Von ähnlich paradoxen Zügen ist schließlich die pittoreske Inszenierung des Landschaftsgartens. Durch die Gestaltung malerischer Effekte sollte keineswegs das ungekünstelte Bild der unberührten Natur, sondern das kunstvolle Bild der idealen Natur gezeigt werden, wie es von Claude Lorrain, Nicolas Poussin und Jacob van Ruisdael imaginiert worden war. Dies machte die Wegeführung zu einer Abfolge von Gemäldeprojektionen. Natürlichkeit erschien hier als Wahrnehmung von Gemälden und Bühnenbildern, die aus der Natur heraustraten.[9]

Mischformen

Diese aus der idealtypischen Wahrnehmung der Landschaftsgemälde gewonnene Umwidmung der Natur, deren Natürlichkeit sukzessiv aus der Abfolge einer real projizierten Malerei gewonnen war, fiel nicht vom Himmel. Auch sie war im Barockgarten vorbereitet, und hierin wird später ein Element der Kritik am Landschaftsgarten liegen. So hat der Gartentheoretiker Antoine Joseph Dezallier d'Argenville in seinem für das 18. Jahrhundert fundamental bedeutsamen, erstmals im Jahr 1709 erschienenen Werk *La théorie et la pratique du jardinage* betont, dass der Barockgarten nicht etwa auf einen Schlag, sondern vielmehr nach und nach durch die Fülle seiner Varietät erfassbar sein solle.[10]

Eine nicht weniger erstaunliche Äußerung kam von Georges-Louis Le Rouge, der eine Darstellung des Heckentheaters und verschiedener Arten der Boskettformen des Großen Gartens von Herrenhausen in sein im Jahr 1775 publiziertes, ebenfalls höchst einflussreiches Werk *Détail des nouveaux jardins à la mode* aufnahm. Das Motto war mit Blick auf die Vielfalt der Boskettträume nicht die Rektangularität, sondern die Variation: »Divers Bosquets des jardins Royaux d'Hanover«.[11] Noch im 18. Jahrhundert, als scheinbar der Landschaftsgarten die Gartentheorien beherrschte, trat der Große Garten von Herrenhausen als Beispiel für Vielfalt in der Gruppe der *nouveaux jardins à la mode* auf: der neuen, zeitstilbewussten Gärten. Der Autor war Sohn von Louis Remy de la Fosse, der unter dem Kurfürsten Georg Ludwig als Hof- und Premierarchitekt in Hannover gedient und fraglos die Kenntnis des Gartens von Herrenhausen seinem Sohn vermittelt hat.[12] Bei diesem ist der Gegensatz zwischen dem scheinbar freien Landschaftsgarten und dem angeblich festgelegten, mechanischen, geometrischen Barockgarten keinesfalls als Widerspruch zwischen Freiheit und Regelzwang zu fassen.

Dies steht damit im Einklang, dass sämtliche Argumente für oder gegen die ungekünstelte Natürlichkeit oder für oder gegen die naturferne Künstlichkeit wechselseitig ebenso auf den barocken Formal- wie den Landschaftsgarten angewendet werden konnten.[13] Selbst ein epikureisch beseelter Herrscher wie der Preußenkönig Friedrich II., dessen Philosophie nach herkömmlichem Muster einen Landschaftsgarten verlangt hätte, konnte sich in Sanssouci mit einem im Kern formalen Garten identifizieren.[14]

Dieser widersprüchliche Grundzug hat sich schließlich auch von der Seite des Landschaftsgartens her bestätigt. Wie der geometrische Garten keinesfalls der Natur entgegengesetzt ist, so ist der Landschaftsgarten nicht ohne geometrische Konstruktion zu denken. Insbesondere der in der Mitte des 19. Jahrhunderts geschaffene Hannoveraner Georgengarten ist nicht das Ergebnis einer freien Eingebung, sondern der Konstruktion eines gleichseitigen Dreiecks.[15] Wenn das Prinzip, die Wege- und Beetführung des Landschaftsgartens nach geometrischen Linien zu gestalten, »konstruierter Landschaftsgarten« genannt worden ist,[16] so kann im Gegenzug der Große Garten von Herrenhausen als »freier Konstruktionsgarten« bezeichnet werden.

Das Vexierspiel von Künstlichkeit und Natürlichkeit wie auch der ästhetisierende Stil des Landschaftsgartens wurden in ihrem gewollten Charakter gerade von libertinären Adeligen bereits früh abgelehnt,[17] zumal der Begriff der Natürlichkeit keinesfalls dazu taugte, einen Gegensatz gegenüber der formalen Gartengestaltung auszumachen. Wenn Dezallier d'Argenville im Jahr 1713 für die Gartenkunst die fundamentale Forderung stellte, »dass die Kunst der Natur weiche«,[18] so hatte er nicht die geschwungenen Linien des Landschaftsgartens im Blick, sondern die Abwehr von künstlich überladener und gewollter Form, wie sie Versailles repräsentierte.[19] Der Gartengestaltung vermittelte der Barockgarten den Status einer eigenständigen Kunst, die nicht von der Malerei abhängig war, sondern aus einem eigenen, unverwechselbaren Anspruchsrahmen auftrat, in dem die Nachahmung der wohlgestalteten Natur, und nicht deren Domestizierung gefasst war. Er gab sich als künstlich geschaffen aus, um gerade seine gewollte Artifizialität mit dem Anspruch zu verbinden, ein inneres Naturprinzip aufzuführen. Über das gesamte 18. Jahrhundert war dies die Basis der Kritik am Landschaftsgarten, die vor allem in Frankreich in breiter Front artikuliert wurde, nachdem sich die Ablehnung des Rokoko-Gartens mit der des Landschaftsgartens verband.[20]

Im Jahr 1795, als Eberhard seine Biographie von Leibniz mit dem Zusammenspiel von Landschaft und Geometrie publizierte (Abb. 22, S. 34 und Abb. 31, S. 40), spitzte ein anonymer Autor den Konflikt auf die Verwendung der geraden und der krummen Linie hin zu. In den *Annalen der Gärtnerey* hat der Verfasser den Ausgangspunkt zusammengefasst: »Die Griechen und Römer scheinen, so viel uns die dunklen Beschreibungen ihrer Gärten vermuthen lassen, nach geraden Linien gearbeitet zu haben, und in neuern Zeiten haben die Franzosen ihre Gärten nach geraden Linien angelegt. / Dies ahmte ganz Europa nach, und fand seine Gärten schön. / In der Mitte unsers Jahrhundertes führten die Engeländer nach dem Beyspiele der Chinesen, die krumme Linie ein, verbannten alle geraden Gänge aus ihren Gärten, und wollten nur nach krummen Linien gehen, und setzen darin die größte Schönheit eines Gartens. / Dies ahmt nun wieder ganz Europa nach, und findet seine nach krummen Linien, noch so bizarre angelegten Gärten, welche man englische Gärten nennet, allein schön.«[21] Und wie die Natürlichkeit mit geraden Linien zu identifizieren sei, so die Künstlichkeit mit gebogenen: »Die gerade Linie ist die Linie der Natur; denn ein sich selbst überlassener Körper, er sey lebendig oder leblos, Mensch, Thier oder Kugel, läuft nach geraden Linien; und weicht als denn nur erst davon ab, wenn ihn etwas verhindert, seinen Lauf fortzusetzen. Der Schall, und Lichtstrahl kommen ebenfalls nach geraden Linien in unsern Augen und Ohren, wenn sie keine Hindernisse, die eine Brechung oder Krümmung verursachen, auf ihrem Wege finden.«[22]

Anhand zahlreicher weiterer Beispiele führt der Autor an, dass die gerade Linie auch beim Spaziergang körperliches Wohlbefinden auslöse, sodass sie in Gärten einzusetzen sei, zumal sie dem Blick schmeichele, Pracht zu entfalten vermöge und perspektivisch zu denken und zu handeln ermögliche. Ihr Nachteil liege allein darin, dass sie unter Umständen das Gesamte auf einen Blick erscheinen lasse, was die Lust der Überraschung verhindere.[23] In dieser Einschränkung äußert sich die Kritik des *coup d'œil* im Medium des Wunsches nach sukzessiver Erschließung.

Wenn die gerade Linie die der Natur sei, so der anonyme Autor, dann sei die krumme Linie »die der Kunst; denn es giebt in der Natur, so lange sie im ruhigen, ungehinderten Zustande bleibt, wie oben erwiesen ist, keine krumme oder gebogene Linie, und nur ein Zufall oder Nachdenken, hat sie erfunden.«[24] Die krumme Linie sei die des Verbiegens und des Zwanges, weil sie die Spaziergänger nötige, sich zu drehen und zu wenden. Zudem benötige sie Platz, um sich entfalten zu können, und entsprechend verbrauche der Nutzer mehr Zeit, um diese zu erschließen. Durchaus habe sie auch ihre angenehme Seite, aber ohne Frage müsse konstatiert werden, dass sie die Linie der Kunst und nicht etwa die der Natur sei.[25]

Der Anonymus der *Annalen der Gärtnerey* stand mit seiner Kritik des Landschaftsgartens nicht allein. Johann Wolfgang Goethe erachtete den Wörlitzer Landschaftsgarten zwar als Utopie eines herrschaftsfreien Arkadien, aber auch er empfand die Kluft von Anspruch und Realität.[26] In seinem Tagebuch notierte er: »Lob der frühen französischen Gartenformen, wenigstens für große Schlösser: Die geräumigen Laubdächer, Berceaux, Quinconces, lassen doch eine zahlreiche Gesellschaft sich anständig entwickeln und vereinen, während man in unseren englischen Anlagen, die ich *naturspäßige* nennen möchte, allerwärts aneinander stößt, sich hemmt oder verliert.«[27] Wenn Goethe den englischen Landschaftsgarten nicht etwa als einen Raum gelassener Freiheit charakterisierte, sondern eines Geheges diskreditierte, das die Flaneure ungewollt immer wieder aufeinanderstoßen lässt, weil sie zum Objekt einer »naturspäßigen« Inszenierung werden, so hat er jene Freiheitsrhetorik historisch distanziert, die in Shaftesburys Ablehnung des Barockgartens kulminierte. Angesichts des Pathos, der die Idee des Landschaftsgartens mit sozialen, politischen und kulturellen Idealen auflud, vermittelte Goethe einen Begriff für dessen Widersprüche.

Georg Friedrich Wilhelm Hegel dagegen sah in der pittoresken Spielart des Landschaftsgartens nicht mehr den inneren Konflikt, sondern nur mehr eine fadenscheinige Überspielung der Künstlichkeit dieser Gartenform. Der malerische »Reiz, der sogleich befriedigt ist, verschwindet bald, und man kann dergleichen nicht zweimal ansehen; denn diese Zutat bietet dem Anblick nichts Unendliches, keine in sich seiende Seele dar und ist außerdem für die Unterhaltung, das Gespräch beim Umhergehen nur langweilig und lästig.«[28] Damit war gegenüber dem Enthusiasmus, der einhundert Jahre zuvor die Durchsetzung des Landschaftsgartens begleitet hatte, die Kritik in ein Extrem umgesprungen, das sich in seiner Entschiedenheit mit dem Antipoden berührte.

2. Öffnungen des Barockgartens

Mit Blick auf die Zugänglichkeit ist ebenfalls eine Gegenrechnung zu den herkömmlichen Bewertungen aufzumachen. Der im Jahr 1792 eröffnete Englische Garten in München gilt als erster seiner Art, der dem Publikum von Beginn an uneingeschränkt geöffnet wurde.[29] Auch diese Deutung aber beruht auf einer künstlichen Frontstellung gegenüber dem Barockgarten. Wenn öffentliche Zugänglichkeit das Zeichen von Liberalität ist, dann war dieser der Modellraum, und nicht erst der Landschaftsgarten. Gerade weil er geometrisch angelegt war, bot er die Möglichkeit, öffentlich zugänglich gemacht zu werden. Die Form des Barockgartens war nicht etwa ein Grund der Abschirmung, sondern die Bedingung der Öffnung des Gartens.[30]

Dieses Phänomen lässt sich bis in das 16. Jahrhundert zurückverfolgen, als die Pariser Tuilerien öffentlich zugänglich gemacht wurden und damit das Beispiel für zahlreiche weitere Gärten gaben.[31] In London wurde der königliche Hyde Park im Jahr 1635 durch Karl I. geöffnet,[32] und im Jahr 1661 beauftragte Karl II. nach Rückkehr aus dem französischen Exil den Gartenkünstler André Mollet, mit der Umwandlung des St. James Park in einen geometrischen Garten französischen Stils eine Symbolstätte für die restaurierte Monarchie zu schaffen, die allen Untertanen, die ein Schwert zu tragen befugt waren, freien Eintritt gewährte.[33]

Auch für diese Art Öffentlichkeit bot Versailles das Modell. Vom Schloss aus konnten auf einen Blick große Flächen und Linienzüge erfasst werden, aber diese Blickform hatte auch eine Gegenrichtung, die den König zum Objekt der Zugänglichkeit machte. Die Transparenz des Hofes und die Erreichbarkeit des Souveräns war inszeniert, und daher wurde der Garten von Versailles zum Reflexionsraum einer weitgefassten Öffentlichkeit. In diesem Rahmen wurde er zu einem Medium scharfer Urteilsfindung, und zu ihr gehörte auch die teils beißende Kritik.[34] Versailles setzte auf Sichtbarkeit, und seit Beginn des 18. Jahrhunderts waren seine Parkanlagen für Mitglieder aller Stände offen. Ein Reiseführer des Jahres 1718 berichtete: »Der Parc oder der Garten zu Versailles steht Tag und Nacht offen / und können hier ohne Unterschied alle Menschen / arm und reich / jung und alt / vornehm und gering herein gehen und sich divertieren«.[35] Nicht erst der im Geist der französischen Revolution gegen Ende des 18. Jahrhunderts errichtete Englische Garten Münchens, sondern das Urbild des Barockgartens markierte die Zäsur zur allgemeinen Gartenöffnung.[36]

Hannover hatte einen eigenen Anteil an der Geschichte der allgemeinen Gartenöffnung 1720. Zwei Jahre, nachdem aus Versailles der Bericht über die generelle Zugänglichkeit des Gartens kam, wurde östlich der Herrenhäuser Allee das Schloss Monbrillant mit einem Garten angelegt, der in seiner geometrischen Struktur den dortigen Großen Garten *en miniature* nachzuahmen suchte. Er war von Beginn an öffentlich zugänglich.[37] Diese Regelung lag in der Tendenz dessen, was der Große Garten von Herrenhausen vorgegeben hatte. Auch er widersprach der Annahme, dass der Barockgarten exklusiv, der Landschaftsgarten dagegen offen gewesen sei. Er widersetzte sich dieser Konvention durch die Paradoxie, dass sein unter dem Himmel liegendes Areal als eine dem Zeremoniell nicht zugängliche Privatsphäre galt. Als Zone höfischer Empfangs- und Begegnungsnormen galt auf dem Vorhof und im Inneren des Schlosses der Kodex der Zeremonien, wohingegen im Garten ein ungezwungen privates Verhalten gepflegt werden konnte.[38]

Die große Ansicht aus der Zeit um 1708 (Tafel vorn) hat diesen Doppelcharakter eindringlich vor Augen geführt. Der Vorhof ist durch eine vier- und eine sechsspännige Kutsche sowie einen Trupp von zwölf lanzenbewehrten Gendarmen und ihrem Anführer bestimmt, die rechts unten in Viererreihen angetreten sind (Abb. 87). Die weiteren Personen

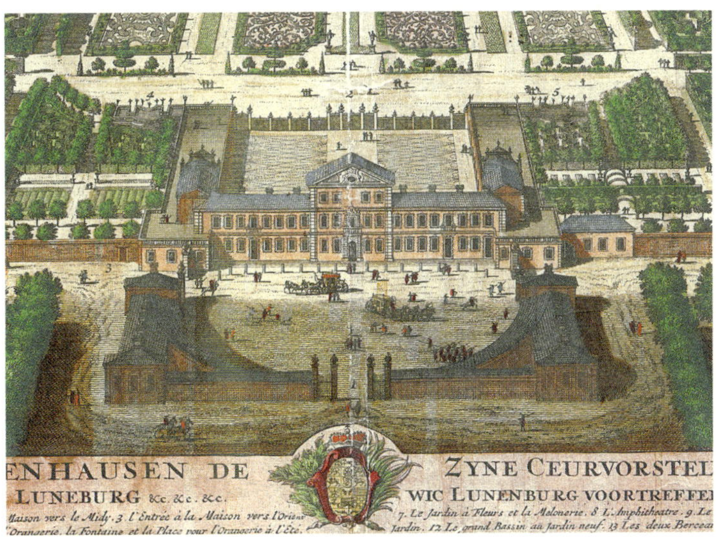

87 *Schloss und Vorhof von Herrenhausen, Detail aus Tafel vorn*

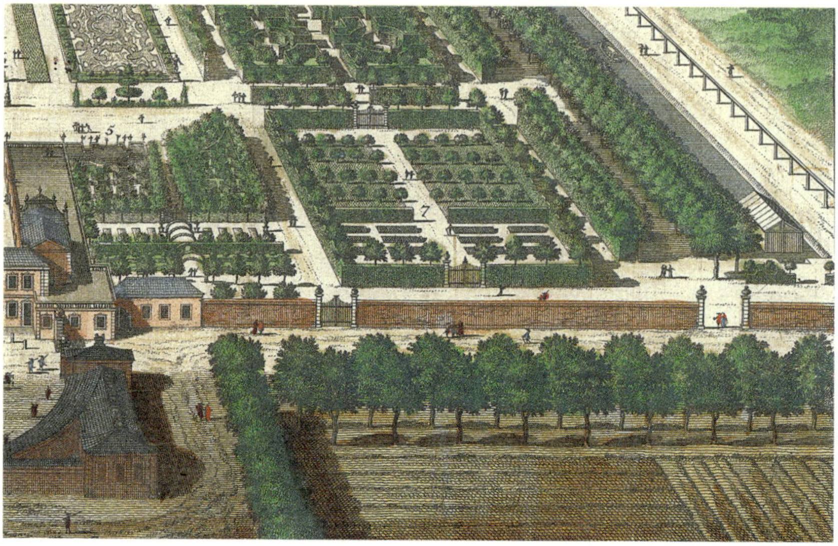

88 *Nordwestecke des Gartens von Herrenhausen, Detail aus Tafel vorn*

sind in geschäftiger Eile, bei der Begrüßung oder im Gespräch gezeigt. Insgesamt stellt sich der Eindruck eines hoheitlich bewachten Raumes ein, in dem die An- und Abfahrt organisiert wird.

Der Eintritt in den Garten dagegen war zumindest auf diesem um 1708 geschaffenen Idealbild frei (Abb. 88). Am westlichen Eingangstor versperren weder Gitter noch Posten den Zugang, und ein demonstrativ gezeigtes Paar geht unbehelligt durch das offene Tor. Zudem fehlen im gesamten Garten die Ordnungskräfte (Abb. 89), und die insgesamt 155 Besucher veranschaulichen durch den Wechsel von Einzelbewegung oder auch Gruppenbildung die Möglichkeit, individuell zu agieren. Über allem liegt im Gegensatz zur Betriebsamkeit des Vorhofs die Atmosphäre einer reflektierten Ruhe, Absenz von Ordnungsmacht, Privatheit und Offenheit: In all diesen Elementen zeigt der Garten jene nicht-zeremonielle Bestimmung, die vorgeblich erst die Gartenrevolution des 18. Jahrhunderts in die Welt brachte. Der Große Garten von Herrenhausen war weniger eine zeremoniale Verhaltenssphäre als vielmehr ein freier Entfaltungsraum. Dies erklärt auch die Zwanglosigkeit des Austauschs, die aus den Begegnungen zwischen der Kurfürstin Sophie und Leibniz spricht.

89 *Königsbusch und Heckentheater, Detail aus Tafel vorn*

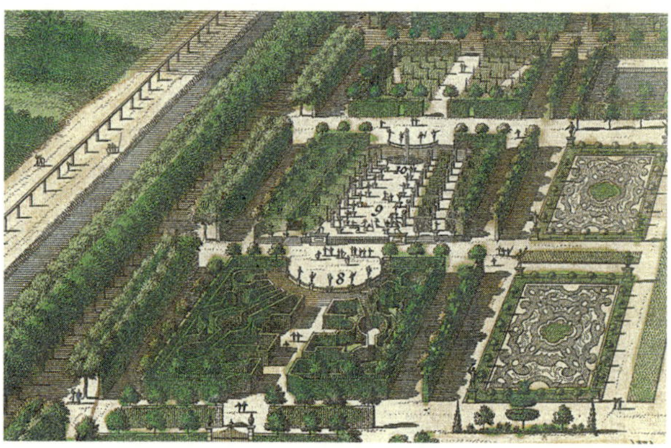

Die architektonische Grunddisposition des Gartens, zwar auf das

Schloss bezogen zu sein, sich von ihm aber als ein eigener Raum abzusetzen, gewinnt durch diese Bestimmung eine innere Folgerichtigkeit. Als riesige Sphäre des Ungezwungenen besitzt er die Suprematie über das zeremonial geprägte Schloss. In dieser Formautonomie liegt das Hauptargument, das sich den gängigen Vorstellungen über den höfischen Charakter des Formalgartens widersetzt.[39] Die private Lebensform, die aus dem Rückblick im Landschaftsgarten ihr erstes Privileg gefunden zu haben scheint,[40] war in Herrenhausen die Regel.

Georg Ludwig, der Sohn der Kurfürstin Sophie, scheint dieses gedankliche Klima zur Natur seiner selbst gemacht zu haben. Nachdem er die englische Königswürde im Jahr 1714 erhalten hatte, verblüffte er das Publikum mit seiner Abneigung gegen Hierarchien und zeremoniell kodifizierte Umgangsformen. Dieses Verhalten war derart ausgeprägt, dass er eher als Privatmann denn als König wahrgenommen wurde. Erst das Missverständnis, dass er sich von allem Englischen abkapsle, ließ ihn dazu übergehen, das Hofleben stärker zu beachten und sich auch in der Öffentlichkeit zeremoniell zu bewegen.[41] Wann immer Georg Ludwig als George I. in königlicher Würde nach Herrenhausen zurückkehrte, musste er sich auch hier bis zu einem gewissen Grad amtsgemäß verhalten, was dazu führte, dass auch der Große Garten nun stärker in das Zeremoniell einbezogen wurde, aber dies bewirkte im selben Zug, dass sich dieses entspannte. Zu den Assembleen, Theatervorführungen und vor allem den in großem Stil gefeierten Bällen waren auch Nichtadlige zugelassen. An den Maskenbällen, auf denen die soziale Zugehörigkeit verhüllt war, nahmen die zahlreichen Gäste bis zum frühen Morgen teil,[42] und immer wieder war der Zugang zu Festen frei, so dass Tausende von Teilnehmern erschienen.[43] Es lag in dieser Logik, dass der Garten nach dem Siebenjährigen Krieg (1756–1763) »für jederman« zum Besuch freigegeben wurde.[44]

In all diesen Kommunikationsformen bereitete sich ein Verhalten vor, das zur Eingewöhnung ungezwungener Verhaltensformen führte. Sie endete mit der bis heute üblichen Besetzung des Rasens als einer legeren Sitz- und Lagerfläche, und mit ihr erlebte die Gartenform des Mittelalters und der italienischen Stadtrepubliken eine neue Aktualität.[45] Der Große Garten von Herrenhausen hat geholfen, diesen nichtzeremoniellen Charakter des Gartens vorzubereiten, und hierin bietet er ein weiteres Phänomen des Umstands, dass der Barock- und der Landschaftsgarten zwei Varianten ähnlich gelagerter Empfindungen und Zielvorstellungen darstellen.

3. Die Natürlichkeit der Geometrie

Das Zusammenspiel von Natürlichkeit und Geometrie, das Leibniz im Großen Garten von Herrenhausen empfunden haben muss, hat der Jurist und Kunsthistoriker Friedrich Wilhelm Basilius Freiherr von Ramdohr gegen Ende des 18. Jahrhunderts in eine provokante Form gebracht. Die von ihm formulierte Überwindung des Widerspruchs zwischen Formal- und Landschaftsgarten war an sich nicht originell, weil sie einer Position entsprach, die im letzten Viertel des Jahrhunderts die Diskussionen in Frankreich und teils auch in Deutschland beherrscht hatte.[46] Eigenständig war seine Gartentheorie aber darin, dass sie den menschlichen Körper in seiner Beschaffenheit und seiner Motorik zum Maßstab der Bewertung machte, und im Zusammenhang mit Herrenhausen ist entscheidend, dass er seine Abhandlung während seiner Zeit in Hannover verfasste und auch publizierte.

Ramdohr war seiner Triebtheorie nach ein libertinärer Freigeist, der die sexuellen Anziehungskräfte aus der zeitgenössischen Diskussion um Chemie und Physik ableitete.[47] Dies klingt nach der Philosophie des Epikur, aber Ramdohr bekräftigt und würzt seine Philosophie des Gartens vielmehr mit einem Argument des Antipoden Platon. Als Verächter der mimetischen Kunsttheorie nimmt er Platons Kritik auf, dass eine pure Nachahmung der Natur lediglich einen Sekundärspiegel bereitstelle.[48] Wahre Gartenkunst ist Ramdohr zufolge daher nicht Nachahmung der Natur, sondern Durchkreuzung von Natur und menschlichem Körperempfinden, das weder auf geschwungene noch gerade Linien allein festgelegt werden könne. Zu ihm gehöre vielmehr gleichermaßen die »schlangenlinie, die eurythmische und symmetrische distribuzion, die reguläre geometrische figur usw.«[49]

Der Gartenkünstler, so Ramdohr, »schafft körper, zu deren gestalt er in der natur kein spezifikes vorbild vor sich sieht. Er richtet sich also nach den allgemeinen vorschriften, welche ihm die natur giebt, wenn sie ihre werke zu gleicher zeit zweckmäßig und wohlgefällig machen will. Der körper des menschen giebt ihm dazu einzelne erfahrungen an die hand.«[50] Als habe auch er bereits die moderne Lehre des *extended mind* und der Körperschemata im Sinn,[51] ist die Gartenkunst für Ramdohr ein Zusammenschwingen aller nur möglichen Körperempfindungen mit der Gestaltung der Natur. Vom Körper, so Ramdohr, lernt der Gartenkünstler, dass »eurythmie und symmetrie solche körper und flächen, welche der blick auf einmal mit ihren gränzen umfaßt, wohlgefällig anordnen.«[52] Konträr zur herrschenden Gartentheorie betont Ramdohr im Sinne dieser fundamentalen Beziehung zwischen Körperbewegung und Gartenkunst, dass auch und gerade der geometrische Garten den Möglichkeiten natürlicher Bewegungen des Menschen angemessen sei. Der Gartenkünstler »fühlt« ihm zufolge, »daß ordnung, welche symmetrie und eurythmie versinnlichen, mit dem zwecke seiner werke im genauesten verhältniße, und daß der feste stoff, den er bearbeitet, mit der regularität geometrischer figuren in beziehung steht. Darum ist er symmetrisch, eurythmetisch, darum bildet er regulaire geometrische figuren.«[53] Während die geometrische Form aus der Natur selbst stamme, sei die Wegeführung des Landschaftsgartens nicht natürlich, sondern künstlich.[54]

Schließlich entwickelt Ramdohr die Überlegung, dass die geometrischen Gärten ehrlicher seien, weil sie die Mechanismen offenlegten, derer sich die Effekte der Gartenkunst verdankten. Während der geometrische Garten seine Mechanik etwa bei Kaskaden zeige, gebe der Landschaftsgarten mit seinen künstlichen Wasserfällen dagegen nur vor, reine Natur zu sein. Eine Kaskade könne Ramdohr zufolge »oft schicklicher seyn, als ein natürlicher Wasserfall, zu dem man die veranlaßung nicht sieht.«[55]

In der Summe ließ Ramdohr beide Arten der Gartengestaltung, den Barock- wie den Landschaftsgarten gelten, da sie gemeinsam wahre Gartenkunst erzeugen könnten. Aber um diese Bestimmung zu erreichen, musste er in einer Zeit, in der die »Gartenrevolution« einen hegemonialen Anspruch auf die Gartentheorie und Gartengestaltung vertrat, eine Rehabilitierung des geometrischen Gartens reklamieren.[56] Durchweg, so Ramdohr wie auch die ähnlich gestimmten Kritiker vor und nach ihm, bedurfte die vorgebliche Natürlichkeit einer höheren Form an Betreuung und Künstlichkeit, als sie der geometrische Garten erforderte. Und keinesfalls, dies kam als Einwand hinzu, war seine weiche Wegeführung natürlicher und weniger fordernd als die Geometrie des Barockgartens.

4. Die Wolken des Lukrez

Ramdohrs Theorie über die Vereinbarkeit von Barock- und Landschaftsgarten liegt in der Konsequenz dessen, was Leibniz im Großen Garten von Herrenhausen erfahren und in seiner Naturphilosophie entwickelt hat. Neben den Überlegungen von Leibniz lag die entscheidende zeitgenössische Formulierung jedoch nicht im Text, sondern im Bild. Wie gesehen, inszeniert die Gesamtschau von 1708, wie die scheinbare Unendlichkeit der zentralen Achse nach Süden hin jenseits des Gartens weiterläuft, dann aber aufgefangen, geteilt und vom oberen Wald verschluckt wird (Abb. 57, S. 80). Die sich anschließenden Berge enden in weichen Schwüngen, über denen ähnlich gestaltete Formen der Wolken antworten. Sie kommen, ihre Abfolge wechselnd, dem Betrachter entgegen. Zwischen dem nach rechts ausufernden Wald und der Wolkenformation scheint eine Beziehung zu bestehen, obwohl diese stärker gebuchtet ist. Offenkundig musste der dunklen Zone des Waldes ein himmlisches Gegengebilde antworten, schon um der Darstellung einen oberen Abschluss zu geben.

Dass hier mehr als nur eine kompositionelle Antithese im Spiel ist, legt das vermutlich von Jan Luyken geschaffene Frontispiz von Bernard Le Bovier de Fontenelles revolutionärer, als Gartengespräch formulierter Schrift *Entretiens sur la Pluralité des Mondes* nahe (Abb. 90).[57] Der Stich zeigt einen Garten, über dem sich ein Himmel wölbt, in den das Schema des Sonnensystems sowie zweier weiterer Weltsysteme als Realereignis eingetragen ist. Die Bäume des irdischen Gartens nehmen die Kreisbahnen der Planeten auf. Mit dieser Korrespondenz ist aber der Himmel als Überhöhung des Gartens bezeichnet, während der Garten als Materialisierung des Himmels erscheint. Das Phänomen der intrinsisch gebundenen Unendlichkeit, das anhand der Grundrisse und Vogelansichten von Versailles und Herrenhausen zu erkennen war, wird hier in Form eines von der Erde zum Himmel reichenden Sphärensystems pluraler Welten aufgenommen.

90 *Jan Luyken (?), Ein Paar diskutiert die Pluralität der Welten, Kupferstich, aus: Fontenelle, 1701, Frontispiz*

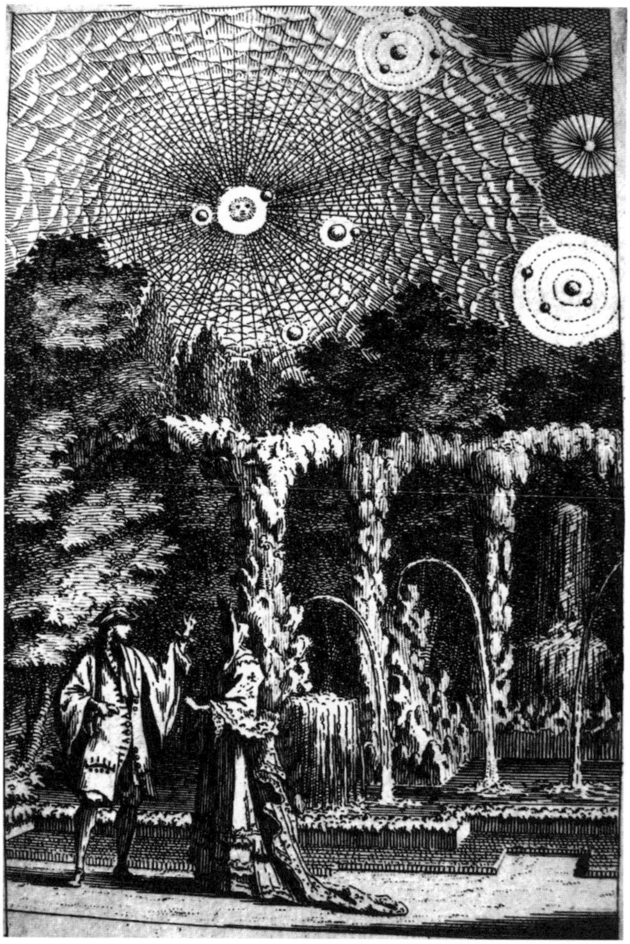

Die Darstellung Herrenhausens von 1708 wirkt, als sollte Fontenelles Nachtszene in das Licht des Tages übertragen werden. Auch hier ergibt sich eine Korrespondenz zwischen Himmel und Erde (Tafel vorn). Der Blickpunkt des Betrachters scheint an die Unterseite der vordersten, dunkleren Wolke geheftet, und damit wölbt sich der Raum vom Garten über die Hügelkette und die Wolken in einer Weise zurück, dass ein gebogenes Raumkontinuum entsteht. Umso auffälliger tritt hervor, dass vom linken zum rechten Bildrand eine riesige Schattenzunge über den Boskettbereich gelegt ist, um diesem mit

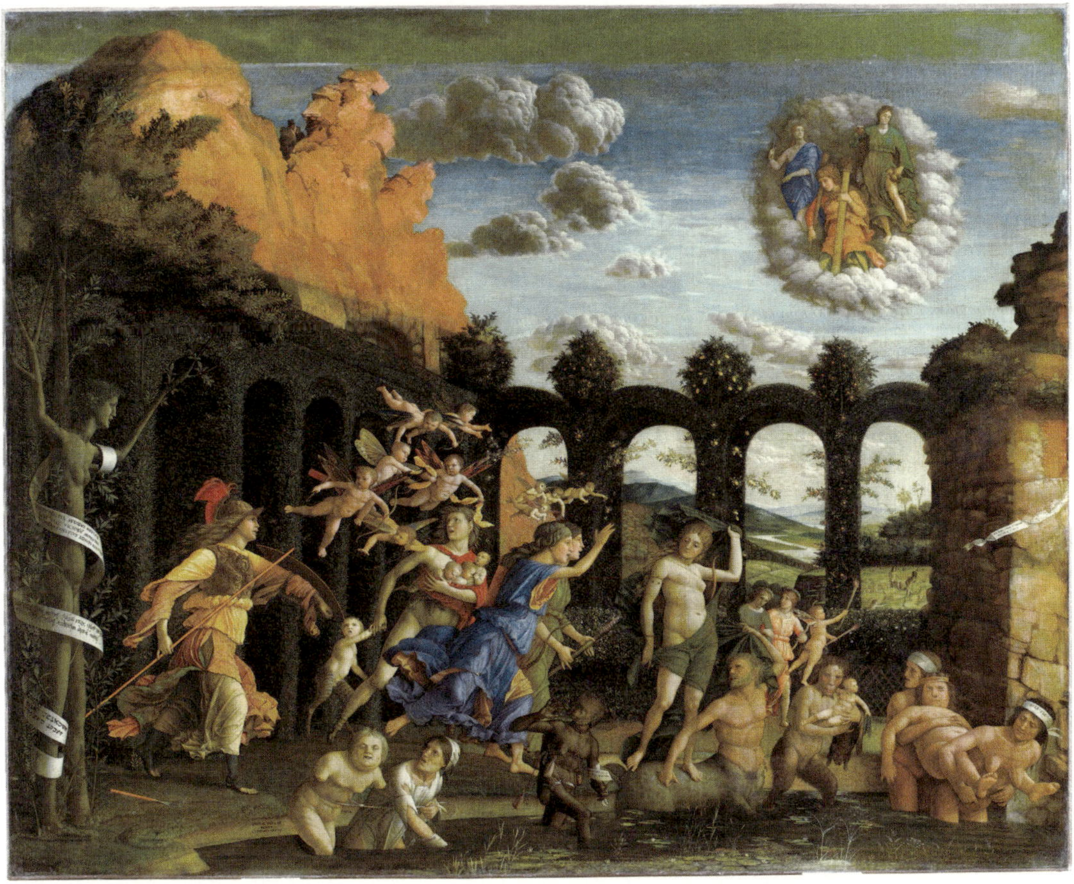

91 *Andrea Mantegna, Pallas vertreibt die Laster aus dem Garten der Tugenden, Öl auf Leinwand, ca. 1500–1502*

ihrer weichen Kontur etwas von der Umgebung des Gartens zu vermitteln. Die Grenzüberschreitung des Landschaftsgartens geschieht hier über die Projektion einer großen Wolke auf die Erdoberfläche. Der Himmel, von dem die Maßstäbe der geometrischen Ordnung genommen sind, schickt auch jenes amoenische Prinzip, das mit dem Landschaftsgarten identifiziert werden wird.

Als ein Hauptmotiv von Lukrez' *De rerum natura* gelten die Wolken und deren immer wieder neue Variationen hervorbringende Bildkräfte, die regellos und metamorphotisch überraschende Motive generieren.[58] Andrea Mantegna hat diese mehrfach gemalt. So zeigt sein Gemälde des Tugendsieges aus dem Louvre die Austreibung der Venus und ihres Gefolges durch die links heranstürmende Pallas Athene, die mit Blick auf die im Himmel erscheinenden drei Tugenden der Gerechtigkeit, Stärke und Mäßigung ihr Werk vollzieht (Abb. 91).[59] In der Fixierung der Bewegungsszene zu einem gemalten *tableau vivant* soll die Tugend über jene Sinne siegen, die den pfeilbewehrten Amor

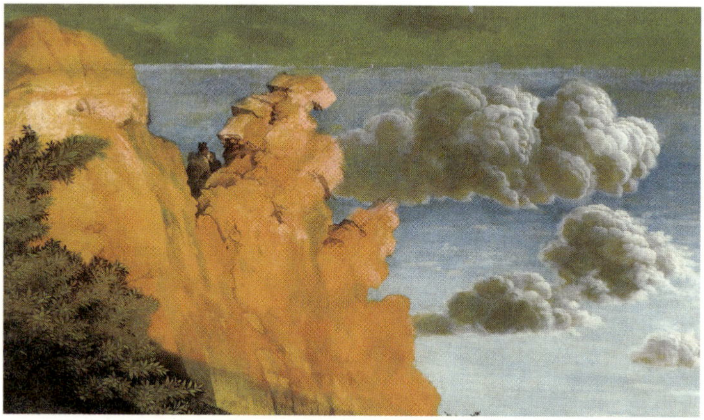

als den großen Anarchen des Kosmos in die Schranken weist. Aber links bauen sich über zerklüfteten Felsen Metamorphosen auf, die ihr eigenwilliges Spiel mit der Netzhaut des Menschen treiben (Abb. 92). Das terrestrische Gebilde findet seine Fortsetzung in den Wolken, die Zufallsbilder in Form menschlicher Gesichter zeigen. Indem sich diese Bildkraft den drei himmlischen Kardinaltugenden entgegenzustellen scheint, ist hier kein Sieg, sondern ein Konflikt zwischen Formkontingenz und Tugendnorm dargestellt. Dem irdischen Kampf der Tugend gegen das Laster ist der sich in den Himmel türmende Angriff der Formmetamorphosen auf die gefügte Norm konfrontiert. Hierin stellen die Wolkenbilder die latente Figürlichkeit einer allgemeinen *dynamis* dar, welche die gesamte Natur erfüllt.

92 *Detail aus Abb. 91*

Dass zwischen der Beweglichkeit der Wolken und den festen Aggregatzuständen der Erde kein radikaler Gegensatz, sondern ein fließender Übergang besteht, bleibt der Grundton der Landschaften bis zu William Turner. Die wohl suggestivsten Fassungen dieser

93 *Nachfolge von Hercules Seghers, Fluss- und Berglandschaft, Öl auf Leinwand, Mitte 17. Jahrhundert*

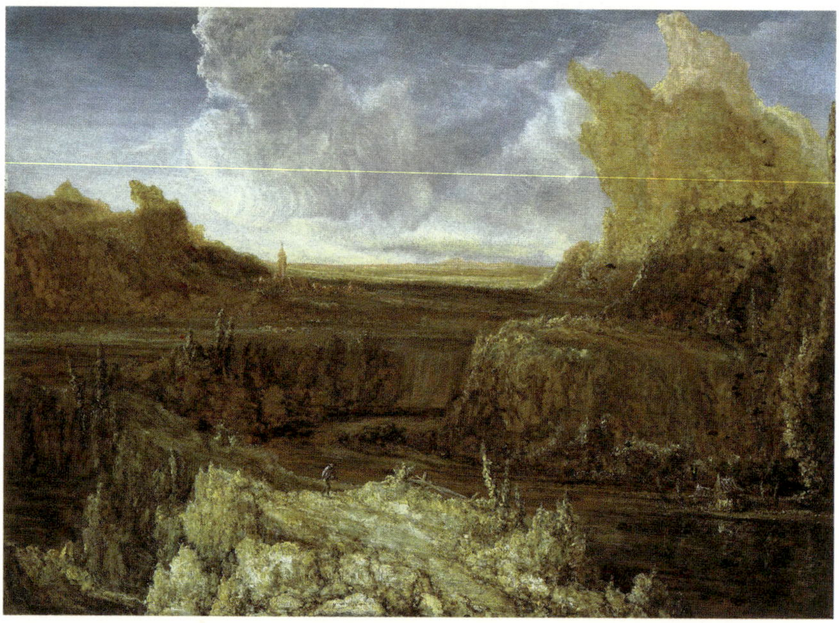

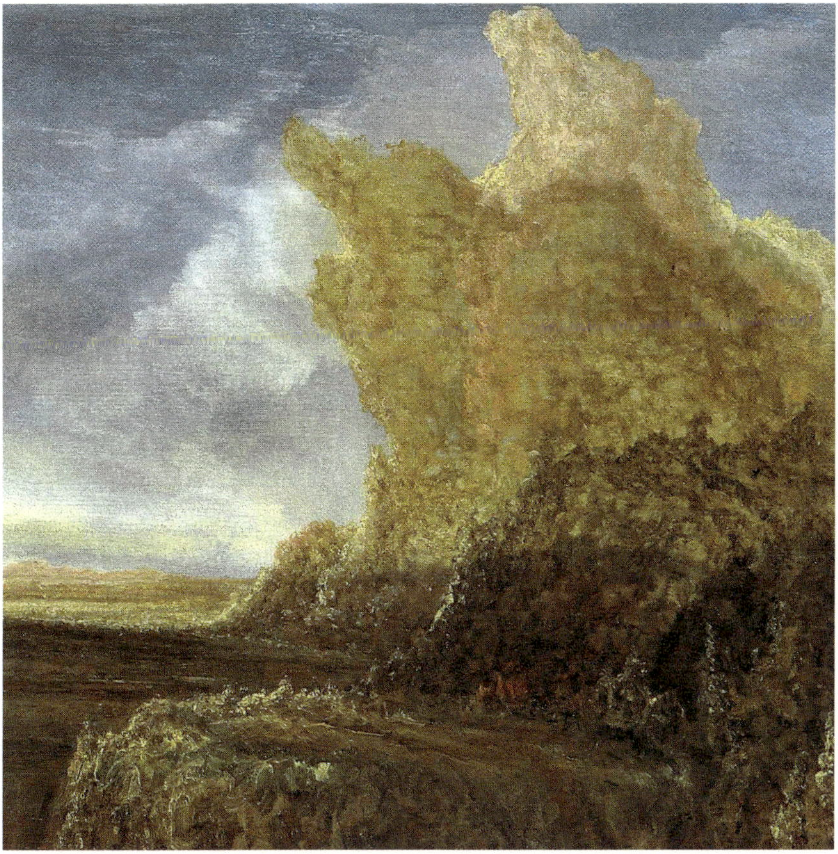

94 *Detail aus Abb. 93*

Korrespondenzen vor dem 19. Jahrhundert stammen vom niederländischen Maler Hercules Seghers, einem Vorbild Rembrandts. Wie die festen Naturgebilde seiner späten Gemälde und Radierungen vor innerem Leben zu sprühen scheinen, so wirken die Wolken verfestigt, und dies gilt insbesondere für das ihm oder einem seiner Schüler zuzuschreibende Landschaftsgemälde, auf dem sich ein Fluss ein tiefes Bett gegraben hat, zu dessen Seiten sich Berge auftürmen (Abb. 93).[60] Da die Horizontlinie hinter dem rechten Bergzug zu erkennen ist, wirkt dieser nicht wie feste Erde oder hartes Gestein, sondern wie ein durchscheinender Alabaster, der sich zum oberen Bildrand hin immer stärker in Atmosphäre auflöst, um sich mit seinen fingerförmigen Ausbuchtungen den Wolkenformationen anzugleichen (Abb. 94). Selten wohl dürfte der Übergang der Wolken in Erdformationen als ein so diffuses Kontinuum formuliert worden sein wie auf diesem Gemälde einer durch und durch mobilisierten Natur.[61]

Auf dem Vogelblick auf Herrenhausen laufen die Formationen in ähnlicher Weise ineinander über (Tafel vorn), während der

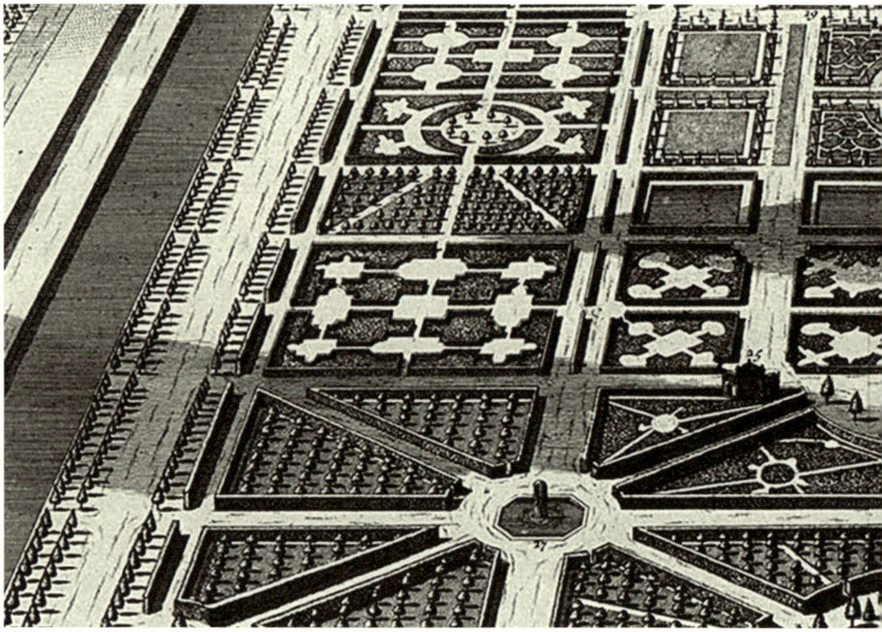

95 *Wolkenschatten über dem Großen Garten, Detail aus Tafel hinten*

Gartenbereich auf den ersten Blick eine Gegenwelt zu repräsentieren scheint. Dass aber ausgerechnet der Boskettbereich von einem Zeugen der wolkenhaft wandernden Bildkraft überzogen wird, erscheint als ein Zeichen für das Ineinander von Ordnung und Freiheit, das dem barocken Garten zu eigen ist. Deutlicher noch wird dieses Doppelspiel in dem großen Kupferstich von um 1725, bei dem sich eine größere Zahl von Wolken über den Garten legt (Abb. 95 und Tafel hinten). Damit vermitteln sie ihm ein Prinzip, das später exklusiv mit dem Landschaftsgarten verbunden werden wird. Es ist das Lichttheater des Himmels, das den Barockgarten mit den Motiven jener Spieltheorie von Lukrez versieht, die Leibniz ungeachtet seiner Ablehnung von dessen philosophischer Gottesferne auf ähnliche Weise genutzt und in distanzierter Parallele entwickelt hat.

Für die eingangs gestellte Frage ergibt sich damit insgesamt, dass der Leibniz gewidmete Monopteros im Georgengarten keineswegs unsinnig platziert ist, denn der Große Garten von Herrenhausen steht sowohl in seiner inneren Struktur wie auch seiner von oben kommenden Beschattung bereits unter jenem philosophischen Prinzip, das mit dem Landschaftsgarten verbunden werden wird. Dies bedeutet nicht, die Großartigkeit des Landschaftsgartens zu verkleinern, sondern ihn aus jenem Poesierahmen zu nehmen, in dem sich die Moderne als Verbindung von Freiheit, Individualität und Natürlichkeit bespiegelt. All diese Kategorien waren im Großen Garten von

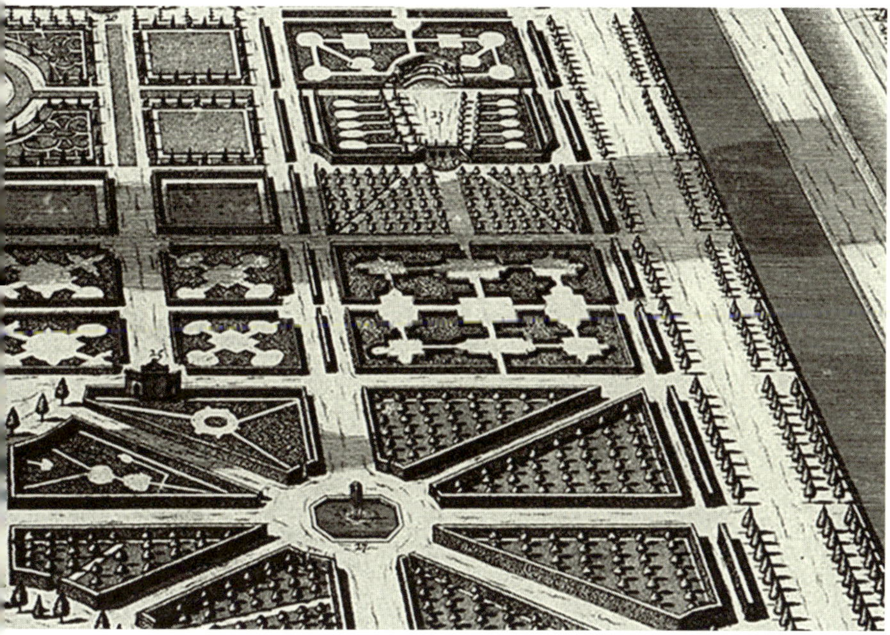

Herrenhausen bereits angelegt. Mit dem leibnizschen Prinzip der inneren Verschachtelung bildet er die Inkorporation einer Avantgarde, die von den Wolken her antwortet.

SCHLUSS

Es wirkt wie eine Fügung, dass sich Leibniz mit dem Großen Garten von Herrenhausen in einem Rahmen bewegen konnte, der seinem gegen Descartes gerichteten Naturbegriff entgegenkam. Seine Versuche, das Verhältnis von Geist und Materie prozessual zu bestimmen, schwanken zwischen einer geistbetonten Distanzierung gegenüber der sinnlichen Welt und eines Einsatzes ihrer Artefakte zur Entfaltung des inneren Kosmos komplexer Monaden.[1] Durch all seine Äußerungen zieht sich die Überlegung, dass ungeachtet der Frage nach dem geistigen Ursprung aller Schöpfung die geschaffene Welt als unauflösbares Zusammenspiel von Geist und Materie erachtet werden muss.[2] Der Große Garten von Herrenhausen war ein Möglichkeitsraum dieser Gedankenführung. Für Leibniz muss er das Modell einer zu sich selbst kommenden Natur wie auch einer Philosophie gewesen sein, welche die Gegensätze von Geist und Materie im Ursprung wie auch in allen Entwicklungsschritten als miteinander verwoben sah.

Der Große Garten von Herrenhausen ist ein, um Reinhard Kosellecks Begriff der »Sattelzeit« zu variieren, »Sattelgarten«.[3] Er bietet darin einen Sonderfall, dass er gegenüber dem ihn bedingenden Schloss von Beginn an einen eigenen Rang entwickelt hat. Die Spannung zwischen Bestimmung und Autonomie ist in Herrenhausen in einer Weise auf die Seite des Gartens verschoben, dass dem Schloss ein eher begleitender denn dominierender Status zukommt. Damit konnte der Große Garten zum Gegenmodell der zeremonialen Gestaltung werden. Indem er die Unendlichkeit der Schöpfung als interne Entfaltung zeigt, ist er von künstlicher Natürlichkeit, und seine geometrische Anlage vollzieht nicht etwa eine Bändigung von Einzelformen, sondern einen Ausschnitt theoretisch unendlicher Möglichkeiten. Er verkörpert nicht den Zwang, sondern die Freiheit, und seine technischen Finessen suchen die Natur nicht zu überwältigen, sondern die in ihr wirkenden Kräfte als Ineinander von Geometrie und Vielfalt zu aktivieren.

Dies war die Lehre, die Leibniz vom Großen Garten von Herrenhausen über einen Zeitraum von dreißig Jahren empfangen hat. Angesichts seiner bis heute uneingeholten Überzeugung, dass auch und gerade die unbewussten Sinneswahrnehmungen in ihrer Diffusität ein Modell aller Erkenntnis abgeben, hat der Große Garten von Herrenhausen auf ihn offenkundig wie ein Treibhaus von Erkenntnissen gewirkt, die von der Definition des Charakters der Schöpfung bis hin zur Konzeption der Zeit reichen. Wie er in der *Monadologie* ausgeführt hat, sah Leibniz im Garten seiner Zeit die Individualität allen Seins und mit ihr das Prinzip der Freiheit in seiner inneren Gestalt, die von innen her als unendlich kleiner Antrieb der Abweichung antwortete. Diese im Feinsten wirksame *dynamis* allen Seins baut auf jenem Prinzip auf, das Leibniz im Großen Garten von Herrenhausen reflektiert, wenn nicht gar gewonnen hat.

Der geometrische Garten vermochte diese Art prinzipieller Beugung als Zeichen einer nur unbewusst merklichen, lebendigen Kraft der Natur zu realisieren. Waren die Linien regelmäßig, konnte die Aberration wirksam werden. Hierin liegt die Bedingung, dass Leibniz' Philosophie der Natur auf einen geometrisch gestalteten Garten angewiesen war. Durch seine innere Verschachtelungsmöglichkeit wie auch durch seine Fähigkeit, »kleine Perzeptionen« der Abweichung erfahren zu lassen, erlaubte der barocke Garten einen Naturbegriff, der später allein dem Landschaftsgarten zugeschlagen wurde. Der Große Garten von Herrenhausen ist jedoch in der Philosophie seiner Erscheinungsweise eine vorgreifende Realisierung dessen, worauf sich der Anspruch des Landschaftsgartens gründen wird.

Für Leibniz war der Widerspruch zwischen beiden Gartenformen nur in ersten Ansätzen erfahrbar. Da er aber beide Prinzipien mit dem Herrenhäuser Garten verband, hätte er auf die spätere Zurücksetzung des Barockgartens fraglos mit Ablehnung reagiert. In dem im Großen Garten ermöglichten Sozialverhalten wie auch in der ungeheuren Komplexität seiner Gestaltung muss Leibniz ein Moment jener Freiheit empfunden haben, die jede Monade im Prozess ihrer inneren Entfaltung gewinnt.

DANK

Der vorliegende Essay ist aus Diskussionen entstanden, die seit 2007 die Rekonstruktion des Schlosses von Herrenhausen begleitet haben, nachdem Wilhelm Krull seitens der Volkswagen-Stiftung die Initiative zum Wiederaufbau ergriffen hat. Wesentliche Anstöße hat auch das aus diesem Anlass gemeinsam mit Joachim Wolschke-Bulmahn veranstaltete Symposium »Herrenhausen im internationalen Vergleich« vermittelt (2011).

Die gartengeschichtliche Arbeitsgruppe des Berliner Sonderforschungsbereichs *Transformationen der Antike* hat Alternativen zur herkömmlichen Gartengeschichte entwickelt, um die genealogische Ableitung der hortensischen Memorialkultur und insbesondere die stilistische und politische Bedeutung des Landschaftsgartens wie auch dessen Verhältnis zum Barockgarten neu zu bestimmen.[1] Als deren Mitglied habe ich zahlreiche Anregungen von Marcus Becker, Annette Dorgerloh und Michael Niedermeier erfahren.

Jürgen Gottschalk und Jean-Paul Guiot haben die Leibniz-Manuskripte, auf die ich durch Hinweis von Anja Fleck und Birgit Zimny von der Gottfried Wilhelm Leibniz Bibliothek in Hannover gestoßen bin, gemeinsam mit mir gesichtet und eigenständig transkribiert sowie auch übersetzt. In hohem Maße habe ich auch von Hartmut Hecht und Eberhard Knobloch von der Leibniz-Arbeitsstelle der Berlin-Brandenburgischen Akademie der Wissenschaften profitiert.

Ulrich Müller, Stefan Trinks und Maja Stark haben das gesamte Manuskript kritisch durchgesehen. Der Abschnitt zum *clinamen* verdankt sich meiner Teilnahme an der Lesegruppe zu Lukrez' *De rerum natura* im Wissenschaftskolleg zu Berlin, an der neben Reinhart Meyer-Kalkus, Christof Rapp und Oliver Primavesi auch Stephen Greenblatt teilgenommen hat. Er hat manche seiner in diesem Kreis geäußerten Überlegungen zum Ausgangspunkt seines Buches *The Swerve* (dt. *Die Wende*) gemacht,[2] von dem ich ebenso starke Anregungen erfahren habe wie von der gesamten Lesegruppe.

Von Lucia Ayala, Ulrike Feist, Dario Gamboni, Iris Lauterbach, Martin Olin, Pablo Schneider und Marie Theres Stauffer habe ich wertvolle Hinweise erhalten. Die wissenschaftlichen Hilfskräfte Thomas Helbig, Sara Hillnhütter, Leva Kochs, Christina Clausen, Tilmann Steger und Kolja Thurner haben in der Literatur- und Bildbeschaffung sowie in der Textkritik Herkulisches geleistet. Der Grafiker Vincent Kraft hat durch seine Umsetzungen nicht nur Gedanken realisiert, sondern diese auch zu klären verstanden. Das Namensregister wurde von Tilmann Steger erstellt.

Susanne Müller-Wolff, eine Spezialistin der Gartengeschichte, hat das Buch mit Zuspruch und Kritik begleitet, und Julie August hat es durch ihre umsichtige Herstellung nicht nur äußerlich mitgestaltet. Allen Genannten sei herzlich gedankt.

Zu danken ist schließlich der Max-Planck-Gesellschaft und der Alexander von Humboldt-Stiftung. Mit Hilfe des Max-Planck-Forschungspreises 2006 konnte das Buch in einer dem Thema angemessenen Weise ausgestattet werden.

Horst Bredekamp

ANHANG

ANMERKUNGEN

Vorwort

1 Lukrez, 1973. Vgl. für die Moderne: Paganini und Tortarolo, 2004, S. 11; Salem, 2004, S. 39.
2 Hierzu und zur Rolle des Gartens in der Philosophie Kants: Hoffmann, 2007, S. 51–53. Vgl. Conan, 2003. Zur Instutition des Gartengesprächs: Gamper, 1998, S. 182–201.
3 Zu *Nouvelle Héloïse* (Rousseau, 1961 [1761]): Lauterbach, 1987, S. 240f. und Wimmer, 1989, *Geschichte*, S. 165–168; zur Philosophie der Spaziergänge: Meier, 2011; zur St. Petersinsel: Piatti, 2001; zum Bruch: Wenderholm, 2010.
4 Temple, 1908.
5 Scafi, 2006.
6 »A Princely Fancy has begot all this; and a Princely Slavery, and Court-Dependence must maintain it« (Shaftesbury, 1737, S. 173). Vgl. Buttlar, 1982, S. 11. Zu Shaftesbury: Tabarasi, 2007, S. 79–86. Zur Rekonstruktion des hier wirksamen, gegen Thomas Hobbes gerichteten Natur- und Gesellschaftsbegriffs: Müller, 1998, S. 251f. Vgl. auch Hartmann, 1981, S. 78, Vesting, 1998 und Stobbe, 2009, S. 17.
7 Buttlar, 1982, S. 7–19. Adrian von Buttlars Darlegung hat dieser Idee die kanonische Rekonstruktion gewidmet. Eine tiefgründige Einzeluntersuchung hat Ulrich Müller mit seiner Analyse von Rousham vorgelegt: Müller, 1998. Wenn hier ein anderer Perspektivpunkt gewählt wird, dann in voller Wertschätzung dieser Arbeiten.
8 Rückert, 1969 [1799], S. 25. Vgl. Warnke, 1992, S. 94; Gamper, 1998; Saage und Seng, 1998, S. 220ff.
9 Mitreißend formuliert durch den 1933 nach London emigrierten Kunsthistoriker Rudolf Wittkower (1984, S. 322, 328). Vgl. die umfassende Analyse durch Tabarasi, 2007.
10 Zur Kritik dieser Zuordnung: Warnke, 1992, S. 94, und Niedermeier, 2003, mit Blick sowohl auf England wie Deutschland.
11 So erfüllte der ungebunden und unumzäunt sich mit der umgebenden Landschaft verbindende, zwischen ca. 1550 und 1580 geschaffene »Heilige Wald« von Bomarzo alle Kriterien der Freiheit, Individualität und Natürlichkeit des Landschaftsgartens. Er wurde angelegt, noch bevor der geometrische Garten in seiner französischen Form als Markenzeichen auftrat, gegen das dann die »Gartenrevolution« des Landschaftsgartens opponierte. Als scheinbar anachronistisches Ensemble bildete er den Ausgangspunkt, die Sukzessionslust der Gartengeschichte zu überdenken (Bredekamp, 1985, [1991]. Vgl. die verdienstvolle Sammelpublikation: *Bomarzo: il Sacro Bosco*, 2009. Vgl. auch Buttlar, 1982, S. 8). Zu den von Italien ausgehenden Linien: Strong, 1979; Hunt, 1986; grundlegend: Niedermeier, 2003. Vgl. Tabarasi, 2007, S. 75 (Milton), S. 85 (Shaftesbury), S. 170 (Alexandre de Laborde). Zu Mitteldeutschland: Niedermeier, 2001, S. 127–136; ders., 2003, S. 200–207; ders., 2005; Dorgerloh und Becker, 2012. Vgl. mit Blick auf Gesamteuropa: Hunt, 2002.
12 Hajós, 1989; Lauterbach, 1987; Stobbe, 2009, S. 12–17.
13 Lauterbach, 1987, S. 133 und passim; vgl. Wimmer, 1989, *Rezension*.
14 Leibniz, Monadologie, Par. 7: »Les Monades n'ont point de fenêtres« (Leibniz, 2002, S. 112).
15 Gegenstimmen bildeten: Busche, 1997; Pape, 1997; Bredekamp, 2004, zuletzt Garber, 2009. Mit Blick auf den Garten sind Hecht, 2006 und Hoffmann, 2007 hervorzuheben.
16 Grundlagen bieten: Clark und Chalmers, 1998; Gallagher, 2011; Krois, 2011.
17 Eine separate Publikation ist geplant.
18 Bislang wurde Leibniz' Memorandum zum Kanalbau von 1696 (Schuster, 1904, S. 186f.; Schutte, 1916, S. 28–31; Lange-Kothe, 1959, 123f.; Leibniz, 2000, S. 134–137) sowie die Korrespondenz mit Andreas Du Mont veröffentlicht (AA, III, 7, Nrn. 7, 12, 13, 20, 26).
19 Erste Überlegungen konnten auf dem Symposium »Herrenhausen im internationalen Vergleich« (Frühjahr 2011) sowie auf einer Veranstaltung der Universität von Lyon vorgetragen werden (Herbst 2011). Der Vortrag

von Lyon ist in eine eigene Monographie geflossen (Bredekamp, 2012).

I. Der Große Garten von Herrenhausen

1 Zur folgenden Deutung: Haak, 2001, S. 94, 233.
2 Sophie an ihre Enkelin Sophie Dorothea, 4. 7. 1713, in: *Briefwechsel der Kurfürstin*, 1927, S. 268. Der Nachsatz: »(namentlich weil ich Eurer Majestät dort regelmäßig schreiben kann)«, betont die Rolle des Gartens als Ort des Rückzugs und der Inspiration.
3 Haak, 2001, S. 221.
4 Deleuze, 1995. Vgl. zu diesem Motiv: Bredekamp, 2004, S. 14–17.
5 »Il me semble que je la voy expirer entre les bras de V. A. S. Cette morte a esté celle qu'elle souhaitée« (Leibniz, 1864–1884, Bd. 9, S. 462; vgl. Aiton, 1991, S. 458).
6 Stemper, 1997, S. 207.
7 Ebda. Zur Praxis von Leibniz als Entwerfer von Medaillen: Utermöhlen, 1999, S. 224–226 und Bredekamp, 2004, S. 144–149. Seine Tätigkeit erstreckt sich von den ersten Entwürfen des Jahres 1684 (AA, I, 4, S. 110–113) bis zu den gegen Lebensende durch vertiefte historische Forschungen erfundenen Modellen, wie sie in den Bänden von Leibniz' Korrespondenz belegt sind (AA, I, 18ff.). Speziell zur Medaille auf Sophie aus Anlass des *Act of Settlement* des Jahres 1701, der die englische Thronfolge der Hannoveraner Welfen über ihre Person besiegelte: Stemper, 1997, S. 202–206. Zu weiteren Medaillen: AA, I, 20, Nr. 18 und 19, S. 24f.; Nr. 47, S. 62, Z. 23–25.
8 AA, I, 4, Nr. 110, S. 149, Z. 11f.; vgl. Stemper, 1997, S. 195; 196–201 zu späteren Varianten.
9 Vgl. Brockmann, 1987, S. 110, der auch die Alternative aufführt: »erstrahlt sie«, und Möller, 1991, S. 130. Die Ikonographie der über dem Horizont scheinenden Sonne hat Leibniz im Jahre 1696 auch für seine eigene Tafel der Dyadik verwendet (Abb. 47, S. 67).
10 *Sophie Charlotte und ihr Schloß*, 1999, S. 58, 190.
11 Bevor Friedrich I. seine Residenzstadt zu Ehren seiner Frau in Charlottenburg umbenannte, hieß sie nach den das sumpfige Terrain urbar machenden Luxemburger Siedlern Lietzenburg.
12 MacDonald Ross, 1999, S. 95, 97.
13 Röhrbein, 2001, *Herrenhausen*, S. 121.
14 Palm, 2006, S. 17: Umbau des bereits vorhandenen Gutshofs; Adam, 2006, *Schloss*, S. 95: im Jahr 1665 eingeleiteter Neubau bzw. Umsetzung des Gebäudes. Vgl. Adam, 2001, S. 60.
15 Adam, 2006, *Schloss*, S. 95.
16 Palm, 2006, S. 18.
17 Alvensleben und Reuther, 1966, S. 47, sprechen von Michael Große als dem bereits zu diesem Zeitpunkt tätigen Gärtner. Für Palm, 2006, S. 19, beginnen die Arbeiten frühestens im Jahr 1674, ohne dass dieser eine Rolle spielte.
18 Vgl. ausführlicher: Palm, 2006, S. 17–19.
19 Zu den unausgeführten Plänen: Alvensleben und Reuther, 1966, S. 47f.; Palm, 2006, S. 19.
20 Adam, 2001, S. 62–66; Adam, 2006, *Schloss*, S. 96.
21 Adam, 2006, *Wasserkünste*, S. 44–46; Zech, 2010, S. 52f.
22 Palm, 2006, S. 19f.
23 Ebda., S. 20.
24 Adam, 2001, S. 66; Adam, 2006, *Wasserkünste*, S. 43f.
25 Verspohl, 1991, S. 131f.
26 Hinterkeuser, 2003, S. 111f.
27 Mollet, 2006 [1651], Taf. 1; vgl. Blanke, 2007, S. 22.
28 Bei ihrem Besuch in Versailles äußerte Sophie, dass dort »das Geld mehr Wunder getan hat als die Natur« (*Die Mutter der Könige*, 1913, S. 159).
29 Palm, 2006, S. 22.
30 Möglicherweise wurde er bei der baulichen Umsetzung durch den Architekten Johann Peter Wachter unterstützt (Adam, 2001, S. 70–73; Boeck, 2006, *Festräume*, S. 73f.).
31 Palm, 2006, S. 30f.
32 Ebda., S. 25f.
33 Alvensleben und Reuther, 1966, S. 60.
34 Ebda., S. 59f.; grundlegend: Hennebo und Schmidt, 1978; vgl. Adam, 2001, S. 74 und Boeck, 2006, *Festräume*, S. 69f. Zu den Figuren: Königfeld, 2004, und Scholten, 2004–2005, S. 71–74.
35 *Sophie Charlotte und ihr Schloss*, 1999, S. 203, Kat. Nr. I. 37; Palm, 2006, S. 23.
36 Adam, 2001, S. 79–81; Palm, 2006, S. 22.
37 Alvensleben und Reuther, 1966, S. 164. Die Tochter der Kurfürstin Sophie berichtet auf einer ihrer Reisen begeistert von diesem

Garten (*Briefwechsel der Kurfürstin*, 1927, S.15–17).
38 Palm, 2006, S.26.
39 Verspohl, 1991.
40 Palm, 2006, S.22.
41 Uffenbach, 1928 [1728], S.42; vgl. Hennebo und Schmidt, 1978, S.214f.
42 Sophie an ihre Enkelin Sophie Dorothea, 22.7.1713, in: *Briefwechsel der Kurfürstin*, 1927, S.269.
43 Palm, 2006, S.27.
44 Adam, 2001, S.77f.
45 Reuther, 1976, S.127–129.
46 Hennebo und Schmidt, 1978, S.215.
47 Palm, 2011, S.52f.
48 Analyse des Betriebsaufwandes: Palm, 2004, *Fürst*, S.61–79.
49 Reuther, 1976, S.133f., datiert auf 1710–1720; Schnath, 1980, S.157, mit plausiblen Gründen dagegen auf ca. 1690.
50 Schnath, 1980, S.157.
51 Lindau, 2003, S.31, Abb.16; vgl. das gesamte Blatt in: Adam, 2006, *Schloss*, S.98; Abb.S.97.
52 Adam, 2006, *Schloss*, S.96–98.
53 Borchard, 1989, S.146.
54 Lindau, 2003, S.34, Abb.34
55 Adam, 2006, *Schloss*, S.99.
56 Lindau, 2003, S.36.
57 Allerdings geschah dies erst, als seine Pläne zur Errichtung eines eigenen Gebäudes, das die beiden auskragenden Flügel im Süden verbunden hätte, nicht zum Zuge kamen. Es hätte langfristig das alte Schlossgebäude ersetzen sollen (Lange, 1989, S.180).
58 Adam, 2006, *Schloss*, S.99f.
59 Vgl. Röhrbein, 2001, , S.126 und Lindau, 2003, S.19.
60 Palm, 2006, S.35.
61 Alvensleben, 2004, S.43f. Das Vorwort seiner Dissertation endet mit der Danksagung an Erwin Panofsky, Fritz Saxl und Aby Warburg (Alvensleben, 1929, S.8). Seinerseits hat er sich bei den Genannten Respekt verschafft (Warburg, 2001, S.127).
62 Panofsky, 2003, Nr.362, S.592. Panofsky schrieb im Mai 1948, von Alvenslebens »Haltung in den Jahren 1933 und 1934« sei ihm unvergessen (Panofsky, 2003, Nr.1217, S.938. Vgl. Dora Panofsky, ebda., Nr.1237, S.967). In von Alvenslebens letztem, kurz vor seinem Tod verfassten Brief findet sich das Bekenntnis: »Dass unsere glückliche Beziehung alle Ungunsten der Zeiten hat überdauern können, ist allein das Verdienst Ihrer magnanimitas« (Panofsky, 2011, Nr.2836, S.186). Angesichts dessen, dass von Alvensleben bereits im Ersten Weltkrieg als Offizier gedient hatte, um im Zweiten Weltkrieg an so gut wie allen Fronten eingesetzt zu werden, ist zu ahnen, was sich hinter dieser Aussage verbirgt (Alvensleben, 1972). Aber als sollten alle Schatten überstrahlt werden, hat Panofsky jenen Großmut demonstriert, den er in seiner Antwort von sich wies. In seiner Beziehung zu von Alvensleben, so Panofsky, »kann von ›magnanimitas‹ doch keine Rede sein. Ich habe keinen Augenblick an Ihnen gezweifelt – einfach weil ich wusste, dass ein solcher Zweifel ein Ding der Unmöglichkeit sei, und wenn einer dem andern etwas schuldete (ich werde nie Ihre untadelige Haltung im Jahre 1933 und unsern letzten Besuch auf Wittenmoor im Jahre 1934 vergessen), so wäre ich es« (Panofsky, 2011, Nr.2851, S.204).
63 Alvensleben, 2004, S.41.
64 Schmidt, 1993, S.166.
65 Meier, 1937, S.151. Vgl. zur Analyse der Eingriffe der Jahre 1936/37 sowie des Einflusses der Dissertation von Alvenslebens: Schmidt, 1993, S.153–156. Sie vermutet bei allen Verdiensten von Alvenslebens, dass die Blumenbeete und ihre Ornamentik auf dessen Fehldeutung zurückzuführen seien, dass bereits um 1700 nicht etwa Rasenflächen, sondern Beetornamente angelegt waren (ebda.). Vgl. auch Röhrbein, 2001, *Rettung*, S.96f. und Palm, 2004, ›Dissertation‹, S.62–71, die eine skeptischere Position vertritt.
66 Alvensleben, 2004, S.49. Zur Gestaltung des Parterre: Schmidt, 1993.
67 Alvensleben, 1937.
68 Alvensleben, 2004, S.49. Der Grundriss stammt aus: *Die Herrenhäuser Gärten zu Hannover*, 1937, S.70; vgl. Alvensleben, 2004, S.51.
69 Sellschopp, 2006; Niedermeier, 2006, S.97f.
70 Eberhard, 1795, S.150.
71 Hecht, 2006, *Spaziergang*, S.71–73.
72 Alvensleben, 1929, S.14–16.
73 Spilcker, 1819, S.490–494; *Herrenhausen*, 2006, S.154.
74 Hierzu und zum Folgenden: Weibezahn, 1972.
75 Im Sommer 2010 ist eine Kopie aufge-

stellt worden, während das Original im Technologie-Centrum Hannover steht. Die Büste soll später in das Historische Museum von Schloss Herrenhausen überführt werden.
76 Bollé, 1991, S. 81; Hellmuth, 1999, S. 333.
77 Fleming und Gore, 1979, S. 96. Zur Tradition grundlegend: Weibezahn, 1975. Vgl. *Herrenhausen*, 2006, S. 154 und Tabarasi, 2007, S. 40f.
78 Weibezahn, 1972, S. 195.
79 Ebda., S. 200–203.
80 Ebda., S. 205.
81 Clark und Hennebo, 1988; Lindau, 2003, S. 42f.
82 Eberhard, 1795, S. 18f. Wunderlich (1980, S. 99, Anm. 24) und Meier (1994, S. 150, Anm. 338) zufolge hat der in Berlin, Wörlitz und Leipzig tätige Kupferstecher Wilhelm Arndt den Entwurf geliefert.
83 Panofsky, 1998.
84 Eberhard, 1795, S. 18; Brief vom 10. 1. 1714: Leibniz, 1875–1890, Bd. 3, S. 606. Zum Stich: Wunderlich, 1980, S. 99 und Meier, 1994, S. 150. Zur Deutung der Szene: Kabitz, 1909, S. 51f. (Abwendung vom Aristotelismus); Mercer, 2001, S. 24–27, 44f. (Wendung von der Scholastik zur Mechanik).
85 *Museum zu Allerheiligen*, 1989, S. 98f.; *Januarius Zick*, 1993, S. 108f.
86 Wenderholm, 2010, S. 415–418.
87 Ebda., S. 426f., 432. Zu Rousseau vgl. Tabarasi, 2007, S. 223–234.
88 Zu diesem Blick: Wenderholm, 2010, S. 421.

II. Leibniz' Aktivitäten in Herrenhausen

1 *Leibniz und seine Akademie*, 1993, S. 259–268.
2 Palm und Rettich, 2006, S. 166f.
3 Ebda., S. 169.
4 Im Jahr 1832 wurde dieses Areal nach den Prinzipien des Landschaftsgartens umgewandelt, so dass von der ursprünglichen Gestalt keine Spur blieb (ebda., S. 182). Aus demselben Gestus heraus, der Leibniz einen Tempel im Landschaftsgarten eingebracht hatte, wurde jener Garten geopfert, der mit ihm unmittelbar zu verbinden war.
5 »Cum forte in horto Aretaei viri in Republica primarii convenissent amici aliquot eruditis jucundisque colloquiis transigere tempus soliti« (Knobloch, 1976, S. 6/7; vgl. Aiton, 1991, S. 107f.).
6 »adessetque Charinus qui caeteris studiis quibus clarebat magnam rerum mathematicarum cognitionem adjecerat« (Knobloch, 1976, S. 6/7). Vgl. zu diesem Dialog: Hecht, 1992, S. 86–90.
7 Zum Logis in Herrenhausen: Aiton, 1991, S. 328. Vgl. Leibniz, 1864–1884, Bd. 7, S. XIV; Aiton, 1991, S. 155.
8 »Cette grande Princesse n'est point formaliste du tout« (Brief an Thomas Burnett, 17.3.1696, in: Leibniz, 1875–1890, Bd. 3, S. 175; vgl. Aiton, 1991, S. 254).
9 Leibniz, 1985, *Essais de Théodicée*, Vorwort, Bd. I, S. 38f. Dies berichtet er er auch Thomas Burnett (Leibniz, 1875–1890, Bd. 3, S. 321; vgl. MacDonald Ross, 1999, S. 102). Zum Bau des Lietzenburger Schlosses: Hinterkeuser, 1999; zum Garten: Wimmer, 1999.
10 Leibniz, 1875–1890, Bd. 3, S. 595f.; Guerrier, 1873, S. 174.
11 AA, I, 20, S. 28, Z. 10; S. 809, Z. 16f.
12 Guerrier, 1873, Nr. 240, S. 351; Bredekamp, 2004, Anhang I, Nr. 66, S. 236, Z. 19–28.
13 Deren Realisierung hat Leibniz jedoch nicht mehr erlebt (Bredekamp, 2004, S. 179–189).
14 Adam, 2006, *Wasserkünste*, S. 48.
15 Fiala, 1913, Tf. 24, 2, S. 357; Meyer, 1966, S. 30; Brockmann, 1987, S. 82; Adam, 2006, *Wasserkünste*, S. 50.
16 Zu Ganymed als Symbol einer durch Bewässerung fruchtbaren Herrschaft: Kruszinski, 1985, S. 85–97.
17 S. o. S. 15.
18 Hierzu und zum Folgenden: Schuster, 1904, S. 177–182.
19 Zu Schmidt: AA, I, 3, Nr. 112, S. 140, Z. 4. Vermutlich ist Schmidt identisch mit jenem Schmidt bzw. Schmid, der während der Auseinandersetzungen zwischen Leibniz und dem Bergamt zu Clausthal in den Jahren 1685 und 1686 als Geschworener beteiligt war (AA, I, 4, Nr. 185, S. 245, Z. 6; Nr. 215, S. 263, Z. 28; Nr. 216, S. 264, Z. 17; Nr. 222, S. 271, Z. 8).
20 Schuster, 1904, S. 178 f.; vgl. die Zusammenfassung seines Vorschlages aus dem Rückblick des Jahres 1696, in: LH, XXIII, 735, Bl. 33v.
21 Schuster, 1904, S. 179f.
22 Ebda., S. 182.

23 Ebda., S. 185.
24 LH, XXIII, 735, Bl. 29–31. Den Schlüssel für die Datierung dieses Schreibens stellt das im Entwurf mit »Maji 1696« überschriebene Memorandum dar (LH, XXIII, 735, Bl. 18r), das eingangs Leibniz' bereits im Jahr 1695 zuvor vorgelegten Plan zur Verbesserung der Wasserzufuhr erwähnt: »Auf Gnädigsten Befehl habe [ich] bereits im Vorjahr meine Gedanken das herrenhäusische Wasserwerk betreffend [...] untertänigst gegeben« (LH, XXIII, 735, Bl. 20r). Das Hauptindiz dafür, dass es sich bei dem Konzeptpapier Bl. 29–31 um diesen Text des Jahres 1695 handelt, liegt darin, dass es alle im Memorandum des Mai 1696 aufgeführten Punkte enthält, nicht aber die Idee eines Wasserturms, der in keiner der folgenden Überlegungen fehlt.
25 LH, XXIII, 735, Bl. 29r, Ausschnitt.
26 Ebda., Bl. 30v. Sein unsystematischer Charakter wird auch in seiner Nummerierung deutlich. Punkt 1 erscheint als römische Ziffer, Nummer 2 ist ausgelassen, und die Nummern 3–8 erscheinen ausgeschrieben.
27 LH, XXIII, 735, Bl. 38r, 39v–41r, 41r, 42r–44v, 45v–46v.
28 Ebda., Bl. 36v / 36ar. Zum Jägerhof: Lindau, 2003, S. 55; Adam, 2006, *Residenzbauten*, S. 238f.
29 LH, XXIII, 735, Bl. 37v / 37ar.
30 Schuster, 1904, S. 189.
31 LH, XXIII, 735, Bl. 29r–30v.
32 Ebda., Bl. 29r–30v.
33 Ebda., Bl. 30v.
34 Ebda.
35 Ebda.
36 Ebda. Vgl. Alvensleben, 1929, S. 47.
37 Lamb, 1966.
38 LH, XXIII, 735, Bl. 30v. Vgl. Alvensleben, 1929, S. 47.
39 LH, XXIII, 735, Bl. 30v.
40 Ebda., Bl. 30v–31r.
41 Ebda., Bl. 31r.
42 Ebda., Bl. 35a.
43 Sie wurde von 1690 bis 1696 angelegt (Adam, 2001, S. 70).
44 Bredekamp, 2004, S. 129, 147f.
45 LH, XXIII, 735, Bl. 46r.
46 Ebda., Bl. 35a. Die Reinschrift befindet sich auf Bl. 20r–23r (Text). Vgl. Lange-Kothe, 1959, S. 123f.; Adam, 2006, *Wasserkünste*, S. 48.
47 Dies war Gegenstand von Erörterungen im August 1696, als Leibniz betonte, dass der Kanal keinesfalls »in eine gerade Linie« zu bringen sei (LH, XXIII, 735, Bl. 27r); es sei nicht notwendig, »den Canal in gerader Linie zu führen« (ebda., Bl. 28r).
48 Ebda., Bl. 20r.
49 Ebda., Bl. 20r.
50 Ebda., Bl. 20r.
51 Ebda., Bl. 20v.
52 Ebda., Bl. 20v.
53 Ebda., Bl. 21r.
54 Ebda., Bl. 22r.
55 Ebda., Bl. 22r–22v. Vgl. Alvensleben, 1929, S. 47; Adam, 2006, *Wasserkünste*, S. 48.
56 LH, XXIII, 735, Bl. 22v.
57 Leibniz könnte auch den riesigen Kanal des St. James Park im Kopf gehabt haben, der vom aus dem Pariser Exil nach London zurückgekehrten Charles II. in Anlehnung an französische Gärten angelegt worden war. Gefeiert als das Produkt einer die Natur übertreffenden Flussimitation, lag er ebenso quer zu St. James Palace, wie Leibniz' Kanal als Querriegel gegenüber dem Herrenhäuser Schloss gewirkt hätte (McDayter, 1995, S. 137–140). Nicht weniger bedeutsam könnte das Beispiel des von Kurfürst Max Emanuel angelegten Schleißheimer Kanalsystems der späten 1680er Jahre gewesen sein (Ongyerth, 2005).
58 LH, XXIII, 735, Bl. 22v.
59 Ebda., Bl. 23r.
60 Zu Leibniz' Tätigkeit im Harz: Horst, 1965–1966; Gottschalk, 1999, S. 183–186; ders., 2000, S. 111–119.
61 LH, XXIII, 735, Bl. 8r–9v, 12r–13v, 10r–11v (Reinschrift). Vgl. AA, III, 7, Nr. 7, S. 26–32.
62 »Si son Altesse Electorale même ne m'avoit point ordonné l'année passée de dire mon sentiment sur les eaux de Herrnhausen je ferois plus de difficulté de parler de ce qui ne me regarde point.« (ebda., S. 27, Z. 3–5).
63 »Elle trouvera peutestre, que les autres voyes feront bien peu d'effect en comparaison de celle que je propose, sans que la depense pour cela soit excessive« (ebda., S. 27, Z. 8f.).
64 Ebda., S. 28, Z. 6f.
65 »Je crois qu'il est digne d'un grand prince, de choisir une voye qui fasse quelque effect considerable, pourveu que la depense ne soit point excessive. Et comme il me semble que les jets d'eau de Herrnhausen pourroient devenir des plus beaux qui se voyent, avec des frais moderés à proportion de l'effect, à cause

de la situation, qui est si avantageuse, que les passayers se pourroient étonner un jour, qu'on n'en a point profité« (ebda., S. 29, Z. 4–9).
66 Ebda., Z. 15–18.
67 Ebda., Z. 18 – S. 30, Z. 2.
68 Ebda., S. 30, Z. 3–16.
69 »Mais si on y demande encor d'autres usages pour la beauté et la commodité de Herrnhausen, on le peut faire plus large et plus profond, ou l'aggrandir avec le temps« (ebda., Z. 21–23).
70 Ebda., S. 30, Z. 21 – S. 31, Z. 4.
71 Ebda., S. 31, Z. 12–23.
72 »Et on pourroit obtenir meme des girandoles et autres embellissemens, dont on sera bien eloigné si on ne se sert pas de la voye du canal qui d'ailleurs serviroit à des promenades en gondoles, à des bassins pour le jardin à aller et voiturer ce qu'il faut à Herrnhausen à des illuminations et autres divertissemens et usages« (ebda., S. 31, Z. 23 – S. 32, Z. 2).
73 »Mais un canal auroit bien d'autres avantages« (ebda., S. 32, Z. 11).
74 LH, XXIII, 735, Bl. 7r–7v.
75 AA, III, 7, Nr. 13, S. 44, Z. 6–22.
76 »Je l'approuverois entierement, et ce seroit asseurement le plus beau, et le plus Court, pour aller en Gondoles« (ebda., Z. 28f.).
77 Ebda., S. 45, Z. 20–23.
78 Lange-Kothe, 1959, S. 124; Adam, 2006, *Wasserkünste*, S. 48.
79 LH, XXIII, 735, Bl. 15r.
80 Hier und im Folgenden entsprechen die Daten der heutigen Zeitrechnung; im Tagebuch ist der 3. August angegeben.
81 »Bin bey dem Hern. CammerPraesidenten gewesen und habe mit ihm wegen des Vorschlags Hrn. B. Schotani à Sterringa, Doct. Med. von Leewardam, und Hern. Balthasar von Poelwyck, Kaufmann zu Amsterdam, geredet; welche Wasserkünste zu Behuf der Springwerke zu Herrnhausen vorschlagen. (... Sie haben Octroy von den Hrn. Staaten auff Windtmühlens, so sie Streichwerke nennen, so mit Baquen in plano inclinato das Wasser hinaufftreiben, also dass was die obern fallen lassen, die untern wieder fassen; ist ohne Gerass; wollen in 24 Stunden 400 000 Tonnen Wasser auff 15 Schuh damit heben« (Leibniz, 1847, S. 183).
82 Ebda., S. 183.
83 LH, XXIII, 735, Bl. 1r, 14r.
84 »Die beyden Proponenten thun einen neuen Vorschlag. Wollen mit einer Mühle, so gegen Herrnhausen über in den Strohm zu legen, das Wasser etwa 16 Schuch hoch heben, 60 000 Tonnen in 24 Stunden, solches mit einem niedrigen Aquaeductu nach Herrnhausen führen, allda ihm einen Fall von 4 oder 5 Fussen geben, umb wieder in die Leine zu komen« (Leibniz, 1847, S. 185).
85 Ebda., S. 185.
86 »Habe mit ihnen bey dem Hern. Cammer Praesidenten conferiret, und des Chur-Prinzen Durchlaucht Rapport gethan, welcher auch mehr zum Canal incliniret« (ebda., S. 185).
87 LH, XXIII, 735, Bl. 27r–27v.
88 Ebda., Bl. 25r–26r. Entwurf des Schriftstücks: Bl. 31v.
89 Ebda., Bl. 28r–28v.
90 Die Punkte vier und sieben, dass weitere Fachleute aus dem Harz und andernorts zur Frage der Realisierbarkeit herangezogen werden sollten, entsprechen fast wörtlich Leibniz' im Tagebuch festgehaltenen Vorschlag, »daß man jemand vom Harz zum Abwägen kommen lasse, auch eine Stauung zur Probe in den Strom und schmalen Graben wirklich mache« (Leibniz, 1847, S. 185).
91 Zum »Harz-Projekt« sowie dem hieraus entfachten Interesse an Wasserwerken und Windmühlen: Aiton, 1991, S. 161–170, 253–255.
92 Leibniz, 1847, S. 193.
93 AA, III, 7, Nr. 23, S. 89, Z. 2–4.
94 Ebda., S. 89, Z. 5–12.
95 »Outre qu'on veut aggrandir le jardin et qu'on croit que le canal y feroit quelque obstacle« (ebda., S. 89, Z. 13f.).
96 Ebda., S. 91, Z. 3–6.
97 Ebda., S. 89, Z. 20 – S. 90, Z. 10.
98 »à cause des beaux et grands effects qu'il produiroit« (ebda., S. 90, Z. 12; vgl. 11–16).
99 Ebda., S. 90, Z. 17–21.
100 Ebda., S. 90, Z. 3–8.
101 Ebda., S. 97, Z. 8–18.
102 »ce pauvre guarcon« (ebda., Nr. 26, S. 97, Z. 19f.).
103 LH, XXIII, 735, Bl. 33r–34r.
104 Ebda., Bl. 33v. Vgl. Adam, 2006, *Wasserkünste*, S. 47.
105 Adam, 2006, *Wasserkünste*, S. 48.
106 Reuther, 1976, S. 129f. Eine zweite, am Boden beschädigte Zeichnung ist identisch (Stockholm, Nationalmuseum, CC 2751). Der

Begriff »Graft« spielte auf die holländischen Grachten an (Adam, 2006, *Wasserkünste*, S. 48f.).
107 Verspohl, 1991, S. 162.
108 Ebda., S. 139.
109 Adam, 2006, *Wasserkünste*, S. 49. Zu Kassel: Stobbe, 2009 und *Hortus ex machina*, 2010. Zum Pumpwerk der *Machine de Marly* in Versailles: Barbet, 1907.
110 Barlo, Komachi, Queren, 2006, Frontispiz; Boeck, 2006, *Skulpturenparterre*, S. 59.
111 Brockmann, 1987, S. 168f.; Steguweit, 2004, Nr. 60, S. 120. Allein Schnath, 1980, S. 158f., erwähnt die Zusammenarbeit mit Leibniz.
112 Bereits im Mai 1700 war er vom Kammerpräsidenten von Görtz gebeten worden, mit Faltz Kontakt aufzunehmen, um für die Vorderseite einer Medaille im Verein mit Tommaso Giusti die Perfektion des Portraits von Kurfürst Georg Ludwig zu gewährleisten und die Rückseite in Form einer Säule und der Devise IN RECTO DECVS (Im Aufrechten liegt Zier und Ehr) entwerfen zu lassen (AA I, 18, Nr. 68, S. 89, Z. 11–17). Zu dieser Medaille: Brockmann, 1987, Nr. 831, S. 154. Die Übersetzung: »In der Rechtschaffenheit ist Ehre« (S. 153) versäumt den vertikalen Zug, der mit der politischen Ikonographie der Säule und später der Fontäne des südlichen Gartens verbunden war. Vgl. Steguweit, 2004, Nr. 58. S. 118, jeweils ohne Hinweis auf Leibniz. Auch Kurfürstin Sophie hat sich wegen der Säulenmedaille an Leibniz gewandt (dies galt umso mehr für die bereits erwähnte, anlässlich des Act of Settlement von Leibniz entworfene und von Faltz und Samuel Lambelet in verschiedenen Versionen geschaffene Medaille: Brockmann, 1987, S. 109f.; Steguweit, 2004, S. 114f.). Faltz kommentierte die Fertigstellung der Säulenmedaille auf Kurfürst Georg Ludwig in einem an Leibniz gerichteten Brief, der die Wertschätzung von Leibniz als Autorität auch in Fragen der Medaillenkunst bezeugt (AA, I, 20, Nr. 340, S. 599–601). Im Zuge dieses Auftrags hat Leibniz zudem mit hoher Energie versucht, seinen Entwurf der offiziellen Medaille zur Selbstkrönung von Friedrich I. von Brandenburg-Preußen, Ehemann von Sophie, gemeinsam mit Faltz zum Zuge kommen zu lassen (AA, I, 19, Nr. 287, 544–550; vgl. S. 581, Z. 3f.).
113 Le Moyne, 1666, S. 464; vgl. Bredekamp, 2004, S. 96f.
114 AA, I, 13, Nr. 75, S. 119, Z. 13–16; Nr. 76, S. 125.
115 Hierzu ausführlicher: Bredekamp, 2004, S. 94–100.
116 Adam, 2006, *Wasserkünste*, S. 50.
117 Ebda., S. 49f.
118 Gerland, 1881, S. 336 ff. Hierzu und zum Folgenden: Lange-Kothe, 1959, S. 125. Vgl. allg.: *Denis Papins Dampfdruckpumpe*, 1991; *Denis Papin*, 2009; Gaulke, 2010, S. 161–165.
119 Gerland, 1881, S. 359. Vgl. Adam, 2006, *Wasserkünste*, S. 51.
120 Adam, 2006, *Wasserkünste*, S. 50.
121 LH, XXIII, 735, Bl. 35r, 34ar–34bv.
122 Ebda., Bl. 34ar.
123 Als Honorar, so Leibniz, fordere de Fourton für die Neustadt 660, für Herrenhausen 1100, also in der Summe 1760 Taler, die 30 Jahre lang gezahlt werden müssten. In diesem Zeitraum würde er die Funktionstüchtigkeit garantieren. Hinzu kämen die Kosten für die Materialien der Erstausstattung. Um die Mittel für die 30 Jahre aufzubringen, müssten bei einem zu erwartenden Zinssatz von 10% 18 000 Taler Kapital aufgewendet werden. Um Auseinandersetzungen zu vermeiden, müsse geklärt werden, wie das Unternehmen fortgeführt werden könne, wenn der Unternehmer oder dessen Erben hierzu nicht mehr in der Lage wären. Entweder müssten die Werke in den Besitz des Kurfürsten fallen, oder dieser müsse sie, falls sie noch funktionstüchtig wären, käuflich erwerben.
124 Die Menge des beförderten Wassers müsse danach angegeben werden, in welcher Zeit ein Behälter mit vergleichbarem Umfang mit Wasser gefüllt werden könne. Wenn das Quantum Wasser nicht groß genug sei, so wären der Unternehmung für 30 Jahre die Hände gebunden. Ein einfaches Rechenexempel zeige, dass de Fourton das Unternehmen nicht einmal in den Grundbedingungen durchdacht habe. Seinen Angaben zufolge sei die Wasserzufuhr nach Herrenhausen theoretisch nicht doppelt, sondern viermal so hoch als die in die Neustadt (LH, XXIII, 735, Bl. 34ar).
125 Ebda., Bl. 34bv.
126 Adam, 2006, *Wasserkünste*, S. 51f.
127 Die Darstellung greift historisch voraus, weil sie die im Jahr 1720 geplante und ab 1726 realisierte neue Herrenhäuser Allee bereits

aufnimmt. Auch das Ausschachten des über dem Großen Garten eingetragenen »Kunst Canals« begann erst im März 1718 (Lange-Kothe, 1959, S. 135; Adam, 2006, *Wasserkünste*, S. 53).
128 Schutte, 1916, S. 52–53; Lange-Kothe, 1959, S. 128–151; Adam, 2006, *Wasserkünste*, S. 53f.
129 LH, XXIII, 735, Bl. 23r; zum Einsatz der Soldaten: Adam, 2006, *Wasserkünste*, S. 53.
130 LH, XXIII, 735, Bl. 30v.
131 Bergfleth, 1985; Schramm, 2003.

III. Leibniz' Herrenhäuser Philosophie

1 Hierzu und zum Folgenden: Hecht, 2006, *Spaziergang*, S. 72f. und Hoffmann, 2007, S. 45.
2 Hecht, 2006, *Spaziergang*, S. 71. Zur Datierung: Sellschopp, 2006, S. 54.
3 »Je me souviens qu'une grande Princesse, qui est d'un esprit sublime, dit un jour en se promenant dans son jardin, qu'elle ne croyoit pas, qu'il y avoit deux feuilles parfaitement semblables. Un gentilhomme d'esprit, qui estoit de la promenade, crût qu'il seroit facile d'en trouver; mais quoyqu'il en cherchât beaucoup, il fut convaincu par ses yeux, qu'on pouvoit tousjours y remarquer de la difference« (Leibniz, 1985, *Nouveaux Essais*, Buch 2, Kap. 27, Par. 3, S. 394/395; vgl. Hoffmann, 2007, S. 45).
4 »Il y a donc toujours divisions et variations actuelles dans les masses des corps existens« (Leibniz an Sophie, 31.10.1705, in: Leibniz, 1875–1890, VII, S. 563).
5 »Il n'y a point deux individus indiscernables. Un gentilhomme d'esprit de mes amis, en parlant avec moy en presence de Madame l'Electrice dans le jardin de Herrenhausen, crut qu'il trouveroit bien deux feuilles entierement semblabables. Madame l'Electrice l'en defia, et il courut longtemps en vain pour en chercher« (Leibniz an Samuel Clark, 12.5.1716, ebda., S. 372).
6 Leibniz an Samuel Clark, 12.5.1716, ebda., S. 372f. (Par. 4–13).
7 Meier, 2011, S. 111, 133.
8 Boeck, 2006, *Festräume*, S. 69.
9 Leibniz' Erkenntnis war durch Vergleichsreihen zu gewinnen, die in der zeitgenössischen Drucktechnik des Naturdrucks systematisch angelegt werden konnten (*Natur im Druck*, 1995; Lack, 2001, S. 145; Bernasconi, 2010; Bredekamp, 2010, *Theorie*, S. 197f.).
10 MacDonald Ross, 1999, S. 102.
11 »Et l'Auteur de la Nature a pû practiquer cet artifice divin et infiniment merveilleux, parceque chaque portion de la matière n'est pas seulement divisible à l'infini comme les anciens out reconnû, mais encore sous-divisée actuellement sans fin, chaque partie en parties, dont chacune a quelque mouvement propre: autrement il seroit impossible, que chaque portion de la matière pût exprimer tout l'univers« (Leibniz, 2002, Par. 65, S. 138/139).
12 »Par où l'on voit qu'il y a une Monde de Creatures, de vivans, d'Animaux; d'Entelechies, d'Ames dans la moindre portion de la matière. / Chaque portion de la matière peut être conçüe comme un jardin plein de plantes; et comme un Etang plein de poissons. Mais chaque rameau de la plante, chaque membre de l'Animal, chaque goutte de ses humeurs est encore un tel jardin, ou un tel étang« (ebda., Par. 66, 67, S. 138/139. Zu dieser Stelle als Modell der Philosophie: Schaub, 2003, S. 278).
13 Hecht, 2006, *Spaziergang*, S. 73, hat den Metapherncharakter dieses Paragraphen der Monadologie betont; er verweise auf die hinter den Dingen liegende metaphyische Einzigartigkeit jeder Monade. Nur in dieser Perspektive seien alle Naturdinge unterschieden. Insofern dies fraglos zutrifft, werden die verweisenden Beispiele der Empirie jedoch nicht entwertet, sondern gleichsam metaphysisch geadelt.
14 Hoffmann, 2007, S. 46–49.
15 Palm, 2006, S. 29. Vgl. Hoffmann, 2007, S. 47–49.
16 Palm, S. 29f.
17 Hennebo und Schmidt, 1978, S. 216f.
18 Ebda., 1978, S. 265.
19 Meyer, 1965, S. 27f.; vgl. ders., 1942, S. 31 und ders., 1966, S. 277–281.
20 Kritisch: Schmidt, 1993, S. 157f.
21 Zu diesem Topos: Schneider, 2009, S. 206.
22 Exemplarisch sei die forcierte Äußerung zitiert: »Nur im Gartenraum konnte man das Ideal eines horizontal perspektivisch in unendliche Ferne – und vertikal in die Unendlichkeit des Himmels reichenden Raumes einigermaßen verwirklichen« (Hennebo und Schmidt, 1978, S. 217).

23 *Barock in Deutschland*, 1966, S. 31f.
24 Schneider, 2011, S. 254 und passim. Zur Geschichte des *coup d'œil* von der Kunsttheorie zur Militärtheorie: Bredekamp, 2010, *Erkenntniskraft*.
25 Zur Kritik dieses Topos: Schneider, 2000; ders., 2009; ders., 2011.
26 Schneider, 2009, S. 206–208.
27 *La Description*, 1685, Faltbild vor d. Text.
28 Schneider, 2009, S. 208.
29 Krauß, 1687, Nr. IX; vgl. Schneider, 2009, S. 211f.
30 Schneider, 2000, S. 257f.
31 Ebda., S. 259f.
32 Schneider, 2011, S. 271. Der Mythologie zufolge waren dies im Fall von Pluto und Proserpina das cholerische Temperament, der Sommer und die Mittagshitze (ebda., S. 278).
33 *Feuer, Wasser, Erde, Luft*, 1996.
34 Schneider, 2011, S. 279. Zur reziproken Argumentation, dass aus diesem Impuls der Landschaftsgarten Anregungen zog: Tabarasi, 2007, S. 11.
35 Schneider, 2000, S. 268.
36 Boeck, 2006, *Skulpturenparterre*, S. 62.
37 Zum Programm: Boeck, 1987; ders., 2006, *Skulpturenparterre*.
38 Dieses Verfahren ist später auch in Berlin angewandt worden. Friedrich der Große, Enkel von Kurfürstin Sophie, hat das Gebäude seiner Berliner Hofbibliothek (1775–1780) nach den Entwürfen des Michaelertraktes der Wiener Hofburg errichten lassen, der von Fischer von Erlach geplant, aber nicht ausgeführt worden war. Die stilistische Verspätung des Bibliotheksgebäudes war als Schmach für den Gegner gedacht (Engel, 1993).
39 Leibniz, 1690, vor S. B1; vgl. Schneider, 2011, S. 228f. Das Diagramm geht auf ein Emblem von Christoph Clavius zurück (Clavius, 1570, S. 45). Leibniz hat die Ausgabe von 1585 benutzt (AA, VI, 1, S. 166). Vgl. Gottfried Wilhelm Leibniz, 2000, S. 33.
40 Busche, 1997, S. 26–33.
41 Preißel, 2003.
42 Ebda.
43 Bredekamp, 2004, S. 200–206.
44 Hoogstraten, 1678, S. 260; vgl. Bredekamp, 2004, S. 71f.
45 Bredekamp, 2004, S. 81–84.
46 Lukrez, 1973, II, 217–224 (S. 100/101) und 289–293 (S. 104–107). Vgl. hierzu: Schmidt, 2007 sowie Greenblatt, 2012.
47 Serres, 1977, S. 214–237; Franz, 1999, S. 618f. und Schmidt, 2007.
48 »ita nil umquam natura creasset« (Lukrez, 1973, II, 224 [S. 100/101]). Vgl. II, 292 (S. 106/107).
49 Leibniz, 1875–1890, Bd. 7, S. 374, Par. 18.
50 Leibniz, 1998, Par. 15, S. 16/17.
51 »Vis activa, quae et absolute vis dici solet, non est concipienda ut simplex potentia vulgaris scholarum seu ut receptivitas actionis, sed involvit conatum seu tendentiam ad actionem« (Leibniz, 1875–1890, Bd. 4, S. 395; vgl. Busche, 1997, S. 544).
52 »Les ames sont toujours unies à quelque corps organique, ou plustost, selon moy, ne quittent jamais entierement les organes qu'elles ont; que la substance incorporelle a une energie ou force active interne« (Leibniz an Lady Masham, in: Leibniz 1875–1890, Bd. 3, S. 366; vgl. Busche, 1997, S. 544).
53 Lukrez, 1973, II, 243 (S. 102/103). Vgl. Greenblatt, 2012, S. 7–13, 188f.
54 Cicero, 1980, I, 73, S. 28, Z. 26. Vgl. die in *Leibniz Lexicon*, 1988, S. 156f, aufgeführten Stellen.
55 »La futur est dans le passé non pas autrement que par une inclination qui estoit dans ce passé à la production du futur« (Leibniz, 1875–1890, Bd. 3, S. 473, Z. 10–12).
56 Leibniz an Samuel Clark, 12. 5. 1716, in: Leibniz, 1875–1890, Bd. 7, S. 372f. (Par. 4–13). S. o., S. 74f.
57 Bredekamp, 2004, S. 111–113.
58 »Car nos grandes perceptions et nos appetits, dont nous nous apercevons, sont composés d'une infinité de petites perceptions et de petites inclinations, dont on ne sauroit s'apercevoir« (Leibniz an Nicolas-François Remond, 4. 11. 1715, in: Leibniz, 1989, S. 346/347).
59 »J'ay presque achevé mes remarques sur l'ouvrage de M. Locke que j'ai fait aux heures perdues à Herrenhausen ou en voyage« (Brief vom 25. 4. 1704, in: Leibniz, 1864–1884, Bd. 10, S. 230).
60 »parceque là dessus la considération du corps et non pas celle de l'ame fournit quelque chose de distinct et d'explicable« (Leibniz, 1985, *Nouveaux Essais*, Buch 2, Kap. 21, Par. 46, S. 306/307).
61 »Ainsi il y a des inclinations insensibles et dont on ne s'apperçoit pas« (Leibniz, 1985, *Nouveaux Essais*, Buch 2, Kap. 21, Par. 46, S. 306/307).

62 LH, XXIII, 735, Bl. 9v.
63 AA, III, 7, Nr. 7, S. 26, Z. 15f.
64 In den folgenden Ausführungen des Briefes an Du Mont bezieht sich Leibniz auf eine Zeichnung, aber diese muss den Gesamtplan gezeigt haben, ähnlich der Darstellung des Memorandums vom Mai 1696 (LH, XXIII, 735, Bl. 10 [AA, III, 7, Nr. 7, S. 29, Z. 3.]).
65 LH, Leibn. Marg. 32; Busche, 1997, S. 58.
66 Busche, 1997, S. 59.
67 AA, VI, 1, Nr. 3, S. 56, Z. 19; vgl. Busche, 1997, S. 70 und Bredekamp, 2004, S. 19.
68 Hierzu grundlegend: Busche, 1997.
69 Descartes, 1658, S. 90. Zu diesem Verfahren: Dijksterhuis, 2011; zu Descartes: ebda., S. 89f. Vgl. Zittel, 2009, S. 392–395.
70 »L'Ellypse ou l'Ouale, est vne ligne courbe que les Mathematiciens ont accoustumé de nous exposer en coupant de travers vn Cone ou vn Cylindre, & que i'ay veu aussi quelquefois employer par des Iardiniers dans les compartimens de leurs parterres, où ils la déscriuent d'vne façon qui est veritablement fort grossiere & peu exacte, mai qui fait, ce me semble, mieux comprendre sa nature, que la Section du Cylindre ny du Cone« (Descartes, 1658, S. 188).
71 Tschirnhaus, 1695, S. 92; vgl. Mayer, 2001, S. 31. AA, III, 7, Nr. 46, S. 175, Z. 11f.
72 Hier verwendet: Manesson-Mallet, 1702, Buch 1, S. 227; vgl. Fischer, Remmert und Wolschke-Bulmahn, 2011, S. 280; Remmert, 2008, S. 63–67; Dijksterhuis, 2011.
73 Bredekamp, 2004, S. 78–80.
74 LH, XXIII, 735, Bl. 30v.
75 Ebda., Bl. 19r; vgl. die Reinschrift: Bl. 22v.
76 LH, XXIII, 735, Bl. 25r.
77 AA, III, 7, S. 32, Z. 2.
78 Félibien, 1994, S. 104f.
79 Vgl. das Dresdner Feuerwerk von 1678, bei dem derartige Geräte festgehalten sind (Berns, 2011, S. 228, Abb. 6).
80 Dittmer, 1822, S. 187–193.
81 LH XXIII, 735, Bl. 19r.
82 So bezeugt das in der Mitte des 17. Jahrhunderts aufgestellte Programm für die Villa Doria Pamphilj von Emmanuel Maignan, wissenschaftlicher Berater von Kardinal Bernardino Spada in Rom, dass der Garten des Gebäudes im Norden und Süden mit Sonnenuhren sowie mit Observatorien und Tierkreiszeichen ausgestattet sein sollte. Im Inneren sollten Räume mit Spiegeln und Linsen zur Verfügung stehen (Camerota, 2000, S. 621, 625–627. Vgl. zur Mathematisierung der Gartenkultur als Forschungsprogramm: Remmert, 2004, S. 12–23). In St. Petersburg fanden Feuerwerke statt, die, eine Art subversiv-ephemerer Kosmologie, für die Dauer des Brennens der pyrotechnischen Mittel das kopernikanische Weltbild im Himmel leuchten ließen (Werrett, 2010, S. 122–125).
83 Zu diesem Bericht und dessen Anregungsqualität für die Spiegelproduktion bis Galileo Galilei: Reeves, 2008. Vgl. Baltrušaitis, 1986, S. 141–163.
84 Burda-Stengel, 2001, S. 20f. Vgl. Stauffer, 2005, S. 255–257 und Kacunko, 2010, S. 377–392.
85 Zur Praxis bei Kircher: Burkart, 2010.
86 Porta, 1650, Buch XVII, S. 557f.; Schott, 1657, S. 331f.; Leurechon, 1669, S. 214; vgl. grundlegend: Stauffer, 2005.
87 Schott, 1657, S. 331.
88 »Incredibile fortè nonnullis videbitur, unâ vel alterâ candelulâ cereâ, concavi speculi beneficio ita tenebras dispelli posse, ut quis nocte etiam mediâ, & obscurissimâ ad 30. orgias distans ex breviario expeditè legere possit« (Traber, 1690, S. 127). Eine berühmte Darstellung erhielten derartige Riesenspiegel in Andrea Pozzos illusionistischem Deckenfresko von Sant' Ignazio in Rom, auf dem ein Himmelsbewohner ein solches Instrument hält. Pozzo war Leibniz durch dessen Buch über die Perspektive wie auch durch einen Bericht über dessen Fresken in Sant' Ignazio bekannt (AA, I, 8, Nr. 196, S. 331, Z. 20–22; Nr. 209, S. 356, Z. 18–20; Nr. 221, S. 379, Z. 18–21 / AA, I, 9, Nr. 141, S. 255, Z. 3f. [Traktat]; AA, I, 11, Nr. 218, S. 321, Z. 2–4 [Fresken]. Zu Pozzos Perspektivismus: Burda-Stengel, 2001. Zur Geschichte dieses Spiegels in der Zeit von Galilei bis zu Pozzo: Reeves, 2008).
89 AA, I, 1, Nr. 203, S. 298, Z. 3.
90 Mühlpfordt, 2001, S. 21f.; vgl. S. 135, Nr. 2.8.
91 Mühlpfordt, 2001, S. 22. Vgl. *Optica*, 2011, S. 96–191.
92 »Force de miroir ardent« (Bredekamp, 2004, S. 202, Z. 82).
93 Mayer, 2001, S. 27–31.
94 Zaunick, 2001, S. 26f. Vgl. *Ehrenfried Walther von Tschirnhaus*, 2001, S. 136, 140f.
95 AA, III, 6, Nr. 10, S. 29, Z. 21, 23; AA, III, 7, Nr. 183, S. 744, Z. 24 – S. 745, Z. 6. Zur Korrespondenz zwischen Tschirnhaus mit Leibniz über Spiegel und Linsen: Schillinger, 2001.

96 AA, I, 10, Nr. 67, S. 82, / 13; vgl. AA, III, 6, Nr. 63, S. 193–197 und Nr. 65, S. 201, Z. 3–5.
97 AA, I, 14, Nr. 196, S. 328, Z. 11f.; vgl. Nr. 322, S. 551, Z. 1–6 u. Nr. 389, S. 669, Z. 16–18.
98 »Die perfection der Spiegel oder vielmehr lentium, tam ad urendum quam videndum ist freylich von großer wichtigkeit« (AA, III, 6, Nr. 13, S. 43, Z. 2f.).
99 Sie befinden sich in LH, 37, 2: Suppositio physica (Bl. 63v, 65r); Problema Diopticum (Bl. 66r, 66v, 67r, 68r, 69r); Problema Diopticum (Bl. 70v–72v); Calculus Diopticus (Bl. 77r, 78v–79v). (Briefl. Hinweis durch Hartmut Hecht.)
100 LH 35, 7, Bl. 2–5. Druck des französ. Originals: Leibniz, 1875–1890, Bd. 7, S. 270–279; engl. Übers.: Leibniz, 1969, S. 477–485. S. 477 zur Datierung.
101 »Ainsi le fondement de l'analyse est cette unicité causée par la réunion des jumelles, sans qu'on se mette en peine si l'ordonnée est la plus grande ou la plus petite« (Leibniz, 1875–1890, Bd. 7, S. 275. Vgl. Hecht, 2006, *Leibniz*, S. 181–183). Zur Mathematik der hier zu Grunde liegenden Ambiguität: Parmentier, 2004, S. 9f., auch zum Folgenden.
102 Leibniz hat betont, dass Brechung und Reflektion nach demselben Prinzip geschehen (Leibniz, 1875–1890, Bd. 7, S. 276).
103 AA, VI, 4, B, Nr. 306, S. 1549, Z. 19–S. 1550, Z. 2; übers. nach: Leibniz, 1955, S. 358. Zu diesem Gedanken: Bredekamp, 2004, S. 84 und Tkacyk, 2010, S. 72.
104 Busche, 1997, S. 522–549; vgl. Busche, 2008.
105 »Cependent, il y a lieu de croire que nous serons plus près un jour du veritable point de vue des choses« (Leibniz, 1989, S. 100/101).
106 Dies ist der Grundgedanke der jüngsten Deutung des *tentamen anagogicum* (McDonough, 2009).
107 Hecht, 2006, *Leibniz*, S. 182.
108 Leibniz, 1985, *Essais de Théodicée*, Par. 357, Bd. 2, S. 174/175. Hierzu grundlegend: Pape, 1997, S. 161 und passim.

IV. Die Modernität des Barockgartens

1 Müller, 1998, S. 257–261; Tabarasi, 2007, S. 35–38.
2 Kent »leaped the fence and saw all nature was a garden« (zit. nach: Franklin, 1989, S. 142). Zu ähnlichen Formulierungen im deutschen Sprachraum: Niedermeier, 2001.
3 Tabarasi, 2007, S. 78.
4 Wilderer, die in den riesigen Anlagen gefasst wurden, erwarteten unerbittliche Strafen, wohingegegen Tiere von Bauern, die versehentlich auf die Gelände der Lords gerieten, in deren Besitz übergingen (Franklin, 1989, passim; Niedermeier, 1992, S. 135f.; Tabarasi, 2007, S. 48f.).
5 Franklin, 1989, S. 147f. Vgl. allgemein zum »Ha-Ha«: O'Malley, 2010, S. 341–343 und S. 343f. (Elizabeth Kryder-Reid) und zur Frühform auch in Frankreich: Lauterbach, 1987, S. 259, Anm. 11.
6 »Paradice Place. Spring guns and steel traps are set here« (Williams, 1987, S. 76. Der gesamte Artikel zielt auf den Widerspruch zwischen Anspruch und Wirklichkeit). Vgl. Niedermeier, 2003, S. 171–174 sowie allgemein: ders., 2001, S. 124–127.
7 Franklin, 1989, S. 147.
8 Williams, 1987, S. 94; Tabarasi, 2007, S. 39, 56, 101.
9 Hunt, 2002; vgl. die großartige Untersuchung von Plesu, 2007, sowie Tabarasi, 2007, S. 131–149.
10 Hier zitiert nach der deutschen Ausgabe von 1731: Le Blond, 1986, S. 25. Vgl. Jöchner, 2001, S. 134; dies., 2008, S. 400. Zur Bedeutung von Dezallier d'Argenville: Dennerlein, 1981, S. 3–28; Wimmer, 1989, *Geschichte*, S. 122–135; Wimmer, 2009; Lauterbach, 2012, S. 176f.
11 Le Rouge, 1775, Heft 1, Taf. 12; vgl. die Faksimile-Ausgabe: Le Rouge, 2009. Vgl. Reuther, 1966, mit Blick auf die Darstellung des Heckentheaters, und Korzus, 2008, S. 66f.
12 Korzus, 2008. Zu Le Rouge auch: Lauterbach, 1987, S. 109f.; Tabarasi, 2007, S. 126.
13 Lauterbach, 1987, S. 102–105.
14 Buttlar und Köhler, 2012, S. 7.
15 Clark, 2010, S. 40f.
16 Clark, 2010.
17 Hunt, 2002, S. 62f. u. 100 (Kritik von Seiten Hirschfelds). Zum Stil: Hajós, 1989, S. 67.
18 »de faire céder l'Art à la Nature« (Dezallier d'Argenville, 1713, S. 18; vgl. Lauterbach, 2012, S. 177–179).
19 Die als Vorbild erachtete, durch Ludwig XIV. errichtete Anlage des Gartens von Marly besaß zwar Ansätze zu Schlängelwegen, fügte sich insgesamt aber in den Rahmen der

formalen Gestaltung (Lauterbach, 2012, S. 178, 184f.).
20 Lauterbach, 1987, S. 235–247.
21 ›Von der geraden und krummen Linie‹, 1795, S. 68. Vgl. Müller-Wolff, 2007, S. 267.
22 ›Von der geraden und krummen Linie‹, 1795, S. 68f.
23 Ebda., S. 72.
24 Ebda., S. 73.
25 Ebda., S. 73. Der Autor steht in Opposition zu der seit Alberti entwickelten Theorie, dass die Natur selbst zu Schlangenlinien neige (Bredekamp, 2009), aber er hätte sich auf William Hogarth berufen können, der in seiner *Analysis of Beauty* die S-Linie als Prinzip der Schönheit sowohl der natürlichen Bewegung wie auch der Kunst gewertet hatte (Mainberger, 2005).
26 Niedermeier, 1992, S. 160–194; ders., 2001. Vgl. Tabarasi, 2007, S. 310–326.
27 *Goethes Leben von Tag zu Tag*, Bd. 7, 1821–1827, 1995, S. 506; vgl. Müller-Wolff, 2007, S. 276, Anm. 27.
28 Hegel, 1970, Bd. 14, S. 348f.; vgl. Hoffmann, 2007, S. 53f.
29 Tabarasi, 2007, S. 273f.
30 Lauterbach, 1987, S. 164–175.
31 Warnke, 1992, S. 92; vgl. auch zum Folgenden.
32 Hennebo, 1979, S. 90.
33 McDayter, 1995.
34 Im weiteren Rahmen der Kritik des Sonnenkönigs: Ziegler, 2010, S. 149f.
35 Zit. nach Hennebo, 1979, S. 170; vgl. Warnke, 1992, S. 93.
36 Weitere Barock- und Landschaftsgärten folgten; so wurde der Berliner Tiergarten im Jahr 1740 geöffnet, und der Wiener Prater wurde auf Anordnung Kaiser Josephs II. im Jahr 1766 »ohne Unterschied jedermann« zugänglich (Hajós, 1989, S. 27f.). Dasselbe galt seit 1775 für den Wiener Augarten und weitere Gärten (allgemein zur Öffnungsgeschichte der Gärten: Warnke, 1992, S. 92–94 und Niedermeier, 2001, S. 122).
37 Lindau, 2003, S. 57.
38 Köhler, 2004, hat dieses Phänomen (Lampe, 1963, S. 125f.) zu einer grundlegenden Kritik der herkömmlichen Kategorisierung von »zeremoniell« und »privat« genutzt.
39 Köhler, 2004, S. 9f.
40 Tabarasi, 2007, S. 36.
41 Müller, 1998, S. 180–185.
42 Palm, 2004, *Fürst*, S. 59–61.
43 Frühsorge, 2006, S. 83.
44 Rettich, 1992, S. 250; Palm, 2006, S. 32f.
45 Zur Besetzung des Rasens: Linnebach, 2000; vgl. Lauterbach, 2012, S. 179, 190–193. Zu den Rasenstücken in ital. Stadtrepubliken: Warnke, 1992, S. 91.
46 Lauterbach, 1987, S. 179f. und passim; Dorgerloh und Becker, 2012.
47 Niedermeier, 1995, S. 185f. Vgl. zu Person und Werk, auch in den von Zeitgenossen teils scharf kritisierten Zügen: Schulz, 1958 und Haase, 1968. Vgl. auch Gamper 1998, der Ramdohr immer wieder treffend heranzieht (S. 189, 127 und passim).
48 Platon, 2005, 596c–596e, S. 794/795–796/797.
49 Ramdohr, 1792, S. 260f.
50 Ebda., S. 278f.
51 Grundlegend: Krois, 2011.
52 Ramdohr, 1792, S. 279. Das Argument ist aufgebaut S. 274–278. Vgl. Niedermeier, 1995, S. 186f.
53 Ramdohr, 1792, S. 279.
54 Ebda., S. 289f.
55 Ebda., S. 293.
56 Ebda., S. 306.
57 Fontenelle, 1733.
58 Lukrez, 1973, IV, 141–142 (S. 262/263); vgl. Bredekamp, 2010, *Theorie*, S. 317–319.
59 Mantegna, 1992, S. 429; Thielemann, 2000, S. 46–53; Hauser, 2001, S. 152f.
60 Blankert, 1991, S. 200–203.
61 Blümle, 2007, S. 93f. Zur weiterwirkenden Tradition dieser Strukturalverwandtschaft zwischen Bergen und Wolken: Brevern, 2012, S. 66–91.

Schluss

1 Bredekamp, 2004.
2 Garber hat diese Bewegungen kompakt zusammengefasst (2009, S. 351–391).
3 Koselleck, 1979, S. XV.

Dank

1 Vgl. die in den Anm. genannten Publikationen. Exemplarisch seien hier erwähnt: Niedermeier, 2003; *Klassizismus – Gotik*, 2007; *Grab und Memoria*, 2012; Dorgerloh und Becker, 2012.
2 Greenblatt, 2012.

CHRONOLOGIE DER MAPPE LH XXIII, 735

Die Liste ist ein Vorschlag, die Dokumente chronologisch zu ordnen. Allein 4, 7, 8, 9, 17 und 20 weisen Daten auf.

1 Leibniz, *Geländeaufnahmen und Berechnungen*, 1695; Bl. 36a v; 37v / 37ar; 38r; 39v–41r; 42r–44v; 45v–46v

2 Leibniz, *Planskizze des Geländes*, 1695; Bl. 36v / 36ar

3 Leibniz, *Denkschrift zum Kanalprojekt für Kurfürst Ernst August*, Entwurf, 1695; Bl. 29r–31r

4 Leibniz, *Denkschrift zum Kanalprojekt für Kurfürst Ernst August*, Entwurf, Mai 1696; Bl. 18r–19v

5 Leibniz, *Denkschrift zum Kanalprojekt für Kurfürst Ernst August*, Reinschrift eines Schreibers, Mai 1696; Bl. 20r–23r

6 Leibniz, *Planskizze zum Kanalprojekt*, Zeichnung, Bleistift und braune Feder, Mai 1696; Bl. 23v und 24r

7 Leibniz an Andreas Du Mont, *Darlegung der Pläne zur Verbesserung des Wasserdrucks*, 11. (21. Juli 1696; Konzept: Bl. 8r–9v; Reinschrift I: Bl. 12r–13v; Reinschrift II: Bl. 10r–11v; Druck: AA, III, 7, Nr. 7, S. 26–27)

8 Andreas Du Mont an Leibniz, *Bewertung der Pläne zur Verbesserung des Wasserdrucks*, 20. (30. Juli 1696; Bl. 7r–7v; Druck: AA, III, 7, Nr. 12, S. 43)

9 Andreas Du Mont an Leibniz, *Befürwortung des Kanalprojekts*, 20. (30. Juli 1696; Bl. 5r–6r; Druck: AA, III, 7, Nr. 13, S. 44–45)

10 Leibniz, *Darlegung des Kanalprojekts in vier Punkten*, August 1696; Bl. 15r

11 Leibniz, *Unvorgreifliche Meinung wegen des Herrenhausischen Wasserwerk*, 14. August 1969; Bl. 27r–27v

12 Leibniz, *Unmaßgebliche Bedenken das Herrenhausische Wasserwerk betreffend*, 14. August 1969; 1. Fassung: Bl. 31v; 2. Fassung: Bl. 25r–26r

13 Leibniz, *Protokoll der Besprechung der ›Unmaßgeblichen Bedenken‹*, 14. August 1696; Bl. 28r–28v

14 Leibniz, *Bewertung des Vorschlags von Bernard Schotanus van Steringa und Balthasar van Poelwijk*, Berechnung, 14. August 1696; Bl. 14r

15 Leibniz, *Bewertung des Vorschlags von Bernard Schotanus van Steringa und Balthasar van Poelwijk*, 14. August 1696; Bl. 1r–1v

16 Georg Sigesmund Schmidt, *Gutachten zu Pierre Denis Modell eines Wasserrades*, August 1696; Bl. 33r–34v

17 Leibniz an Andreas Du Mont, *Bericht über die Absage des Kanalprojekts*, 20. August 1696; Konzept: Bl. 47r–47v; Reinschrift: Bl. 16r–17v; Druck: AA, III, 7, Nr. 23, S. 88–91

18 Andreas Du Mont an Leibniz, *Befürwortung des Kanalprojekts*, letzte Augustwoche 1696; Bl. 48r–50a; Druck: AA, III, 7, Nr. 26, S. 97–98

19 Leibniz, *Kritik des Einsatzes von Röhren*, Januar 1706; Bl. 35r

20 Leibniz, *Kritik des Konzepts von Maillet de Fourton*, 28. Januar (7. Februar 1706; Bl. 34ar–34bv)

Nicht erfasst:

1 Mechanica, Bl. 3r–3v

2 Mechanica, Bl. 4r

3 [Friedrich Karl von] Hardenberg, Bericht über die Herrenhäuser Maschinenkunst, 4. Oktober [17]54

LITERATUR, QUELLEN, ABKÜRZUNGEN

AA = Gottfried Wilhelm Leibniz, *Sämtliche Schriften und Briefe* (Hg. von der Preußischen, später Deutschen Akademie der Wissenschaften zu Berlin), Berlin 1923ff.

Adam, Bernd: ›Neue Funde zum barocken Ausbau der Schloßanlage in Hannover-Herrenhausen‹, in: *Niederdeutsche Beiträge zur Kunstgeschichte*, Bd. 40, 2001, S. 59–97

Adam, Bernd: ›Das Herrenhäuser Schloss und die historischen Gartenpavillons‹, in: *Herrenhausen. Die Königlichen Gärten in Hannover* (Hg.: Marieanne von König. Mit Photos von Wolfgang Volz), Göttingen 2006, S. 95–100

Adam, Bernd: ›Die Herrenhäuser Wasserkünste‹, in: *Herrenhausen. Die Königlichen Gärten in Hannover* (Hg.: Marieanne von König. Mit Photos von Wolfgang Volz), Göttingen 2006, S. 43–58

Adam, Bernd: ›Die Orangerie und die höfischen Bauten an der Alten Herrenhäuser Straße‹, in: *Herrenhausen. Die Königlichen Gärten in Hannover* (Hg.: Marieanne von König. Mit Photos von Wolfgang Volz), Göttingen 2006, S. 103–108

Adam, Bernd: ›Verschwundene Residenzbauten und Adelspalais' an der Herrenhäuser Allee‹, in: *Herrenhausen. Die Königlichen Gärten in Hannover* (Hg.: Marieanne von König. Mit Photos von Wolfgang Volz), Göttingen 2006, S. 237–244

Aiton, Eric J.: *Leibniz. Eine Biographie*, Frankfurt am Main 1991

Alvensleben, Udo von: *Herrenhausen. Die Sommerresidenz der Welfen*, Berlin 1929

Alvensleben, Udo von: ›Der Große Garten und der Berggarten zu Herrenhausen von den Anfängen bis zur Vollendung um 1720‹, in: *Die Herrenhäuser Gärten zu Hannover. Zur Feier ihrer Erneuerung am 13. Juni 1937* (Hg.: Hauptstadt Hannover), Hannover 1937, S. 9–19

Alvensleben, Udo von / Reuther, Hans: *Herrenhausen. Die Sommerresidenz der Welfen*, Hannover 1966

Alvensleben, Udo von: *Lauter Abschiede. Tagebuch im Kriege* (Hg.: Harald von Koenigswald), Frankfurt am Main und Berlin 1972

Alvensleben, Udo von: ›Aus den Lebenserinnerungen: Hannover-Herrenhausen‹, in: *Ein brüderliches Alliance-Œuvre. Beiträge zur Gartenkunst, Geschichte und Denkmalpflege im Werk von Udo von Alvensleben und Anco Wigboldus* (Hg.: Harald Blanke), Hundisburg 2004, S. 41–49

Ayala, Lucia: ›Die Vielheit der Welten‹, in: *Von mehr als einer Welt. Die Künste der Aufklärung, Ausstellungskatalog* (Hg.: Moritz Wullen, Michael Lailach und Jörg Völlnagel), Petersberg 2012, S. 51–59

Baird, Iona: *Englische Gärten*, Berlin 2009

Baltrušaitis, Jurgis: *Der Spiegel. Entdeckungen, Täuschungen, Phantasien*, Gießen 1986

Barbet, Louis-Alexandre, *Les grandes eaux de Versailles. Installations mécaniques et étangs artificiells. Description des fontaines et de leurs origines*, Paris 1907

Barlo, Jr., Nik / Komachi, Hanae / Queren, Henning: *Herrenhäuser Gärten* (Hg.: Ronald Clark und Wilken von Bothmer), Rostock 2006

Barock in Deutschland. Residenzen. Ausstellungskatalog (Hg.: Ekhart Berckenhagen), Berlin 1966

Bergfleth, Gerd: *Theorie der Verschwendung. Einführung in Georges Batailles Antiökonomie*, München 1985

Bernasconi, Gianenrico: ›Authentizität und Reproduzierbarkeit: Naturselbstdrucke auf amerikanischen Geldscheinen des 18. Jahrhunderts‹, in: *Bildwelten des Wissens. Kunsthistorisches Jahrbuch für Bildkritik*, Bd. 8.1, Kontaktbilder (Hg.: Vera Dünkel), Berlin 2010, S. 72–82

Berns, Jörg Jochen: ›Feuerwehr und Feuerwerk. Techniken der Domestikation und Inszenierung von Großbränden in der Frühen Neuzeit‹, in: *Urbs incensa. Ästhetische Transformationen der brennenden Stadt in der Frühen Neuzeit* (Hg.: Vera Fione Koppenleitner, Hole Rößler und Michael Thimann), Berlin und München 2011, S. 211–234

Blanke, Harald: *Grundriß über Ihro Hochwohlgeborenen Freyherrlichen Excellence von Alvensleben Garten. Der Hundisburger Schloßgarten und seine Gärtner im 18. Jahrhundert. Eine Grundlegung zur Geschichte und Gestalt des Hundisburger Barockgartens aus den Beständen des Schloßarchivs*, Hundisburg 2007

Blankert, Albert: *Museum Bredius. Catalogus van de schilderijen en tekeningen*, Zwolle und Den Haag 1991

Blümle, Claudia: ›Mineralischer Sturm. Steinbilder und Landschaftsmalerei‹, in: *Vermessen. Landschaft und Ungegenständlichkeit* (Hg.: Werner Busch und Oliver Jehle), Zürich und Berlin 2007, S. 73–95

Boeck, Urs: ›Die Skulpturen im Luststück des Großen Gartens von Hannover-Herrenhausen, ikonographisch betrachtet‹, in: *Niedersächische Denkmalpflege*, Bd. 12, 1987, S. 132–147

Boeck, Urs: ›Das Skulpturenparterre‹, in: *Herrenhausen. Die Königlichen Gärten in Hannover* (Hg.: Marieanne von König. Mit Photos von Wolfgang Volz), Göttingen 2006, S. 59–66

Boeck, Urs: ›Zwei höfische Festräume: Gartentheater und Galeriegebäude‹, in: *Herrenhausen. Die Königlichen Gärten in Hannover* (Hg.: Marieanne von König. Mit Photos von Wolfgang Volz), Göttingen 2006, S. 67–78

Bollé, Michael: ›'Antiquities of Berlin?'. Carl Gotthard Langhans und die Architektur in Berlin um 1800‹, in: *Das Brandenburger Tor 1791–1991. Eine Monographie* (Hg.: Willmuth Arenhövel und Rolf Bothe), Berlin 1991, S. 70–89

Bomarzo: il Sacro Bosco. Fortuna, critica e documenti (Hg.: Sabine Frommel in Zusammenarbeit mit Andrea Alessi), Mailand 2009

Borchard, Rolf Reiner Maria: *Hannoverscher Klassizismus. Georg Ludwig Friedrich Laves. Eine Reise zu den Stätten romantisch-klassizistischer Baukunst*, Hannover 1989

Bredekamp, Horst: *Vicino Orsini und der Heilige Wald von Bomarzo. Ein Fürst als Künstler und Anarchist*, 2 Bde., Worms 1985 (2. Aufl. in 1 Bd., 1991)

Bredekamp, Horst: *Vicino Orsini e il Sacro Bosco di Bomarzo. Un principe artista ed anarchico*, Rom 1989

Bredekamp, Horst: *Antikensehnsucht und Maschinenglauben. Die Geschichte der Kunstkammer und die Zukunft der Kunstgeschichte*, Berlin 2012 (1993)

Bredekamp, Horst: *Die Fenster der Monade. Gottfried Wilhelm Leibniz' Theater der Natur und Kunst*, Berlin 2004

Bredekamp, Horst: ›Das Prinzip der Metamorphosen und die Theorie der Evolution‹, in: *Berlin-Brandenburgische Akademie der Wissenschaften (vormals Preußische Akademie der Wissenschaften)*, Jahrbuch 2008, Berlin 2009, S. 209–247

Bredekamp, Horst: ›Die Erkenntniskraft der Plötzlichkeit. Hogrebes Szenenblick und die Tradition des Coup d'œil‹, in: *Was sich nicht sagen läßt. Das Nicht-Begriffliche in Wissenschaft, Kunst und Religion* (Hg.: Joachim Bromand und Guido Kreis), Berlin 2010, S. 455–468

Bredekamp, Horst: *Theorie des Bildakts. Frankfurter Adorno-Vorlesungen 2007*, Berlin 2010

Bredekamp, Horst: *Leibniz, Herrenhausen et Versailles. Le jardin à la française, un parcours de la mondernité*, Traduit de l'allemand par Christian Joschke, Lyon 2012

Brevern, Jan von: *Blicke von Nirgendwo. Geologie in Bildern bei Ruskin, Viollet-le-Duc und Civiale*, München 2012

Briefwechsel der Kurfürstin Sophie von Hannover mit dem Preußischen Königshause (Hg.: Georg Schnath), Berlin und Leipzig 1927

Brockmann, Günter: *Die Medaillen der Welfen*, Bd. 2, Köln 1987

Burda-Stengel, Felix: *Andrea Pozzo und die Videokunst. Neue Überlegungen zum barocken Illusionismus*, Berlin 2001

Burkart, Lukas: ›Bewegte Bilder – Sichtbares Wissen. Athanasius Kircher und die Sichtbarmachung der Welt‹, in: *Imagination und Repräsentation. Zwei Bildsphären der frühen Neuzeit* (Hg.: Horst Bredekamp, Christiane Kruse und Pablo Schneider), München 2010, S. 335–352

Busche, Hubertus: *Leibniz' Weg ins perspektivische Universum. Eine Harmonie im Zeitalter der Berechnung*, Hamburg 1997

Busche, Hubertus: ›Monade und Licht. Die geheime Verbindung von Physik und Metaphysik bei Leibniz‹, in: *Lichtgefüge des 17. Jahrhunderts. Rembrandt und Vermeer – Spinoza und Leibniz* (Hg.: Carolin Bohrmann, Thomas Fink und Philipp Weiss), München 2008, S. 125–162

Buttlar, Adrian von: *Der Landschaftsgarten. Gartenkunst des Klassizismus und der Romantik*, München 1982

Buttlar, Adrian von / Köhler, Marcus: *Tod, Glück und Ruhm in Sanssouci. Ein Führer durch die Gartenwelt Friedrichs des Großen*, Ostfildern 2012

Camerota, Filippo: ›Architecture and Science in Baroque Rome. The Mathematical Ornaments of Villa Pamphilj‹, in: *Nuncius*, Bd. 15, 2000, Nr. 2, S. 611–638

Cicero, Marcus Tullius: *De Natura Deorum*, Stuttgart 1980

Clark, Andy / Chalmers, David: ›The Extended Mind‹, in: *Analysis*, Bd. 58, 1998, Nr. 1, S. 7–19

Clark, Ronald / Hennebo, Dieter: ›Vom Wallmodengarten zum Georgengarten. Anmerkungen zu den ersten Entwürfen von Ch. Schaumburg‹, in: *Festschrift für Georg Hoeltje* (Hg.: Institut für Bau- und Kunstgeschichte der Universität Hannover). Schriften des Institutes für Bau- und Kunstgeschichte der Universität Hannover, Bd. 5, Hannover 1988, S. 79–87

Clark, Ronald: ›Die Regeln des 'Natürlichen'. Der konstruierte Landschaftsgarten bei Christian Schaumburg (1788–1868)‹, in: *StadtGrün*, Bd. 11, 2010, S. 39–44

Clavius, Christoph: *Commentarium in Sphaeram Joannis de Sacro Bosco*, Rom 1570

Conan, Michel: ›Introduction: Garden and Landscape Design, from Emotion to the Construction of Self‹, in: *Landscape Design and the Experience of Motion* (Hg.: Michel Conan), Dumbarton Oaks 2003, S. 1–33

Conan, Michel: ›Die kritische Rezeption von Gärten und Landschaften‹, in: *Historische Gärten heute* (Hg.: Michael Rohde und Rainer Schomann), 2. Aufl., Leipzig 2004, S. 48–51

Deleuze, Gilles: *Die Falte. Leibniz und der Barock* (Übers.: Ulrich Johannes Schneider), Frankfurt am Main 1995

Denis Papin. Erfinder und Naturforscher in Hessen-Kassel (Hg.: Frank Tönsmann und Helmuth Schneider), Kassel 2009

Denis Papins Dampfdruckpumpe von 1707 und ihr Nachbau (Hg.: Hans Hermann Behr), Marburg 1991

Dennerlein, Ingrid: *Die Gartenkunst des Régence und des Rokoko in Frankreich*, Worms 1981

Descartes, René: *Discovrs de la Methode povr bien condvire sa raison, et chercher la Verité dans les Sciences. Plvs la Dioptriqve et les Meteors, Qui sont des essais de cette Methode*, Paris 1658

Dezallier d'Argenville, Antoine Joseph: *La Théorie et la pratique du jardinage*, Paris 1709

Dezallier d'Argenville, Antoine Joseph: *La Théorie et la pratique du jardinage*, Paris 1713

Die Herrenhäuser Gärten zu Hannover. Zur Feier ihrer Erneuerung am 13. Juni 1937 (Hg.: Hauptstadt Hannover), Hannover 1937

Die Mutter der Könige von Preußen und England. Memoiren und Briefe der Kurfürstin Sophie von Hannover (Hg.: Robert Geerds), München und Leipzig 1913

Dijksterhuis, Fokko Jan: ›Moving around the Ellipse. Conic Sections in Leiden, 1620–1660‹, in: *Silent Messengers. The Circulation of Material Objects of Knowledge in the Early Modern Low Countries* (Hg.: Sven Dupré und Christoph Lüthy), Berlin 2011, S. 89–123

Dittmer, Heinrich: *Authentische und vollständige Beschreibung aller Feyerlichkeiten, welche in dem Hannoverschen Lande bey der Anwesenheit Seiner Königl. Majestät Georgs des Vierten während der Monate October 1821 veranstaltet worden sind*, Hannover 1822

Dorgerloh, Annette / Becker, Marcus: ›Ländliche Szenen der ungekünstelten Natur oder Bildnis des barocken Parks als neuer Landschaftsgarten. Der Ludwigsluster Schloßpark unter Herzog Friedrich‹, in: *Utopie und Idylle. Der Mecklenburg-Schweriner Hof in Ludwigslust* (Hg.: Andreas Waczkat), 2012 [im Erscheinen]

Eberhard, Johann August: *Gottfried Wilhelm Freyherr von Leibnitz (Pantheon der Deutschen, Zweiter Theil)*, Chemnitz 1795 (reprint Hildesheim, Zürich, New York 1982)

Ehrenfried Walther von Tschirnhaus (1651–1708). Experimente mit dem Sonnenfeuer, Ausstellungskatalog, Dresden 2001

Eichberg, Henning: ›Geometrie als barocke Verhaltensform. Fortifikation und Exerzitien‹, in: *Zeitschrift für historische Forschung*, Bd. 4, 1977, Nr. 1, S. 17–50

Engel, Martin: ›Fragen zur Entstehungs- und Bedeutungsgeschichte des 'Forum Fridericianum'‹, in: *Haupstadt Berlin - Wohin mit der Mitte? Historische, städtebauliche und architektonische Wurzeln des Stadtzentrums* (Hg.: Helmut Engel und Wolfgang Ribbe), Berlin 1993, S. 89–99

Félibien, André: *Relation de la fête de Versailles. Les Divertissements de Versailles* (Hg.: Martin Meade), Maisonneuve und Larose 1994

Feuer, Wasser, Erde, Luft. Eine Kulturgeschichte der Elemente (Hg.: Gernot Böhme und Hartmut Böhme), München 1996

Fiala, Eduard: *Münzen und Medaillen der Welfischen Lande*, Teil 7: *Das neue Haus Lüneburg zu Hannover*, Bd. 2, Leipzig und Berlin 1913

Fischer, Hubertus / Volker Remmert / Wolschke-Bulmahn, Joachim, ›Gartenkunst und Naturwissenschaften in der Frühen Neuzeit. Mathematisierung und Verwissenschaftlichung in der frühneuzeitlichen Gartenkunst‹, in: *Gartenkunst und Wissenschaft. Diskurs, Repräsentation, Transformation seit dem Beginn der Frühmoderne* (Hg.: Julia Burbulla und Ana-Stanca Tabarasi-Hoffmann), Bern, Berlin u. a. 2011, S. 271–291

Fleming, Laurence / Alan Gore: *The English Garden*, London 1979

Fontenelle, Bernard Le Bovier de: *Entretiens sur la Pluralité des Mondes. Par M. de Fontenelle de l'Academie Françoise. Nouvelle edition augmentee par l'Auteur*, Amsterdam 1733

Francastel, Pierre: *La sculpture de Versailles. Essai sur les origines et l'évolution du gout Français classique*, Paris 1930

Franklin, Jill: ›The Liberty of the Park‹, in: *Patriotism. The Making and Unmaking of British National Identity* (Hg.: Raphael Samuel), Bd. 3: *National Fictions*, London und New York 1989, S. 141–159

Franz, Michael: *Von Gorgias bis Lukrez. Antike Ästhetik und Poetik als vergleichende Zeichentheorie*, Berlin 1999

Frühsorge, Gotthardt: ›Theater, Feste, Maskeraden‹, in: *Herrenhausen. Die Königlichen Gärten in Hannover* (Hg.: Marieanne von König. Mit Photos von Wolfgang Volz), Göttingen 2006, S. 79–94

Gallagher, Shaun: ›Aesthesis and Kinaesthetics‹, in: *Sehen und Handeln* (Hg.: Horst Bredekamp und John M. Krois), Berlin 2011, S. 99–113

Gamper, Michael: *›Die Natur ist republikanisch‹. Zu den ästhetischen, anthropologischen und politischen Konzepten der deutschen Gartenliteratur im 18. Jahrhundert*, Würzburg 1998

Garber, Daniel: *Leibniz: Body, Substance, Monad*, Oxford 2009

Gaulke, Karsten: ›Experimentelle Naturlehre und Gartenkunst: Was haben Vakuumpumpen und Dampfmaschinen mit den Wasserkünsten zu tun?‹, in: *Hortus ex machina. Der Bergpark Wilhelmshöhe im Dreiklang von Kunst, Natur und Technik* (Red.: Sandra Kress und Jennifer Verhoeven), Wiesbaden 2010, S. 156 –166

Gerland, Ernst: *Leibnizens und Huygens' Briefwechsel mit Papin*, Berlin 1881

Glanzvolles Herrenhausen. Geschichte einer Welfenresidenz und ihrer Gärten (Hg.: Kurt Morawietz und Hanns Jatzlau), Hannover 1981

Goethe, Johann Wolfgang: *Goethes Werke*, 4 Abteilungen, 133 Bde. (Hg. im Auftrag der Großherzogin Sophie von Sachsen), Weimar 1887–1919 [Weimarer Ausgabe]

Goethes Leben von Tag zu Tag. Eine dokumentarische Chronik von Angelika Reimann in acht Bänden (Bearb.: Robert Steiger und Angelika Reimann), Zürich und München 1982–1996

Gottfried Wilhelm Leibniz. Das Wirken des großen Universalgelehrten als Philosoph, Mathematiker, Physiker, Techniker (Hg.: Karl Popp und Erwin Stein), Hannover 2000

Gottschalk, Jürgen: ›Der Oberharzer Bergbau und Leibniz' Tätigkeit für Verbesserungen‹, in: *Leibniz und Niedersachsen* (Hg.: Herbert Breger und Friedrich Niewöhner), Stuttgart 1999, S. 173–186

Gottschalk, Jürgen: ›Technische Verbesserungsvorschläge im Oberharzer Bergbau‹, in: *Gottfried Wilhelm Leibniz. Das Wirken des großen Universalgelehrten als Philosoph, Mathematiker, Physiker, Techniker* (Hg.: Karl Popp und Erwin Stein), Hannover 2000, S. 109–124

Grab und Memoria im frühen Landschaftsgarten (Hg.: Marcus Becker, Annette Dorgerloh und Michael Niedermeier), Paderborn 2012

Greenblatt, Stephen: *Die Wende. Wie die Renaissance begann*, München 2012

Guerrier, Woldemar: *Leibniz in seinen Beziehungen zu Rußland und Peter dem Großen*, St. Petersburg und Leipzig 1873

Haak, Christina: *Das barocke Bildnis in Norddeutschland. Erscheinungsform und Typologie im Spannungsfeld internationaler Strömungen*, Frankfurt am Main 2001

Haase, Carl: ›Neues über Basilius von Ramdohr‹, in: *Niedersächsisches Jahrbuch für Landesgeschichte*, Bd. 40, 1968, S. 166–182.

Hajós, Géza: *Romantische Gärten der Aufklärung. Englische Landschaftskultur des 18. Jahrhunderts in und um Wien*, Wien und Köln 1989

Harrison, Robert Pogue: *Gärten. Ein Versuch über das Wesen der Menschen*, München 2010

Hartmann, Günter: *Die Ruine im Landschaftsgarten. Ihre Bedeutung für den frühen Historismus und die Landschaftsmalerei der Romantik*, Worms 1981

Hauser, Andreas: ›Andrea Mantegnas 'Wolkenreiter'. Manifestation von kunstloser Natur oder Ursprung von vexierbildhafter Kunst?‹, in: *Die Unvermeidlichkeit der Bilder* (Hg.: Gerhart von Graevenitz, Stefan Rieger und Felix Thürlemann), Tübingen 2001, S. 147–172

Hecht, Hartmut: *Gottfried Wilhelm Leibniz. Mathematik und Naturwissenschaften im Paradigma der Metaphysik*, Leipzig 1992

Hecht, Hartmut: ›Der junge Leibniz über Erfahrung und deren Visualisierung‹, in: *Am Mittelpunkt der zwischen Hannover und Berlin vorfallenden Mitteilungen. Gottfried Wilhelm Leibniz in Hundisburg. Beiträge zur Tagung in Hundisburg am 18. September 2004* (Hg.: Berthold Heinecke und Hartmut Hecht), Hundisburg 2006, S. 171–183

Hecht, Hartmut: ›Ein Spaziergang im Großen Garten zu Herrenhausen‹, in: *Am Mittelpunkt der zwischen Hannover und Berlin vorfallenden Mitteilungen. Gottfried Wilhelm Leibniz in Hundisburg. Beiträge zur Tagung in Hundisburg am 18. September 2004* (Hg.: Berthold Heinecke und Hartmut Hecht), Hundisburg 2006, S. 70–73

Hegel, Georg Wilhem Friedrich: *Werke in zwanzig Bänden* (Hg.: Eva Moldenhauer und Karl Markus Michel), Frankfurt am Main 1970

Hellmuth, Eckhart: ›A Monument to Frederic the Great. Architecture, Politics and the State in Late Eighteenth-Century Prussia‹, in: *Rethinking Leviathan. The Eighteenth-Century State in Britain and Germany* (Hg.: John Brewer und Eckhart Hellmuth), Oxford 1999, S. 317–342

Hennebo, Dieter / Alfred Hoffmann: *Der architektonische Garten. Renaissance und Barock* (= Geschichte der deutschen Gartenkunst, Bd. 2), Hamburg 1965

Hennebo, Dieter / Schmidt, Erika: ›Das Theaterboskett. Zu Bedeutung und Zweckbestimmung des Herrenhäuser Heckentheaters‹, in: *Niedersächsisches Jahrbuch für Landesgeschichte*, Bd. 50, 1978, S. 213–274

Hennebo, Dieter: *Entwicklung des Stadtgrüns von der Antike bis in die Zeit des Absolutismus*, Hannover und Berlin 1979

Herrenhausen. Die Königlichen Gärten in Hannover (Hg.: Marieanne von König. Mit Photos von Wolfgang Volz), Göttingen 2006

Hinterkeuser, Guido: ›Von der Maison de plaisance zum Palais royal. Die Planungs- und Baugeschichte von Schloß Charlottenburg zwischen 1694 und 1713‹, in: *Sophie Charlotte und ihr Schloß. Ein Musenhof des Barock in Brandenburg-Preußen*, Ausstellungskatalog, München, London und New York 1999, S. 113–124

Hinterkeuser, Guido: *Das Berliner Schloß. Der Umbau durch Andreas Schlüter*, Berlin 2003

Hirschfeld, Christian Cayus Lorenz: *Theorie der Gartenkunst*, Leipzig 1779–1785

Hoffmann, Thomas Sören: ›Gartenkunst und Wandel im Naturbegriff auf dem Weg von Leibniz zu Kant‹, in: *Revolution in Arkadien* (Hg.: Berthold Heinecke und Harald Blanke), Beiträge zur Tagung in Hundisburg vom 19. und 20. Oktober 2006, Hundisburg 2007, S. 39–57

Hoogstraten, Samuel: *Inleyding tot de Hooge Schoole der Schilderkonst, anders de Zichtbaere Werelt*, Rotterdam 1678

Horst, Ulrich: ›Leibniz und der Bergbau‹, in: *Der Anschnitt. Zeitschrift für Kunst und Kultur im Bergbau*, Jge. 17–18, 1965–1966, S. 36–51

Hortus ex machina. Der Bergpark Wilhelmshöhe im Dreiklang von Kunst, Natur und Technik (Red.: Sandra Kress und Jennifer Verhoeven), Wiesbaden 2010

Hunt, John Dixon: *Garden and Grove. The Italian Renaissance Garden in the English Imagination: 1600–1750*, London und Melbourne 1986

Hunt, John Dixon: *The Picturesque Garden in Europe*, London 2002

Januarius Zick und sein Wirken in Oberschwaben, Ausstellungskatalog (Hg.: Ulmer Museum), München 1993

Jöchner, Cornelia: *Die ›schöne Ordnung‹ und der Hof. Geometrische Gartenkunst in Dresden und anderen deutschen Residenzen*, Weimar 2001

Jöchner, Cornelia: ›Raumplanung in territorialen Diensten. Frühneuzeitliche Garten- und Stadtbaukunst‹, in: *Barock und Rokoko* (= Geschichte der bildenden Kunst in Deutschland, Bd. 5), (Hg.: Frank Büttner, Meinrad von Engelberg, Stephan Hoppe und Eckhard Hollmann), München, Berlin, London, New York 2008, S. 397–401

Kabitz, Willy: *Die Philosophie des jungen Leibniz*, Heidelberg 1909

Kacunko, Slawko: *Spiegel – Medium – Kunst. Zur Geschichte des Spiegels im Zeitalter des Bildes*, München 2010

Kahnt, Helmut / Knorr, Bernd: *Alte Maße, Münzen und Gewichte*, Mannheim 1986

Kircher, Athanasius: *Ars magna lucis et umbrae*, Amsterdam 1648

Klassizismus – Gotik. Karl Friedrich Schinkel und die patriotische Baukunst (Hg.: Horst Bredekamp, Annette Dorgerloh und Michael Niedermeier, unter Mitarbeit von Axel Klausmeier), Berlin 2007

Knobloch, Eberhard: *Ein Dialog zur Einführung in die Arithmetik und Algebra nach der Originalhandschrift herausgegeben, übersetzt und kommentiert*, Stuttgart-Bad Cannstadt 1976

Köhler, Marcus: *Naturraum und Zeremoniell*, 2004 (http://www.hs-nb.de/25243.html [August 2011])

Königfeld, Peter: ›Die barocken Bleifiguren des Heckentheaters im Großen Garten zu Hannover-Herrenhausen – Anmerkungen zu Geschichte, Bestand und Restaurierung‹, in: *Historische Gärten heute* (Hg.: Michael Rohde und Rainer Schomann), Leipzig 2004, S. 166–171

Korzus, Bernard: ›Georges-Louis Le Rouge. Ein deutsch-französischer Geograph des 18. Jahrhunderts‹, in: *Bagno – Neugotik – Le Rouge. Nachgelassene Beiträge zur europäischen Gartenforschung von Bernard Korzus* (Hg.: Michael Niedermeier in Zusammenarbeit mit Sibylle Backmann und Elfriede Korzus), = Mitteilungen der Pückler-Gesellschaft, 23. Heft, N. F., 2008, S. 63–82

Koselleck, Reinhart: ›Einleitung‹, in: *Geschichtliche Grundbegriffe* (Hg.: Otto Brunner, Werner Conze und Reinhart Koselleck), Stuttgart 1979

Koutroufinis, Spyridon: ›Falte, Garten und Monade. Leibniz und Deleuze‹, in: *Am Mittelpunkt der zwischen Hannover und Berlin vorfallenden Mitteilungen. Gottfried Wilhelm Leibniz in Hundisburg. Beiträge zur Tagung in Hundisburg am 18. September 2004* (Hg.: Berthold Heinecke und Hartmut Hecht), Hundisburg 2006, S. 127–134

Krauss, Johann Ulrich: *Tapisseries du Roy, ou sont Representez les Quatre Elemens et les Quatre Saisons*, Augsburg 1687

Krois, John Michael: *Bildkörper und Körperschema. Schriften zur Verkörperungstheorie ikonischer Formen* (Hg.: Horst Bredekamp und Marion Lauschke). Actus et Imago. Berliner Schriften für Bildaktforschung und Verkörperungsphilosophie, Bd. II, Berlin 2011

Kruszinski, Anette: *Der Ganymed-Mythos in Emblematik und mythographischer Literatur des 16. Jahrhunderts*, Worms 1985

Küttner, Carl Gottlob: *Reise durch Deutschland, Dänemark, Schweden, Norwegen und einen Theil von Italien, in den Jahren 1797, 1798, 1799. Erster Theil*, Leipzig 1801

La Description du Château de Versailles, Anon. Kupferstecher, Paris 1685

Lablaude, Pierre-André: *Die Gärten von Versailles*, Worms am Rhein 1995

Lack, H. Walter: *Ein Garten Eden. Meisterwerke der botanischen Illustration*, Köln 2001

Lamb, Carl: *Die Villa d'Este in Tivoli. Ein Beitrag zur Geschichte der Gartenkunst*, München 1966

Lampe, Joachim: *Aristokratie, Hofadel und Staatspatriziat in Kurhannover. Die Lebenskreise der höheren Beamten an den kurhannoverschen Zentral- und Hofbehörden, 1714–1760*, Bd. 1, Göttingen 1963

Landscape Design and the Experience of Motion (Hg.: Michel Conan), Dumbarton Oaks 2003

Lange, Dieter: ›Herrenhausen – Architektur im Gartenbezirk‹, in: *Laves und Hannover. Niedersächsische Architektur im neunzehnten Jahrhundert* (Hg.: Harold Hammer-Schenk und Günther Kokkelink), Hannover 1989, S. 173–180

Lange-Kothe, Irmgard: ›Die Wasserkunst in Herenhausen‹, in: *Hannoversche Geschichtsblätter*, N. F. Bd. 13, 1959, Nrn. 1/2, S. 121–151

Lauterbach, Iris: *Der französische Garten am Ende des Ancien Régime. ›Schöne Ordnung‹ und ›geschmackvolles Ebenmass‹*, Worms 1987

Lauterbach, Iris: ›'Faire céder l'art à la nature'. Natürlichkeit in der französischen Gartenkunst des frühen 18. Jahrhunderts‹, in: *Neue Modelle im Alten Europa. Traditionsbruch und Innovation als Herausforderung in der Frühen Neuzeit* (Hg.: Christoph Kampmann, Katharina Krause, Eva-Bettina Krems und Anuschka Tischer), Köln u.a. 2012, S. 176–193

Le Blond, Alexandre: *Die Gärtnerey sowohl in ihrer Theorie oder Betrachtung als Praxis oder Übung*, Leipzig 1986 (Hg.: Harri Günther), Nachdruck der Ausgabe Augsburg 1731

Le Moyne, Pierre: *De l'Art des Devises: Avec Divers Recueils de Devises du mesme Autheur*, Paris 1666

Le Rouge, Georges-Louis: *Détail des nouveaux jardins à la mode*, Heft 1, Paris 1775

Le Rouge, Georges-Louis: *Détail des nouveaux jardins à la mode*, Réimpression de L'edition originale Paris 1775–1790, Nördlingen 2009

Leibniz Lexicon. A Dual Concordance to Leibniz' Philosophische Schriften (Hg.: Reinhard Finster, Graeme Hunter u. a.), Hildesheim, Zürich und New York 1988

Leibniz und seine Akademie. Ausgewählte Quellen zur Geschichte der Berliner Sozietät der Wissenschaften 1697–1716 (Hg.: Hans-Stephan Brather), Berlin 1993

Leibniz, Gottfried Wilhelm: *Ars combinatoria*, Leipzig 1666

Leibniz, Gottfried Wilhelm: ›Tagebuch‹, in: ders.: *Gesammelte Werke* (Hg.: Georg Heinrich Pertz), 1. Folge, Geschichte, Bd. 4, Hannover 1847, S. 181–224

Leibniz, Gottfried Wilhelm: *Die Werke von Leibniz gemäß seinem handschriftlichen Nachlasse in der Königlichen Bibliothek zu Hannover* (Hg.: Onno Klopp), 1. Reihe, Bde. 1–11, Hannover 1864–1884

Leibniz, Gottfried Wilhelm: *Die philosophischen Schriften* (Hg.: Carl Immanuel Gerhardt), Bde. 1–7, Berlin 1875–1890 [Nachdruck Hildesheim 1978]

Leibniz, Gottfried Wilhelm: *Schöpferische Vernunft. Schriften aus den Jahren 1668–1680* (Hg. u. Übers.: Wolf von Engelhardt), Münster und Köln 1955

Leibniz, Gottfried Wilhelm: *Philosophical Papers and Letters* (Hg. und Übers.: Leroy E. Loemker), Dordrecht 1969

Leibniz, Gottfried Wilhelm: *Philosophical Writings* (Hg.: G. H. R. Parkinson, Übers.: Mary Morris und Parkinson), London 1973

Leibniz, Gottfried Wilhelm: *Essais de Théodicée sur la Bonté de Dieu, la Liberté de l'Homme et l'Origine du Mal. Die Theodizee von der Güte Gottes, der Freiheit des Menschen und dem Urspung des Übels* (Hg. u. Übers.: Herbert Herring), Philosophische Schriften, Bd. 2, 2 Bde., Darmstadt 1985

Leibniz, Gottfried Wilhelm: *Nouveaux Essais sur L'Entendement Humain. Neue Abhandlungen über den menschlichen Verstand* (Hg. u. Übers.: Wolf von Engelhardt und Hans Heinz Holz), Philosophische Schriften, Bd. 3, 2 Bde., Darmstadt 1985

Leibniz, Gottfried Wilhelm: *Briefe von besonderem philosophischem Interesse. Die Briefe der zweiten Schaffensperiode* (Hg. u. Übers.: Werner Wiater), Darmstadt 1989

Leibniz, Gottfried Wilhelm: *Monadologie. Französisch/Deutsch* (Übers.: Hartmut Hecht), Stuttgart 1998

Leibniz, Gottfried Wilhelm: *The Labyrinth of the Continuum* (Hg.: Richard T. W. Arthur), New Haven und London 2001

Leibniz, Gottfried Wilhelm: *Monadologie und andere metaphysische Schriften. Französisch – Deutsch*, (Hg. u. Übers.: Ulrich Johannes Schneider), Hamburg 2002

Leurechon, Jean: *Récréations mathématiques*, Lyon 1669

LH = Leibniz-Handschriften, in: Gottfried Wilhelm Leibniz Bibliothek – Niedersächsische Landesbibliothek

Lindau, Friedrich: *Hannover – der höfische Bereich Herrenhausen. Vom Umgang der Stadt mit den Baudenkmalen ihrer feudalen Epoche*, München 2003

Linnebach, Andrea: ›'Der Rasen ist Tisch und Stuhl zugleich' – Höfische Gartenfeste der Aufklärungszeit‹, in: *Gartenfeste. Das Fest im Garten. Gartenmotive im Fest*, Ausstellungskatalog (Hg.: Hildegard Wiewelhofe), Bielefeld 2000, S. 102–107

Lukrez: *De rerum natura. Welt aus Atomen* (Übers.: Karl Büchner), Stuttgart 1973

MacDonald Ross, George: ›Leibniz und Sophie Charlotte‹, in: *Sophie Charlotte und ihr Schloß. Ein Musenhof des Barock in Brandenburg-Preußen*, Ausstellungskatalog, München, London und New York 1999, S. 95–105

Mainberger, Sabine: ›Einfach (und) verwickelt. Zu Schillers 'Linienästhetik'. Mit einem Exkurs zum Tanz in Hogarths Analysis of Beauty‹, in: *Deutsche Vierteljahrsschrift für Literaturwissenschaft und Geistesgeschichte*, 79. Jg., 2005, Nr. 2, S. 196–251

Manesson-Mallet, Alain: *La géometrie pratique*, Paris 1702

Mantegna a Mantova 1460–1506 (Hg.: Mauro Lucco), Mailand 2006

Mantegna, Andrea: *Ausstellungskatalog* (Hg.: Jane Martineau), London und New York 1992

Mayer, Uwe: ›Am Rand der Gelehrtenrepublik – Tschirnhaus als Mathematiker‹, in: *Ehrenfried Walther von Tschirnhaus (1651–1708). Experimente mit dem Sonnenfeuer*, Ausstellungskatalog, Dresden 2001, S. 25–35

McDayter, Mark: ›Poetic Gardens and Political Myths: The Renewal of St. James's Park in the Restosmoration‹, in: *Journal of Garden History*, Bd. 15, 1995, Nr. 3, S. 135–148

McDonough, Jeffrey K.: ›Leibniz on Natural Teleology and the Laws of Optics‹, in: *Philosophy and Phenomenological Research*, Bd. 78, 2009, Nr. 3, S. 505–544

Meier, Burkhard: ›Der Große Garten in Hannover-Herrenhausen‹, in: *Deutsche Kunst und Denkmalpflege*, Jg. 1937, S. 149–152

Meier, Hans Jakob: *Die Buchillustration des 18. Jahrhunderts in Deutschland und die Auflösung des überlieferten Historienbildes*, München 1994

Meier, Heinrich: *Über das Glück des philosophischen Lebens. Reflexionen zu Rousseaus Rêveries in zwei Büchern*, München 2011

Mercer, Christia: *Leibniz's Metaphysics. Its Origins and Development*, Cambridge 2001

Meyer, Karl Heinrich: ›Form und Pflanze in der Gartengestaltung. Ein Beitrag zum Verständnis der Herrenhäuser Gärten‹, in: *92. u. 93. Jahresbericht der Naturhistorischen Gesellschaft zu Hannover für die Jahre 1940/41 und 1941/42*, Hannover 1942, S. 26–37

Meyer, Karl Heinrich: ›Dreihundert Jahre Gärten von Hannover-Herrenhausen‹, in: *Gasolin-Revue: Eine Zeitschrift für Reise, Sport und Kultur*, Nr. 54, Weihnachten 1965, S. 24–29

Meyer, Karl Heinrich: *Königliche Gärten. Dreihundert Jahre Herrenhausen*, Hannover 1966

Mödersheim, Sabine: ›Zum Motiv des Brennspiegels in der Kunst und Ikonographie des Barock‹, in: *Ehrenfried Walther von Tschirnhaus (1651–1708). Experimente mit dem Sonnenfeuer*, Ausstellungskatalog, Dresden 2001, S. 91–107

Möller, Carl: ›Sophie von der Pfalz. 'Madame d'Osnabruc' und Garantin der Erhöhung des Welfenhauses‹, in: *Das Osnabrücker Schloß. Stadtresidenz, Villa, Verwaltungssitz* (Hg.: Franz-Joachim Verspohl), Bramsche 1991, S. 117–130

Mollet, André: *Le jardin de plaisir*, Uppsala 2006, Nachdruck der Ausgabe 1651

Ms. XXIII, 735 = Gottfried Wilhelm Leibniz Bibliothek – Niedersächsische Landesbibliothek, Hannover, Ms. 735, XXIII.

Mühlpfordt, Günter: ›Tschirnhaus und seine Korrespondenten. Zum Werden der europäischen Gelehrten-Republik‹, in: *Ehrenfried Walther von Tschirnhaus (1651–1708). Experimente mit dem Sonnenfeuer*, Ausstellungskatalog, Dresden 2001, S. 13–24

Müller, Ulrich: *Klassischer Geschmack und Gotische Tugend. Der englische Landsitz Rousham*, Worms 1998

Müller-Wolff, Susanne: *Ein Landschaftsgarten im Ilmtal. Die Geschichte des herzoglichen Parks in Weimar*, Köln, Weimar und Wien 2007

Museum zu Allerheiligen Schaffhausen. Katalog der Gemälde und Skulpturen, Schaffhausen 1989

Natur im Druck. Eine Ausstellung zur Geschichte und Technik des Naturselbstdrucks, Ausstellungskatalog, Marburg 1995

Niedermeier, Michael: *Das Ende der Idylle. Symbolik, Zeitbezug, ›Gartenrevolution‹ in Goethes Roman ›Die Wahlverwandtschaften‹*, Berlin, Bern u. a. 1992

Niedermeier, Michael: *Erotik in der Gartenkunst*, Leipzig 1995

Niedermeier, Michael: ›Ariosts 'Rasender Roland' und Hamiltons Erklärung des Isis-Tempels in Pompeji. Einige Bemerkungen zur Deutung der Kettenbrücke und des ägyptischen Kellers im Wörlitzer Garten‹, in: *Dessau-Wörlitz-Beiträge*, Bd. 7, 1996, S. 147–160

Niedermeier, Michael: ›'Die ganze Erde wird zu einem Garten.' Gedächtniskonstruktionen im frühen deutschen Landschaftsgarten zwischen Aufklärung und Geheimnis‹, in: *Weimar – Archäologie eines Ortes* (Hg.: Georg Bollenbeck, Jochen Golz, Michael Knoche und Ulrike Steierwald), Weimar 2001, S. 120–175

Niedermeier, Michael: ›'Wir waren vor den Hohenzollern da.' Zur politischen Ikonographie des frühen Landschaftsgartens mit einem Seitenblick auf Fontanes Roman 'Vor dem Sturm'‹, in: *Gehäuse der Mnemosyne. Architektur als Schriftform der Erinnerung* (Hg.: Harald Tausch), Göttingen 2003, S. 171–207

Niedermeier, Michael: ›'Vorhöfe, Tempel und Heiligstes'. Der Herzoglich Englische Garten. Entstehung und Bedeutung‹, in: *Ernst II. von Sachsen-Gotha-Altenburg. Ein Herrscher im Zeitalter der Aufklärung* (Hg.: Werner Greiling, Andreas Klinger und Christoph Köhler), Köln, Weimar und Wien 2005, S. 185–199

Niedermeier, Michael: ›Grabhügel, Urnenfunde, Steinkreise und 'Heldenbetten' in ihrer Bedeutung in Adelsgenealogien und Landschaftsbetrachtung um 1700. Mit einigen Mutmaßungen in Bezug auf die Herren von Alvensleben‹, in: *Am Mittelpunkt der zwischen Hannover und*

Berlin vorfallenden Mitteilungen. Gottfried Wilhelm Leibniz in Hundisburg. Beiträge zur Tagung in Hundisburg am 18. September 2004 (Hg.: Berthold Heinecke und Hartmut Hecht), Hundisburg 2006, S. 97–126

Nolte, Rudolf August: *Leibnitz Mathemat. Beweis d. Erschaffung u. Ordnung d. Welt*, Leipzig 1734

Ongyerth, Gerard: ›400 Jahre Schleißheimer Kanalsystem, Topographie, Verfall und Revitalisierungsansatz für ein gemeindeübergreifendes Baudenkmal zwischen Dachau, Oberschleißheim und München‹, in: *Jahrbuch der bayerischen Denkmalpflege*, Bde. 49–53, 1995–1999, 2005, S. 138–161, Taf. VI–VII

O'Malley, Therese: *Keywords in American Landscape Design*, Washington 2010

Optica. Optische Instrumente am Hof der Landgrafen von Hessen-Kassel, Ausstellungskatalog, Petersberg 2011

Paganini, Gianni / Tortarolo, Edoardo: ›Einleitung‹, in: *Der Garten und die Moderne. Epikureische Moral und Politik vom Humanismus bis zur Aufklärung* (Hg.: Gianni Paganini und Edoardo Tortarolo), Stuttgart-Bad Cannstatt 2004, S. 9–19

Palm, Heike: ›Rettete eine Dissertation den Großen Garten in Hannover-Herrenhausen? Die Dissertation Udo von Alvenslebens und die Erneuerung des Großen Gartens (1936/37)‹, in: *Ein brüderliches Alliance-Œuvre. Beiträge zur Gartenkunst, Geschichte und Denkmalpflege im Werk von Udo von Alvensleben und Anco Wigboldus* (Hg.: Harald Blank), Hundisburg 2004, S. 55–77

Palm, Heike: ›Der Fürst auf der Gartenbühne und die Arbeit hinter den Kulissen. Nutzung, Pflege und Unterhaltung des Großen Gartens in Hannover-Herrenhausen in der ersten Hälfte des 18. Jahrhunderts‹, in: *Stand und Repräsentation. Kultur- und Sozialgeschichte des hannoverschen Adels vom 17. bis zum 19. Jahrhundert* (Hg.: Silke Lesemann und Annette von Stieglitz), Bielefeld 2004, S. 41–81

Palm, Heike: ›Die Geschichte des Großen Gartens‹, in: *Herrenhausen. Die Königlichen Gärten in Hannover* (Hg.: Marieanne von König. Mit Photos von Wolfgang Volz), Göttingen 2006, S. 17–42

Palm, Heike: ›Friedrich Karl von Hardenbergs Wirken als Hofgartendirektor‹, in: *Im Auftrag der Krone. Friedrich Karl von Hardenberg und das Leben in Hannover um 1750* (Hg.: Wilken von Bothmer und Marcus Köhler), Rostock 2011, S. 45–53

Palm, Heike / Rettich, Hubert: ›Die Geschichte des Berggartens. Von den Anfängen bis zum botanischen Schaugarten der Gegenwart‹, in: *Herrenhausen. Die Königlichen Gärten in Hannover* (Hg.: Marieanne von König. Mit Photos von Wolfgang Volz), Göttingen 2006, S. 165–194

Panofsky, Erwin: ›Der greise Philosoph am Scheidewege (Ein Beispiel für die 'Ambivalenz' ikonographischer Kennzeichen)‹, in: ders., *Deutschsprachige Aufsätze II* (Hg.: Karen Michels und Martin Warnke), Berlin 1998, S. 820–826

Panofsky, Erwin: *Korrespondenz 1937 bis 1949* (Hg.: Dieter Wuttke), Wiesbaden 2003

Panofsky, Erwin: *Korrespondenz 1950 bis 1956* (Hg.: Dieter Wuttke), Wiesbaden 2006

Panofsky, Erwin: *Korrespondenz 1962 bis 1968* (Hg.: Dieter Wuttke), Wiesbaden 2011

Pape, Helmut: *Die Unsichtbarkeit der Welt. Eine visuelle Kritik neuzeitlicher Ontologie*, Frankfurt am Main 1997

Parmentier, Marc: ›Introduction‹, in: *G. W. Leibniz, quadrature arithmétique du cercle, de l'ellipse et de l'hyperbole et la triginométrie sans tables trigonométriques qui en est le corollaire* (Hg.: ders.; lat. Text: Eberhard Knobloch), Paris 2004, S. 7–32

Parshall, Linda: ›Motion and Emotion in C.C.L. Hirschfeld's Theory of Garden Art‹, in: *Landscape Design and the Experience of Motion* (Hg.: Michel Conan), Washington 2003, S. 35–51

Perrault, Claude: *Mémoires pour servir à l'histoire naturelle des animaux*, Bd. 1, Paris 1671

Phemister, Pauline: *Leibniz and the Natural World. Activity, Passivity and Corporeal Substances in Leibniz's Philosophy*, Dordrecht 2005

Piatti, Barbara: *Rousseaus Garten. Le jardin de Rousseau*, Basel 2001

Picon, Antoine: *Claude Perrault 1613–1688. Ou la Curiosité d'un Classique*, Paris 1988

PLATON: *Politeia* (= Werke in acht Bänden. Griechisch und Deutsch, Hg.: Gunther Eigler), Bd. 4, Darmstadt 2005

PLESU, ANDREI: *Pittoresque et mélancolie. Une analyse du sentimentale de la nature dans la nature européenne*, Paris und Bukarest 2007

PORTA, GIAMBATTISTA DELLA: *Magiae natvralis*, Rouen 1650

POZZO, ANDREA: *Perspectiva pictorum et architectorum*, lat. und ital., 2 Bde., Rom 1693–1700

PREISSEL, HANS GEORG: ›Über die Wahrnehmung des Unbewussten im Großen Garten. War Leibniz der Urheber einer Winkelverschiebung?‹, in: *Aus den Herrenhäuser Gärten*, Heft 4, 2003, S. 4–8

RACINE, MICHEL: ›Momentaufnahmen einer Wiedergeburt der Gartenkunstgeschichte in Frankreich von 1970 bis 2000‹, in: *Historische Gärten heute* (Hg.: Michael Rhode und Rainer Schomann), 2. Aufl., Leipzig 2003, S. 84–91

RAMDOHR, FRIEDRICH WILHELM BASILIUS FREIHERR VON: ›Meine Theorie der schönen Gartenkunst‹, in: *Studien zur Kenntnis der schönen Natur, der schönen Künste, der Sitten und der Staatsverfassung, auf einer Reise nach Dänemark*, Erster Theil, Hannover 1792, S. 256–306

REEVES, EILEEN: *Galileo's Glassworks. The Telescope and the Mirror*, Cambridge/Mass. und London 2008

REMMERT, VOLKER R.: ›Hortus mathematicus: Über Querverbindungen zwischen Gartentheorie und -praxis und den mathematischen Wissenschaften in der Frühen Neuzeit‹, in: *Wolfenbütteler Barock-Nachrichten*, Jg. 31, 2004, S. 3–23

REMMERT, VOLKER R.: ›'Von dem Gärtner und wie er beschaffen seyn soll': Gartenkunst und mathematische Wissenschaften in der Frühen Neuzeit‹, in: *Bericht des Zentrums für Gartenkunst und Landschaftsarchitektur*, 2005–2007, Hannover 2008, S. 57–69

RETTICH, HUBERT K.: ›Der Große Garten zu Hannover-Herrenhausen. Die Sommerresidenz der Welfen im Wandel ihrer Nutzungen‹, in: *Die Gartenkunst*, Bd. 4, 1992, Nr. 2, S. 243–256

REUTHER, HANS: ›Eine Darstellung des Herrenhäuser Gartentheaters in 'Jardins Anglo-Chinois' von Le Rouge‹, in: *Niederdeutsche Beiträge zur Kunstgeschichte*, Bd. 5, 1966, S. 199–206

REUTHER, HANS: ›Pläne des Grossen Gartens zu Hannover-Herrenhausen im Nationalmuseum zu Stockholm‹, in: *Niederdeutsche Beiträge zur Kunstgeschichte*, Bd. 15, 1976, S. 127–138

RITTER, JOACHIM: *Landschaft. Zur Funktion des Ästhetischen in der modernen Gesellschaft*, Münster 1963

RÖHRBEIN, WALDEMAR R.: ›Die Rettung der Herrenhäuser Gärten‹, in: *Heimat bewahren, Heimat gestalten. Beiträge zum 100jährigen Bestehen des Heimatbundes Niedersachsen* (Hg.: ders.), Hannover 2001, S. 95–99

RÖHRBEIN, WALDEMAR R.: ›Herrenhausen: Alleen, Gartentheater und der Wiederaufbau des Schlosses – eine Diskussion ohne Ende?‹, in: *Heimat bewahren Heimat gestalten. Beiträge zum 100jährigen Bestehen des Heimatbundes Niedersachsen* (Hg.: ders.), Hannover 2001, S. 118–126

ROUSSEAU, JEAN-JACQUES: ›Julie ou la nouvelle Héloïse (1761)‹, in: *Œuvres complètes*, Bd. II, Paris 1961

RÜCKERT, JOSEPH: *Bemerkungen über Weimar 1799* (Hg.: Eberhard Haufe), Weimar 1969

SAAGE, RICHARD / SENG, EVA-MARIA: ›Naturalisierte Utopien zwischen literarischer Fiktion und frühneuzeitlicher Gartenkunst‹, in: *Bürgersinn und Kritik. Festschrift für Udo Bermbach zum 60. Geburtstag* (Hg.: Michael Th. Greven, Herfried Münkler und Rainer Schmalz-Bruns), Baden-Baden 1998, S. 207–238

SABATIER, GÉRARD: *Versailles ou la figure du roi*, Paris 1999

SALEM, JEAN: ›Peut-on définir les principes d'une politique épicurienne sur la base des sources anciennes?‹, in: *Der Garten und die Moderne. Epikureische Moral und Politik vom Humanismus bis zur Aufklärung* (Hg.: Gianni Paganini und Edoardo Tortarolo), Stuttgart-Bad Cannstatt 2004, S. 23–43

SCAFI, ALESSANDRO: *Mapping Paradise – A History of Heaven on Earth*, Chicago 2006

Schaub, Mirjam: *Gilles Deleuze im Wunderland: Zeit- als Ereignisphilosophie*, München 2003

Schillinger, Klaus: ›Herstellung und Anwendung von Brennspiegeln und Brennlinsen durch Walther von Tschirnhaus‹, in: *Ehrenfried Walther von Tschirnhaus (1651–1708). Experimente mit dem Sonnenfeuer*, Ausstellungskatalog, Dresden 2001, S. 43–54

Schmidt, Erika: ›Ein Parterre im Barockgarten: Nicht ‘Barock’ und doch nicht ‘falsch’‹, in: *Festschrift für Prof. Dr. Martin Sperlich 1. Vorsitzender der Pückler-Gesellschaft zum 75. Geburtstag 1994*, Berlin 1993, S. 150–173

Schmidt, Ernst A.: *Clinamen. Eine Studie zum dynamischen Atomismus der Antike*, Heidelberg 2007

Schnath, Georg: ›Zwei Herrenhäuser Gartenfrüchte‹, in: *Niederdeutsche Beiträge zur Kunstgeschichte*, Bd. 19, 1980, S. 155–160

Schneider, Pablo: ›Die komposite Welt des Parterre d’Eau der Gartenanlage von Versailles 1672–1683. Charles Le Brun im Spannungsfeld von Kunst und Wissenschaft‹, in: *Die Gartenkunst*, 12. Jg., Heft 2, 2000, S. 257–276

Schneider, Pablo: ›Der begrenzte Raum – Versailles zu Zeiten Ludwigs XIV.‹, in: *Städel Jahrbuch*, N. F., Bd. 20, 2009, S. 201–218

Schneider, Pablo: *Die erste Ursache. Kunst, Repräsentation und Wissenschaft zu Zeiten Ludwigs XIV. und Charles Le Bruns*, Berlin 2011

Scholten, Frits: ›The Larson Family of Statuary Founders: Seventeenth-century Reproductive Sculpture for Gardens and Painters’ Studios‹, in: *Simiolus: Netherlands Quarterly for the History of Art*, Bd. 31, 2004–2005, Nrn. 1/2, S. 54–89

Schott, Gaspar: *Magia universalis naturae et artis*, Teil I, Würzburg 1657

Schramm, Helmar: ›Feuerwerk und Raketentechnik um 1700. Zur Theatralität pyrotechnischer Experimente‹, in: *Bühnen des Wissens. Interferenzen zwischen Wissenschaft und Kunst* (Hg.: Helmar Schramm u. a.), Berlin 2003, S. 183–213

Schulz, Günter: ›Friedrich Wilhelm B. von Ramdohr, der ‘unzeitgemäße’ Kunsttheoretiker der Goethezeit‹, in: *Goethe. Neue Folge des Jahrbuchs der Goethe-Gesellschaft*, Bd. 20, 1958, S. 140–154

Schuster, E.: ›Kunst und Künstler in Hannover zur Zeit des Kurfürsten Ernst August‹, in: *Hannoversche Geschichtsblätter*, Bd. 7, 1904, Nrn. 4–6, S. 145–233

Schutte, Paul: ›Die Wasserversorgung der Stadt Hannover‹, in: *Hanomag-Nachrichten*, Jg. 3, 1916, Nr. 2, S. 23–39, Nr. 3, S. 41–53

Sellschopp, Sabine: ›Leibniz und die Brüder von Alvensleben – Begegnungen und Briefwechsel‹, in: *Am Mittelpunkt der zwischen Hannover und Berlin vorfallenden Mitteilungen. Gottfried Wilhelm Leibniz in Hundisburg. Beiträge zur Tagung in Hundisburg am 18. September 2004* (Hg.: Berthold Heinecke und Hartmut Hecht), Hundisburg 2006, S. 51–69

Serres, Michel: *La Naissance de la Physique dans le Texte de Lucrèce. Fleuves et Turbulences*, Paris 1977

Shaftesbury, John: ›Miscellaneous Reflections & c.‹, in: *Characteristicks of Men, Manners, Opinions, Times*, Bd. 3, London 1737 [1714]

Sophie Charlotte und ihr Schloß. Ein Musenhof des Barock in Brandenburg-Preußen, Ausstellungskatalog, München, London und New York 1999

Spilcker, Burchard Christian von: *Historisch-topographisch-statistische Beschreibung der königlichen Residenzstadt Hannover*, Hannover 1819

Stauffer, Marie Theres: ›‘Nihil tam obvium, quam specula; nihil tam prodigiosum, quam speculorum phantasmata’. Zur Visualisierung von katoprischen Experimenten des späten 16. und 17. Jahrhunderts‹, in: *Kunst und ihre Betrachter in der Frühen Neuzeit. Ansichten – Standpunkte – Perspektiven* (Hg.: Sebastian Schütze), Berlin 2005, S. 251–290

Steguweit, Wolfgang: *Raimund Faltz. Medailleur des Barock*, Berlin 2004

Stemper, Anneliese: *Die Medaillen der Pfalzgrafen und Kurfürsten bei Rhein. Pfälzische Geschichte im Spiegel der Medaille*, Bd. 1: *Die Kurlinien*, Worms 1997

Stobbe, Urte: *Kassel-Wilhelmshöhe. Ein hochadeliger Lustgarten im 18. Jahrhundert*, München und Bremen 2009

Strong, Roy: *The Renaissance Garden in England*, London 1979

Tabarasi, Ana-Stanc: *Der Landschaftsgarten als Lebensmodell. Zur Symbolik der ›Gartenrevolution‹ in Europa*, Würzburg 2007

Tardito-Amerio, Rosalba: ›Italienische Architekten, Stukkatoren und Bauhandwerker der Barockzeit in den Welfischen Ländern und im Bistum Hildesheim‹, in: *Nachrichten der Akademie der Wissenschaften in Göttingen, I. Philologisch-historische Klasse*, 1968, Nr. 6, Göttingen 1968, S. 127–198

Temple, Sir William: *Upon the Gardens of Epicurus, or, of Gardening in the Year 1685*, London 1908

Thielemann, Andreas: ›Schlachten erschauen – Kentauren gebären. Zu Michelangelos Relief der Kentaurenschlacht‹, in: *Michelangelo. Neue Beiträge* (Hg.: Michael Rohlmann und Andreas Thielemann), München und Berlin 2000, S. 17–91

Thompson, Ian: *The Sun King's Garden. Louis XIV, André Le Nôtre and the Creation of the Gardens of Versailles*, London 2006

Tkacyk, Viktoria, ›Von fliegenden Bildern und Gedanken‹, in: *Imagination und Repräsentation. Zwei Bildsphären der frühen Neuzeit* (Hg.: Horst Bredekamp, Christiane Kruse und Pablo Schneider), München 2010, S. 55–76

Traber, Zacharias: *Nervus opticvs*, Wien 1690

Tschirnhaus, Ehrenfried Walther von: *Medicina Mentis*, Leipzig 1695 (2. Aufl.)

Uffenbach, Johann Friedrich Armand: *Tagebuch einer Spazierfarth durch die Hessischen und die Braunschweig-Lüneburgischen Lande* (1728) (Hg.: Max Arnim), Göttingen 1928

Utermöhlen, Gerda: ›Leibniz im kulturellen Rahmen des hannoverschen Hofes‹, in: *Leibniz und Niedersachsen* (Hg.: Herbert Breger und Friedrich Niewöhner), Stuttgart 1999, S. 213–226

Verspohl, Franz-Joachim: ›Vom 'Hertzoginnen Garten' zur 'Grünfläche'. Die Geschichte des Osnabrücker Schloßparks‹, in: *Das Osnabrücker Schloß. Stadtresidenz, Villa, Verwaltungssitz* (Hg.: Franz-Joachim Verspohl), Bramsche 1991, S. 131–167

Vesting, Thomas: *Die Ambivalenz idealisierter Natur im Landschaftsgarten. Vom Garten des guten Feudalismus zum republikanischen Garten der Freiheit*, Berlin 1998

›Von der geraden und krummen Linie in der Gärtnerey‹, Anonym, in: *Annalen der Gärtnerey*, Bd. 1, St. 1, Erfurt 1795, Nr. IX, S. 67–80.

Warburg, Aby: *Tagebuch der Kulturwissenschaftlichen Bibliothek Warburg mit Einträgen von Gertrud Bing und Fritz Saxl* (Hg.: Karen Michels und Charlotte Schoell-Glass), Berlin 2001

Warnke, Martin: *Politische Landschaft. Zur Kunstgeschichte der Natur*, München und Wien 1992

Weibezahn, Ingrid: ›Das Leibnizdenkmal in Hannover. Geschichte, Herkunft und Wirkung‹, in: *Niederdeutsche Beiträge zur Kunstgeschichte*, Bd. 11, 1972, S. 191–248

Weibezahn, Ingrid: *Geschichte und Funktion des Monopteros'. Untersuchungen zu einem Gebäudetyp des Spätbarock und des Klassizismus*, Hildesheim und New York 1975

Wenderholm, Iris: ›Verwirrung, Schwindel, Herzklopfen. Januarius Zick malt das Erleuchtungserlebnis von Jean-Jacques Rousseau‹, in: *Zeitschrift für Kunstgeschichte*, Bd. 73, 2010, S. 413–432

Werrett, Simon: *Fireworks. Pyrotechnic Arts & Sciences in European History*, Chicago und London 2010

Westermann, Herbert: ›Brand Westermann. Ein Beitrag zur Geschichte des hannoverschen Barock‹, in: *Hannoversche Geschichtsblätter*, N. F. Bd. 28, 1974, Nrn. 1/2, S. 51–120

Widmer, Petra: ›Die Gartenkunst im Leben der Kurfürstin Sophie von Hannover (1630–1714)‹, in: *Die Gartenkunst*, Jg. 12, 2000, Heft 2, S. 167–178

Williams, Robert, ›Rural Economy and the Antique in the English Landscape Garden‹, in: *Journal of Garden History*, Bd. 7, 1987, Nr. 1, S. 73–96

WIMMER, CLEMENS ALEXANDER: *Geschichte der Gartentheorie*, Darmstadt 1989

WIMMER, CLEMENS ALEXANDER: ›Rezension von Lauterbach, 1987‹, in: *Kunstchronik*, 42. Jg., 1989, S. 308–319

WIMMER, CLEMENS ALEXANDER, UNTER MITARBEIT VON MARTIN SCHAEFER: ›Die Bedeutung Simon Godeaus für die deutsche Gartenkunst‹, in: *Sophie Charlotte und ihr Schloß. Ein Musenhof des Barock in Brandenburg-Preußen*, Ausstellungskatalog, München, London und New York 1999, S. 130–140

WIMMER, CLEMENS ALEXANDER: ›La Theorie (sic) et la Pratique du Jardinage von Dezallier d'Argenville. Zum 300jährigen Jubiläum des Buches‹, in: *Zandera*, Bd. 24, 2009, Nr. 2, S. 70–82

WIMMER, CLEMENS ALEXANDER: ›Tendenzen bei der Themenwahl im Fach Gartengeschichte / Gartendenkmalpflege seit 1987‹, in: *Historische Gärten heute* (Hg.: Michael Rhode und Rainer Schomann), 2. Aufl., Leipzig 2004, S. 30–37

WITTKOWER, RUDOLF: ›Englischer Neopalladianismus, Landschaftsgärten, China und die Aufklärung‹, in: *Politische Architektur in Europa vom Mittelalter bis heute - Repräsentation und Gemeinschaft* (Hg.: Martin Warnke), Köln 1984, S. 309–335

WUNDERLICH, HEINKE: ›'Buch' und 'Leser' in der Buchillustration des 18. Jahrhunderts‹, in: *Colloquium der Arbeitsstelle 18. Jahrhundert Gesamthochschule Wuppertal.* Universität Münster, Düsseldorf vom 3. bis 5. Oktober 1978, Heidelberg 1980, S. 93–123.

ZAUNICK, RUDOLPH: *Ehrenfried Walther von Tschirnhaus*, Dresden 2001

ZECH, HEIKE JULIANE: *Kaskaden in der deutschen Gartenkunst des 18. Jahrhunderts. Vom achitektonischen Brunnen zum naturimitierenden Wasserfall*, Münster 2010

ZIEGLER, HENDRIK: *Der Sonnenkönig und seine Feinde. Die Bildpropaganda Ludwigs XIV. in der Kritik. Mit einem Vorwort von Martin Warnke*, Petersberg 2010

ZITTEL, CLAUS: *Theatrum philosophicum. Descartes und die Rolle ästhetischer Formen in der Wissenschaft*, Berlin 2009

NAMENSREGISTER

BILDNACHWEIS

Abb. S. 11: Hannover, LH, XXIII, 735, Bl. 13v gedruckt in AA III, 7, S. 27, Z. 20f. – S. 28, Z. 14
1 Hannover, Luftaufnahme per Drohnenflug (Photo: Coptograph für VolkswagenStiftung)
2 Potsdam, Neues Palais, Stiftung Preußische Schlösser und Gärten Berlin-Brandenburg, GK I 3290 (Photo: Daniel Lindner)
3 Braunschweig, Herzog Anton Ulrich-Museum, GG 558 (Photo: B. P. Keiser)
4 Osnabrück Privatbesitz, entn. aus: Verspohl 1991, S. 130, Abb. 73
5 verlegt bei Pierre/Pieter Schenk, Amsterdam, Hannover, Historisches Museum, VM 28795, 10
6 Stiftung Preußische Schlösser und Gärten Berlin-Brandenburg, GK I 3030 (Photo: Roland Handrick)
7 Hannover, Gottfried Wilhelm Leibniz Bibliothek – Niedersächsische Landesbibliothek, *Descriptio Hannoveranae urbis*, Sign. MS XXIII, 703 Bl. 20
8 Hannover, Niedersächsisches Landesarchiv – Hauptstaatsarchiv, 12 c Herrenhausen 2 pm
9 Detail aus Abb. 11
10 Faksimile aus: Mollet 2006 [Nachdr. der Ausg. 1651, Uppsala 2006], pl. 1, Berlin, Technische Universität, Universitätsbibliothek, Sonderdrucksammlung, 2Bf180
11 Hannover, Gottfried Wilhelm Leibniz Bibliothek – Niedersächsische Landesbibliothek, Mp. 18, XIX, C, Nr. 178 b
12 Hannover, Niedersächsisches Landesarchiv, Hauptstaatsarchiv, 12 c Herrenhausen 4 pg
13 Stockholm, Nationalmuseum, THC 470
14 Zusammenstellung Abb. 5 und Abb. 13
15 Stockholm, Nationalmuseum, THC 358
16 London, British Map Library, King's topographical collection, C-59-l
17 Hannover, Niedersächsisches Landesarchiv – Hauptstaatsarchiv, 13 c Herrenhausen 1 pg
18 Hannover, Stadtarchiv, Nachlass Laves, 346
19 Hannover, Historisches Museum, Neg. Nr. 806/1985, entn. aus: Lindau, 2003, S. 36, Abb. 21
20 Postkarte, Hannover, Historisches Museum, VM 051528
21 entn. aus: *Die Herrenhäuser Gärten zu Hannover*, 1937, S. 70
22 Hannover, Gottfried Wilhelm Leibniz Bibliothek – Niedersächsische Landesbibliothek, Gd-A 1246, S. 151
23 Mit freundlicher Genehmigung des Photographen (Photo: Karl Johaentges)
24 Hannover, Historisches Museum (Photo: Egon Heuer)
25 Berlin, Kupferstichkabinett, SMB, bpk, Inv. 3016
26 entn. aus: Fleming und Gore, 1979, Abb. 63
27 Hannover, Niedersächsisches Landesarchiv – Hauptstaatsarchiv, 12 c Hannover 89/4 pm
28 Hannover, Gottfried Wilhelm Leibniz Bibliothek – Niedersächsische Landesbibliothek, Mappe 17, XIX C, 112b
29 Hannover, Historisches Museum
30 Hannover, Niedersächsisches Landesarchiv – Hauptstaatsarchiv, 12 c Herrenhausen, 5 pm MF
31 Hannover, Gottfried Wilhelm Leibniz Bibliothek – Niedersächsische Landesbibliothek, Gd-A 1246, S. 18/19
32 Schaffhausen, Museum zu Allerheiligen, 572
33 Hannover, LH, XXIII, 735, Bl. 29r–31r, Ausschnitt des Beginns, Bl. 29r
34 wie Abb. 33, Bl. 30v
35 Hannover, LH, XXIII, 735, Bl. 36ar
36 Hannover, LH, XXIII, 735, Bl. 37ar
37 Hannover, Niedersächsisches Landesmuseum, 03.036.010/013, entn. aus: Meyer 1966, S. 30
38 Hannover, LH, XXIII, 735, Bl. 35a
39 Hannover, LH, XXIII, 735, Bl. 46r
40 Detail aus Abb. 38
41 Hannover, LH, XXIII, 735, Bl. 23v u. 24r
42 Stockholm, Nationalmuseum, CC 2752

43 Osnabrück, Niedersächsisches Staatsarchiv, Rep. 110 I, 251, Bd. I, Fol. 159, entn. aus: Verspohl 1991, S. 162, Abb. 100
44 Hannover, Historisches Museum, 28795, 11
45 Hannover, Niedersächsisches Landesmuseum, 03.070.01 1/03.069.013/015, entn. aus: Meyer 1966, S. 30
46 entn. aus: Le Moyne, 1666, S. 464
47 entn. aus: Nolte 1734, Hannover, Gottfried Wilhelm Leibniz Bibliothek – Niedersächsische Landesbibliothek, Leibn. 65 Titelblatt
48 Wolfenbüttel, Herzog August Bibliothek, Top. App. 2:21
49 Detail aus Abb. 22
50 Hannover, Historisches Museum, 28795
51 Detail aus Abb. 50
52 Hannover, Niedersächsisches Landesarchiv – Hauptstaatsarchiv Hannover, 12 c Herrenhausen 11 pk
53 Berlin, Stiftung Preußischer Kulturbesitz, Kunstbibliothek, SMB, bpk, OS 2480
54 Versailles, Musée National des Chateaux de Versailles, MV 765, bpk, RMN (Photo: Gérard Blot)
55 aus: *La Description*, 1685, Faltblatt vor Textbeginn, entn. aus: Schneider, 2009, S. 208, Abb. 5
56 Johann Ulrich Krauß, *Tapisseries du roy*, Augsburg 1687, IX, entn. aus: Schneider 2009, S. 211, Abb. 7
57 Det. aus Abb. 11
58 Paris, Louvre, Cabinet des Dessins, INV 33014, Recto, entn. aus: Schneider 2000, S. 258, Abb. 1
59 entn. aus: Schneider, 2000, S. 264. Abb. 6
60 Paris, Louvre, Cabinet des Dessins, *INV* 30321, Recto
61 Detail aus Abb. 11
62 Hannover, Gottfried Wilhelm Leibniz Bibliothek – Niedersächsische Landesbibliothek, Nm-A 836 Teil 9
63 Abb. 12; Mit freundlicher Genehmigung durch Hans Georg Preißel zur Verfügung gestellt, gedruckt in Preißel, 2003, S. 5
64 Mit freundlicher Genehmigung durch Hans Georg Preißel zur Verfügung gestellt, gedruckt in Preißel, 2003, S. 7
65 aus: Hoogstraten, 1678, S. 260
66 Hannover, LH, XXIII, 735, Bl. 9v
67 Detail aus Abb. 66
68 Hannover, Gottfried Wilhelm Leibniz Bibliothek – Niedersächsische Landesbibliothek, Leibn. Marg. 32
69 entn. aus: Busche, 1997, S. 59
70 Detail aus Abb. 66
71 entn. aus: Descartes, Paris, 1658, S. 90, München Bayrische Staatsbibliothek, 4 Math. u. 20
72 entn. aus: Manesson-Mallet, 1702, Buch 1, S. 227, Wolfenbüttel, Herzog August Bibliothek, M:Nb 370
73 Montage: Vincent Kraft/Tilmann Steger
74 Montage: Vincent Kraft/Tilmann Steger
75 Montage: Vincent Kraft/Tilmann Steger
76 Montage: Vincent Kraft/Tilmann Steger
77 Montage: Vincent Kraft
78 Paris, Musée du Louvre, bpk, RMN (Photo: Thierry Le Mage)
79 Hannover 1822, Taf. 18, Hannover, Gottfried Wilhelm Leibniz Bibliothek – Niedersächsische Landesbibliothek, Mp. 18C Nr. 186 b
80 Mit freundlicher Genehmigung des Photographen (Photo: Hassan Mahramzadeh)
81 entn. aus: Kircher, 1648, Iconismus XXX, Fol. 883, Berlin, Max-Planck-Institut für Wissenschaftsgeschichte
82 Frontispiz zu: Perrault, 1671; entn. aus: Picon, 1988, Abb. 26
83 Dresden, Mathematisch-Physikalischer Salon, Nr. B V 10 (Photo: Jürgen Karpinski)
84 Hannover, Gottfried Wilhelm Leibniz Bibliothek – Niedersächsische Landesbibliothek, LH XXXV, VII, 5, Bl. 4r
85 entn. aus: Leibniz, 1875–1890, Bd. 7, S. 275
86 entn. aus: Baird 2009, S. 21
87 Detail aus Abb. 11
88 Detail aus Abb. 11
89 Detail aus Abb. 11
90 entn. aus: Fontenelle, 1733, Frontispiz, Berlin, Staatsbibliothek, bpk, Ai 1730-1
91 Paris, Musée du Louvre, Malerei, Inv. 371
92 Detail aus Abb. 91
93 Den Haag, Museum Bredius, 103–1946
94 Detail aus Abb. 93
95 Detail aus Abb. 5

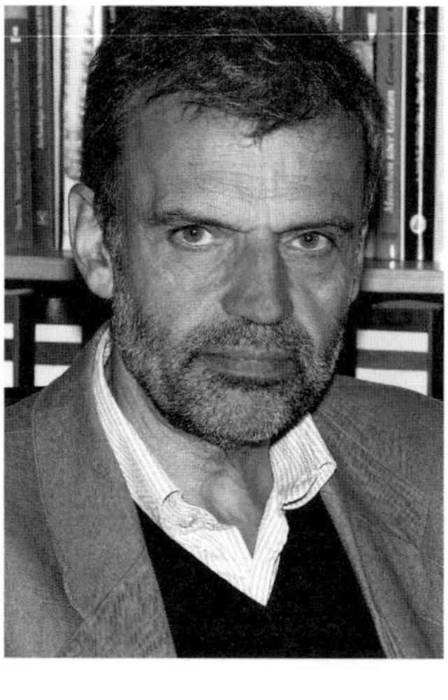

Horst Bredekamp, geboren 1947, ist seit 1993 Professor für Kunstgeschichte an der Humboldt-Universität und seit 2003 Permanent Fellow des Wissenschaftskollegs zu Berlin. Er war u. a. Fellow des Institute of Advanced Study in Princeton, des Getty Center in Los Angeles und des Collegiums Budapest. 2000 erhielt er den Sigmund-Freud-Preis, 2006 als erster Kunsthistoriker den renommierten Max-Planck-Forschungspreis und 2009 den Richard-Hamann-Preis.

Horst Bredekamp bei Wagenbach (Auswahl)

Michelangelo. Fünf Essays
Michelangelo als Vertragsbrecher, als Scheiternder, als souveräner Künstler, den Mächtigen ebenbürtig. Bredekamps unkonventioneller Blick heftet sich nicht nur auf die Skulpturen, Gemälde und Bauwerke Michelangelos, sondern auch auf die Wendungen im Leben des Meisters, der mehrmals auf der Flucht vor seinen mächtigen Auftraggebern war.
Kleine Kulturwissenschaftliche Bibliothek. 128 Seiten. Gebunden mit vielen, z.T. farbigen Abb.

Darwins Korallen. Frühe Evolutionsmodelle und die Tradition der Naturgeschichte
Lebensbaum mit dem Menschen als Krone oder Entwicklung der Arten nach allen Seiten? Bredekamp befragt Darwins Evolutionstheorie und ihre Bilder. Er rekonstruiert die Bedeutungsgeschichte der Koralle, und zeigt, wie Darwin dieses traditionelle Symbol in seine Überlegungen eingeflochten hat: als Modell einer Evolution, die anarchisch in alle Richtungen wächst und nicht – wie beim Baummodell – den Menschen als Krönung der Entwicklung sieht.
Kleine Kulturwissenschaftliche Bibliothek. 112 Seiten. Gebunden mit vielen, z.T. farbigen Abb.

Sankt Peter in Rom und das Prinzip der produktiven Zerstörung. Bau und Abbau von Bramante bis Bernini
Bis ins sechzehnte Jahrhundert stand an der vertrauten Stelle in Rom eine Basilika, die durch einen gewaltigen Dom ersetzt wurde, an dessen Bau alle Großen der Zeit beteiligt waren, von Bramante, Raffael und Michelangelo bis zu Bernini. Aber die riesige Baustelle war nicht nur ein kostenträchtiges Ungeheuer, sondern auch künstlerisches Experimentierfeld erster Ordnung.
WAT 602. 192 Seiten mit vielen Abbildungen

Florentiner Fußball: Die Renaissance der Spiele
Fußball (»calcio«) diente im Florenz der Medici zu weit mehr als nur der Zerstreuung des Fürsten und der Ablenkung des Volkes. Gespielt von der Machtelite des Staates zur Karnevalszeit, war er ein Mittel zu ihrer Selbstdarstellung wie zur Festigung staatsbürgerlicher Tugenden. Schon damals diente er auch als Ventil für die frenetischen Massen ...
WAT 397. 240 Seiten mit zahlreichen Abbildungen

Sandro Botticelli, La Primavera. Florenz als Garten der Venus
An Botticellis *Primavera* ist fast alles ungewöhnlich: Das riesige Format, die kaum verhüllte Nacktheit von Merkur und Venus, der unerhörte Naturalismus der Flora. Bredekamp sieht das Gemälde neu: den Frühlingsgarten als das verschlüsselte Florenz, die politische Botschaft, die Spannung zwischen der Kühnheit des Nackten und dem erstaunlichen Verzicht auf die Zentralperspektive – und als Ikone einer Zeitenwende.
WAT 446. 128 Seiten mit vielen, z.T. farbigen Abbildungen

Leibniz und die Revolution der Gartenkunst. Herrenhausen, Versailles und die Philosophie der Blätter erschien als Band 83 in der Reihe Kleine Kulturwissenschaftliche Bibliothek.

3., durchgesehene Auflage 2013

Umschlaggestaltung und Layout: Julie August unter Verwendung einer Ansicht des Großen Gartens von Herrenhausen (kolorierter Kupferstich, um 1708). Reihenkonzept: Rainer Groothuis. Gesetzt aus der Walbaum. Reproduktionen: MEDIENPROFIS Leipzig / Julie August. Einband- und Vorsatzpapier von peyer graphic gmbh, Leonberg. Gedruckt auf Schleipen Fly creme und gebunden von der Druckerei Kösel, Krugzell. Printed in Germany.

ISBN 978 3 8031 5183 4

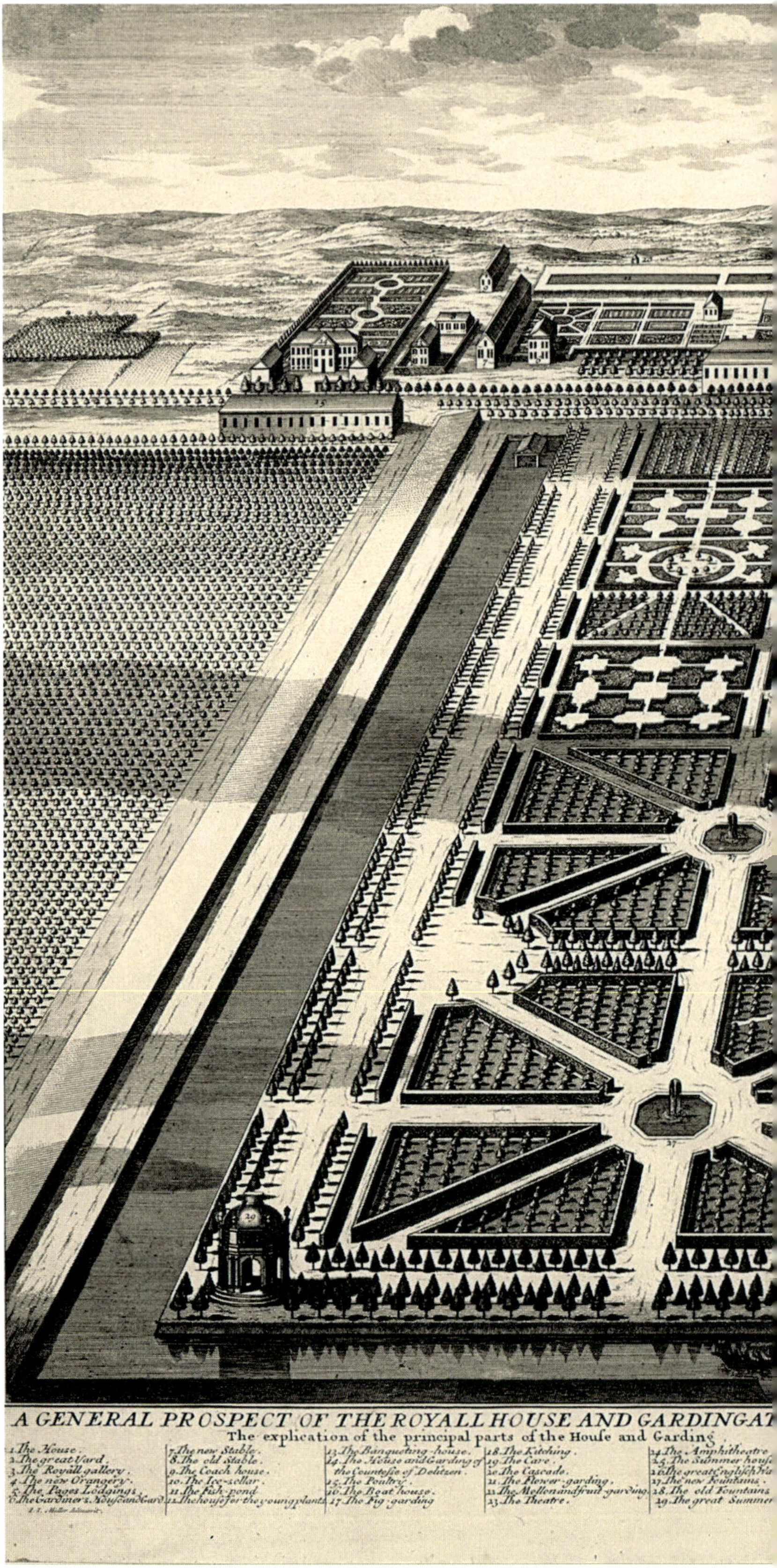

Joost van Sasse nach Johann Jakob Müller, »A General Prospect of the Royal House and Garden at Herrenhausen / Vue du Plan Général du Jardin et Maison de Plaisance à Herrenhausen«, Vogelsicht auf den Großen Garten aus südlicher Richtung, Kupferstich, um 1725